Le monde en 2035 vu par la CIA et le Conseil National du Renseignement

Le paradoxe du progrès

Préface d'Adrien Jaulmes

ÉQUATEURS

Sommaire

Préface

L'Histoire bascule parfois de façon imprévisible. Un coup de pistolet tiré sur un archiduc dans une ville balkanique, un avion argenté percutant la façade d'une tour dans un ciel sans nuages, ou bien un jeune marchand de quatre-saisons s'immolant par le feu dans une ville tunisienne, et voilà un monde familier qui plonge dans l'inconnu, un ordre qu'on croyait immuable qui disparaît, sans que personne ne parvienne à arrêter la précipitation des événements.

Plus tard, confortablement installés à leur table de travail, les historiens trouveront rétrospectivement une logique implacable, presque mécanique, à chaque crise, et expliqueront combien les contemporains furent aveugles face aux périls qui s'annonçaient, et qui apparaissent pourtant clairement a posteriori.

Même si les grandes tendances de l'histoire sont souvent assez bien connues, à chaque époque l'aveuglement collectif semble devoir prendre le dessus sur la raison, comme si les dieux de la guerre et de la destruction des anciens Grecs continuaient de gouverner les sociétés les plus civilisées.

L'expérience immédiate et directe, même collective, n'est souvent d'aucun secours pour anticiper les crises. Les dernières années en sont un cuisant rappel. Parce qu'ils sont nés et ont vécu dans un monde en paix, nos contemporains ont été amenés à croire à la disparition de la guerre de nos sociétés. Mais cette croyance dans le fait que des événements se déroulant dans des pays lointains, et dont les images confuses ne nous parviennent que par des fragments inintelligibles sur nos écrans, n'auront jamais aucune influence sur notre vie quotidienne a été soudain remise en question. Les attentats qui ont ensanglanté Paris en 2015, la vague sans précédent de migrants vers l'Europe en provenance du Moyen-Orient et d'Afrique, la remise en cause de l'Union européenne par la résurgence du nationalisme sont venus rappeler que l'Histoire pouvait encore être tragique.

Autre enseignement : la politique ne peut se résumer à la gestion quotidienne. Une réflexion élargie se révèle plus indispensable que jamais. L'approche purement technique du gouvernement, telle qu'elle est pratiquée par les politiciens occidentaux, les fonctionnaires internationaux et les élites mondialisées, a montré ses limites.

Peu importe que l'Europe et l'Occident n'aient jamais été aussi riches et prospères, que le mode de vie de leurs classes moyennes soit en train de s'imposer à la planète entière alors que le autres régions du monde voient disparaître leurs modes de vie traditionnels, le désarroi occidental se fonde sur une réalité, celle d'un rééquilibrage de la puissance.

L'Histoire, qui s'accélère à nouveau, n'est plus en 2017 celle de 2010. Au Moyen-Orient, le monde musulman en pleine crise, travaillé par un curieux complexe d'infériorité et de supériorité, s'est remis en marche. La Russie et la Chine, grandes puissances frustrées, mènent des politiques agressives de remise en cause d'un ordre mondial qu'elles perçoivent comme imposées.

Si le pire n'est jamais certain, l'examen dépassionné des faits n'est pas pour autant aisé. Selon la boutade de George Orwell (guère écouté en son temps, et encore moins compris), voir ce que l'on a devant le bout de son nez demande des efforts constants.

Cet effort est pourtant plus nécessaire que jamais. L'ouvrage que vous tenez entre les mains est né de ce constat.

Fondé en 1979, le Conseil National du Renseignement {1} fournit analyses et perspectives au directeur national du renseignement américain. À la différence des seize agences de renseignement américaines, dont font partie la CIA et la NSA, ce Conseil entend nourrir la réflexion stratégique américaine à moyen et à long terme en lui donnant des rapports non biaisés, dont les conclusions peuvent différer de la politique officielle américaine. Publiés à intervalles réguliers, ces rapports ont la particularité de se fonder sur des points de vues élargis, au-delà des analyses fournies par les agences de renseignement classiques et des gouvernements, pour inclure des points de vue de chercheurs, d'universitaires, de scientifiques, de philosophes ou de décideurs appartenant au secteur privé.

Ce sixième rapport du Conseil National du Renseignement, comme le rappelle en avant-propos son directeur Gregory Treverton, ancien dirigeant de la Rand Corporation, n'entend pas fournir des réponses, mais plutôt des pistes de réflexion. Il doit aider à penser « en dehors des cases », selon l'expression américaine en vogue. Ses auteurs ont mené dans 35 pays des entretiens avec plus de 2 500 personnes, dans tous les secteurs d'activité.

Les grandes tendances de ces dernières années, démographiques, économiques, environnementales et technologiques, sont explorées, incluant les cyberattaques, le développement des biotechnologies, les changements climatiques et l'essor du terrorisme. Il remet en cause les présupposés, présomptions et idées répandues, pour donner des outils de réflexion accessibles au plus grand nombre. Qu'il soit rendu public, et non pas classé *top secret* , à une époque où les agences gouvernementales ont tendance à rendre confidentielles les moindres circulaires, est ouvertement revendiqué. Il s'adresse aux étudiants, aux groupes de réflexion, aux ONG et au public, et ses auteurs entendent encourager la discussion, la réflexion.

Ses analyses ne sont pas toutes catastrophistes. Le monde contemporain n'a jamais été aussi riche en potentialités. À l'intégration économique de la planète s'est ajoutée, au cours de la dernière décennie, celle sans précédent de l'information. Le progrès technologique et industriel a permis de pratiquement mettre fin à la famine dans le monde. Les avancées génétiques et cybernétiques ouvrent des perspectives immenses.

Mais, relèvent les auteurs, ces changements accélérés déstabilisent aussi profondément un ordre mondial reposant sur la souveraineté des États, et engendrent de nouvelles tensions. Ces effets déstabilisateurs sont multipliés par l'intégration planétaire. Le rapport met ainsi en évidence le paradoxe majeur de l'époque contemporaine, qui voit un monde de plus en plus intégré et interdépendant confronté à des forces de rupture qui perturbent les équilibres mêmes qui le fondent. Les crises financières, les révolutions et les changements climatiques ont des effets globaux plus rapides que jamais. Les multinationales, mais aussi les organisations terroristes transfrontalières remettent sérieusement en question tout l'ordre westphalien inventé en Europe au XVII e siècle après la guerre de Trente Ans, et étendu à la planète après la Seconde Guerre mondiale.

Les grandes tendances actuelles sont clairement identifiées. Le vieillissement de la population des pays qu'on appelait autrefois développés, ou celle de la Chine, comparé à la jeunesse du continent africain ou de l'Asie du Sud ; le ralentissement de la croissance économique mondiale et le glissement vers l'Asie de la production industrielle ; les progrès technologiques accélérés qui alimentent le développement d'activités nouvelles, mais produisent aussi des ruptures profondes dans les économies existantes ; l'essor d'idéologies d'exclusion, religieuses ou nationalistes, qui viennent contrebalancer l'intégration croissante de la planète ; l'incapacité des gouvernements à affronter ou à accompagner les changements dans un monde de plus en plus ouvert ; les risques accrus de conflits dus à la prolifération technologique et à l'apparition de nouveaux acteurs non étatiques ; et enfin les question d'environnement, du réchauffement climatique à la pollution, la lutte pour les ressources naturelles et les risques de grandes pandémies, constituent le socle de réflexion.

S'y ajoutent d'autres phénomènes, comme l'urbanisation galopante, qui voit la plus grande partie de l'humanité se rassembler dans des villes de plus en plus gigantesques et de plus en plus difficiles à gérer, le déclin de la pauvreté extrême et la fin des famines. On y découvre aussi la fameuse « courbe de l'éléphant » qui montre que les bénéficiaires de l'accroissement global des richesses sont les classes moyennes des pays en voie de développement et les très grandes fortunes mondiales, alors que les classes moyennes des pays développés et les populations les plus pauvres en pâtissent en termes relatifs.

Pour rappeler qu'à ces grandes tendances peuvent s'ajouter des ruptures et des accélérations soudaines, les auteurs ont inséré des événements fictifs mais largement plausibles, présentés sous forme de dépêches d'agence.

Trois scénarios sont ensuite élaborés.

Le premier, baptisé « Îles » examine les réponses aux tensions induites par les changements économiques et sociaux à l'intérieur des États et les mesures prises par ceux-ci pour y répondre.

Le deuxième scénario, intitulé « Orbites », évoque les tensions créées par les grands États pour étendre ou défendre leurs sphères d'influence. Tout en maintenant leur stabilité intérieure, leur compétition peut faire naître des conflits entre ces ensembles, mais aussi dans les zones grises situées à leur jonction.

Le troisième scénario, « Communautés », s'intéresse à la coopération interétatique indispensable dans un monde devenu global, face à des enjeux transnationaux comme le changement climatique, le développement d'entreprises multinationales ou des organisations terroristes. Il examine aussi comment l'organisation des différentes sociétés les rend plus ou moins aptes à surmonter les crises, ou à saisir des occasions de développement.

Une deuxième partie de l'ouvrage est consacrée aux tendances régionales, en incluant les pôles, Arctique et Antarctique et l'Espace. En examinant comment les peuples vivent, innovent, pensent, prospèrent et se battent, les auteurs achèvent leur réflexion sur un avenir proche qui risque fort de ne pas ressembler à notre monde actuel.

L'ouvrage ne fournit pas, à la différence de certains experts ou de nombreux prophètes, de réponses claires à un avenir incertain, mais il constitue un concentré de réflexion unique sur le monde actuel.

Adrien Jaulmes .

Avant-propos
Lettre du Président du Conseil National du Renseignement

Penser l'avenir est difficile, mais vital. Les crises s'accumulent et brouillent les perspectives. Dans ces conditions, « sortir des sentiers battus » pour trouver le bon chemin s'avère nécessaire. C'est la raison pour laquelle, tous les quatre ans, le Conseil National du Renseignement (NIC) étudie la tectonique des forces en présence et les décisions qui façonneront le monde de demain pour les deux prochaines décennies.

Cette version, la sixième de la série, pourrait se lire comme un rapport, mais en réalité c'est une invitation à discuter et à débattre sur la question de l'avenir. Bien entendu, nous ne prétendons pas détenir la « réponse » ultime.

Appréhender le long terme est essentiel afin d'établir une stratégie et nous pousse à revoir les principaux lieux communs, attentes et incertitudes liés à l'avenir. Dans un monde très désordonné et interconnecté, nous devons déterminer quels problèmes et décisions auront le plus d'impact dans les prochaines années, même s'ils ne font pas (encore) la une des journaux. Une vision à long terme est indispensable, notamment à cause de problèmes que posent le terrorisme, les cyberattaques, la biotechnologie et le réchauffement climatique. Il s'agit d'enjeux essentiels qui nécessitent une coopération internationale.

Imaginer l'avenir peut être effrayant. Les événements se déroulent de façon trop complexe pour que nos cerveaux puissent les analyser. Les forces politiques, économiques, sociales, technologiques et culturelles se heurtent les unes aux autres de manière si déconcertante que nous nous arrêtons le plus souvent sur les incidents dramatiques récents plutôt que sur ceux revêtant une importance réelle. Il est tentant et assez normal de considérer pour acquis une conduite rationnelle des individus mais les groupes, les foules, les masses peuvent se comporter très différemment et de façon inattendue – dans les mêmes circonstances. Par exemple, nous connaissions depuis plusieurs décennies la fragilité de la plupart des gouvernements du Moyen-Orient. Pendant le Printemps arabe, certains ont volé en éclats, d'autres tenu. L'expérience nous a enseigné que l'Histoire n'est qu'une suite de changements et de bouleversements, mais l'homme s'obstine à penser que demain ressemblera plus ou moins à aujourd'hui. C'est le pari le plus sûr, jusqu'à preuve du contraire. Je me souviendrai toujours qu'entre le discours de M. Reagan sur « l'Empire du mal » et la disparition de cet empire (l'Union soviétique) ne s'est écoulée qu'une maigre dizaine d'années : c'est assez peu, même à l'échelle d'une vie.

Les lieux communs et clichés dont nous sommes à la fois les auteurs et les victimes, sans vraiment en avoir conscience, compliquent également notre appréhension de l'avenir. Récemment, j'ai été stupéfait de la conviction répandue chez les Américains des « bienfaits de la prospérité ». On pense que la prospérité n'engendre que des bonnes choses – les gens sont plus heureux, plus démocrates et auront moins tendance à se faire la guerre. Pourtant, nous sommes en guerre avec un groupe comme Daech parce qu'il n'en croit pas un mot.

Penser l'avenir recouvre des enjeux essentiels. Nous avons donc tenté de fonder nos recherches sur des analyses plutôt que d'essayer de capturer une vision globale du monde. Il y a deux ans, nous avons commencé par identifier les principales idées reçues et incertitudes sur le monde – la liste de celles concernant la politique étrangère des États-Unis, dont beaucoup sont obsolètes, s'est révélée exceptionnellement longue. Dans le cadre de nos recherches, nous avons consulté des experts gouvernementaux et extérieurs au gouvernement américain pour identifier et éprouver des hypothèses. Nous avons pu tester plusieurs thèmes et premiers arguments par le biais d'un blog. Nous nous sommes rendus dans plus de 35 pays pour nous intéresser aux opinions et points de vue de plus de

2 500 personnes d'horizons complètement différents. Nous avons développé plusieurs scénarios afin de retenir ceux qui pourraient découler de notre situation actuelle. Le Conseil National du Renseignement a ensuite compilé ces diverses versions de l'avenir dans le rapport que vous avez entre les mains.

La thèse centrale de cette édition repose sur la nature changeante du pouvoir, qui augmente les tensions à l'intérieur des pays et entre les pays, troublant ainsi notre appréhension des solutions pour résoudre les problèmes mondiaux. La partie principale présente les tendances majeures, explore leurs conséquences, et offre trois scénarios pour aider le lecteur à imaginer comment diverses décisions seraient susceptibles d'influencer l'avenir de manières totalement différentes au cours des prochaines décennies. Deux annexes entrent dans les détails : la première établit des pronostics sur cinq ans pour chaque région du monde. La deuxième donne davantage d'explications sur les tendances actuelles.

La publication régulière par le NIC de travaux non confidentiels sur le monde peut surprendre certaines personnes, mais notre intention est d'encourager des discussions ouvertes et éclairées à propos des risques et possibilités à venir. Nous choisissons de rendre ces documents publics car les garder secret ne serait pas d'un grand secours pour atteindre notre objectif de se projeter plus loin qu'un ou deux ans dans l'avenir. L'essentiel, en revanche, est de toucher ; non seulement les experts et les politiciens mais aussi les étudiants, les groupes de femmes, les entrepreneurs, les apôtres de la transparence... Bref, le plus grand nombre.

Il a fallu beaucoup d'esprits et de mains pour rendre ce projet possible. Le plus gros du travail a été réalisé par le Groupe Prospective du NIC dirigé par le Dr Suzanne Fry et sa talentueuse équipe : Rich Engel, Phyllis Berry, Heather Brown, Kenneth Dyer, Daniel Flynn, Geanetta Ford, Steven Grube, Terrence Markin, Nicholas Muto, Robert Odell, Rod Schoonover, Thomas Stork et des douzaines d'officiers du Renseignement. Nous rendons grâce à la minutieuse révision effectuée par les éditeurs du NIC, ainsi qu'au travail fourni par la talentueuse équipe de production et de web designers de la CIA.

Ce rapport reflète la perception du NIC. Cela ne représente en aucun cas une vision « officielle » de la communauté des services de renseignement américains. Les lecteurs qui nous suivent depuis longtemps noteront que le titre de cette édition ne mentionne pas d'année (l'édition précédente s'intitulait *Le Monde en 2030*). Nous pensons qu'indiquer une date peut mener à des jugements erronés. L'avenir recouvre pour nous les prochaines décennies, mais il nous a semblé pertinent, dans cette édition, de nous pencher attentivement sur les cinq prochaines années, en raison de l'arrivée d'une nouvelle administration à la tête du gouvernement américain.

Nous espérons que cette nouvelle édition vous aidera à réfléchir. Que vous soyez optimiste ou pessimiste sur les années à venir, nous sommes convaincus que s'intéresser aux problèmes du monde en vaut la peine.

Sincèrement,

Gregory Treverton ,
Président,
Conseil National du Renseignement.

L'Avenir en quelques mots

Nous vivons un paradoxe : les progrès de l'âge industriel et de l'âge de l'information façonnent le monde de demain, à la fois plus dangereux et plus riche d'opportunités que jamais. L'humanité devra choisir si les promesses ou les dangers l'emporteront.

Nous avons connu un progrès incroyable dans les dernières décennies – nous avons réussi à relier les personnes entre elles, à responsabiliser les individus, les groupes, les nations tout en arrachant un milliard d'humains à la pauvreté. Pourtant, ce même progrès a aussi engendré des chocs comme le Printemps arabe, la crise économique mondiale de 2008, et la montée internationale du populisme et des politiques antisystèmes. Ces chocs mettent en lumière la fragilité des progrès réalisés, révélant des changements profonds dans le monde, annonciateurs d'un avenir sombre, du moins à court terme.

On assistera dans les cinq prochaines années à un accroissement des tensions entre les nations et à l'intérieur des pays. La croissance mondiale va ralentir, alors que les dangers menaçant le monde se multiplieront. Des États, des organisations et des individus responsables et motivés dessineront les nouvelles normes de la géopolitique. Pour le meilleur ou pour le pire, les paramètres actuels annoncent la fin de la domination des États-Unis après la guerre froide, et probablement de l'ordre mondial ayant émergé après la Seconde Guerre mondiale. Il sera beaucoup plus difficile de collaborer au niveau international et de diriger au sens où l'entend le grand public. Les tout-puissants et leurs droits de veto constitueront une menace pour la collaboration inter-États, alors que « les caisses de résonance » de l'information renforceront de multiples visions de la réalité opposées, sapant une entente commune sur la compréhension du monde.

Derrière cette crise de la coopération, se cacheront des différends locaux, nationaux et internationaux sur le rôle des gouvernements sur un certain nombre de sujets, de l'économie à l'environnement, la religion, la sécurité, et les droits des individus. Des débats sur les questions morales – à qui doit-on quoi ? seront plus fréquents. Des divergences morales et d'intérêts parmi les États menaceront la sécurité mondiale.

Il serait tentant d'imposer l'ordre dans ce chaos mais cela se révélerait trop coûteux à court terme et inefficace à long terme. Circonscrire des acteurs puissants exigerait des ressources impensables dans une époque de faible croissance, de limites fiscales, grevée par le fardeau des dettes. Une telle domination signifierait la fin de la démocratie et mènerait à l'autoritarisme ou à l'insécurité, voire aux deux. Même si la force matérielle demeurera essentielle pour les pouvoirs géopolitiques et étatiques, les acteurs les plus puissants seront ceux qui puiseront dans les réseaux, relations et l'information pour se battre et coopérer. C'est la leçon que l'Histoire a tirée de la politique des grandes puissances des années 1900.

Les guerres par procuration entre les États-Unis et les l'Union soviétique, en particulier celles du Vietnam et d'Afghanistan, annonçaient les conflits post guerre froide et les combats d'aujourd'hui au Moyen-Orient, en Afrique et en Asie du Sud, dans la mesure où des adversaires moins puissants niaient la victoire par des stratégies asymétriques, des tensions idéologiques et sociétales. La menace terroriste s'accentuera au même rythme qu'augmentera le nombre de groupes et d'individus utilisant à leur avantage nouvelles technologies, idées et relations.

Cependant, les États resteront importants. La Chine et la Russie seront mises en avant, tandis que des agresseurs régionaux et non étatiques verront des opportunités pour servir leurs intérêts. L'incertitude concernant les États-Unis, le repli de l'Ouest, l'affaiblissement des normes censées prévenir les conflits et garantir le respect des droits de l'homme motiveront la Chine et la Russie à vérifier l'influence américaine. Leurs offensives sur les

« zones grises » assorties d'agressions diverses devraient demeurer sous le seuil d'une déclaration de guerre mais susciteront d'importantes erreurs de jugement. La trop grande conviction que la force matérielle peut gérer l'escalade renforce les risques d'un conflit entre États, à un niveau inédit depuis la guerre froide. Même si une guerre est évitée, le *modus vivendi* actuel sur la coopération internationale « quand c'est possible » comme pour le changement climatique masque de profondes divergences de valeurs et d'intérêts et ne fait rien pour endiguer de fortes tentations hégémoniques dans certaines régions du globe. Ces tendances conduisent à un monde constitué de cercles de relations et de sphères d'influences.

La situation n'est pas plus reluisante sur le front intérieur de nombreux pays . Alors que des décennies d'intégration internationale et d'innovations technologiques ont enrichi les plus riches et tiré un milliard de personnes de la pauvreté, principalement en Asie, un vide s'est creusé dans la classe moyenne occidentale et a ravivé le rejet de la mondialisation. Les flux migratoires actuels sont les plus élevés de ces 70 dernières années. Ils ont élevé le spectre d'un appauvrissement des caisses d'allocations et d'une compétitivité accrue sur le marché du travail, et ont renforcé des sentiments xénophobes et anti-élites. Une croissance lente associée à des remplacements d'emplois par la technologie ne contribuera pas à réduire la pauvreté et amènera très certainement des tensions au sein des pays dans les prochaines années, alimentant le sentiment nationaliste qui exacerbe ces tensions.

Mais ce lugubre futur proche n'est pas gravé dans le marbre. Le tournant que prendront les cinq ou vingt prochaines années dépend en réalité de trois choix : comment les individus, les groupes, les gouvernements vont-ils renégocier leurs attentes les uns envers les autres pour créer l'ordre politique, dans une ère où les individus gagnent du pouvoir et où l'économie change rapidement ? Jusqu'à quel point les grandes puissances, tout comme les individus et les groupes, élaboreront-ils de nouveaux modèles de collaboration et de compétition internationales ? Jusqu'où les gouvernements, les individus et les groupes se préparent-ils dès à présent à surmonter les problèmes mondiaux tels que le réchauffement climatique et la maîtrise des nouvelles technologies ?

Trois histoires ou scénarios – « Îles », « Orbites », et « Communautés » – explorent différents chemins, selon les tendances et les choix que nous suivrons. Ces scénarios mettent en avant plusieurs possibilités liées à l'inconstance du monde sur le plan national (Îles), régional (Orbites) et au niveau sous-gouvernemental et transnational (Communautés).

- « **Îles** » anticipe une restructuration de l'économie mondiale menant à de longues périodes de croissance lente ou nulle et remettant en question les modèles traditionnels de prospérité économique et la conviction que la mondialisation continuera de s'étendre. Ce scénario met en avant les défis que rencontreront les gouvernements pour satisfaire les attentes de la société en matière de sécurité financière et physique dans un monde où la pensée populaire antimondialiste se répand, où les nouvelles technologies transforment le travail et le marché et où l'instabilité politique augmente. Cette partie s'intéresse aussi aux décisions que les gouvernements devront prendre dans des conditions où certains seraient tentés de se replier sur eux-mêmes, de diminuer leur participation à l'international et d'adopter des politiques protectionnistes alors que d'autres trouveront des moyens de relancer la croissance économique et la productivité.
- « **Orbites** » s'intéresse à un avenir dominé par les tensions entre pays, suscitées par les grandes puissances cherchant à avoir leurs propres sphères d'influences tout en essayant de maintenir la stabilité de leur État. Elle examine comment la montée du nationalisme, les nouveaux modèles de conflits, les dangers liés aux technologies et une coopération mondiale en baisse multiplieront les risques de conflit entre États. Ce scénario analyse les politiques des gouvernements susceptibles de renforcer la stabilité et la paix ou, au contraire, d'exacerber les tensions. Il formule l'hypothèse de l'utilisation d'une arme nucléaire sous l'emprise de la colère, ce qui forcera les esprits internationaux à s'associer pour œuvrer à ce que cela ne se reproduise pas.

• « **Communautés** » montre comment les attentes toujours croissantes des peuples et la capacité à y répondre de moins en moins élevée des États ouvrent une brèche aux autorités locales et aux acteurs privés, remettant en cause l'acception admise du terme « gouverner ». L'informatique demeure la clé, et les entreprises, les groupes de pression, les associations caritatives et les gouvernements locaux s'avèrent alors plus efficaces à fournir des services aux personnes et à les influencer pour soutenir leur agenda politique que les gouvernements nationaux. La plupart des gouvernements nationaux résistent, mais d'autres cèdent du terrain aux réseaux émergents. Partout, du Proche-Orient à la Russie, le contrôle est plus difficile.

Ces tendances mondiales générant des risques à court terme peuvent également créer de nouvelles opportunités à long terme. Si le monde était assez chanceux pour tirer parti de ces opportunités, l'avenir sera beaucoup plus favorable que ne le suggèrent nos trois scénarios. Dans le futur paysage mondial, truffé de surprises et de discontinuités, les États et les organisations les plus capables d'exploiter ces opportunités seront les plus résilients. Cette souplesse leur permettra de s'adapter aux nouvelles conditions, de résister face aux adversités imprévues et de prendre les mesures nécessaires pour se remettre sur pied rapidement. Ils investiront dans les infrastructures, la connaissance et les relations pour mieux encaisser les chocs, qu'ils soient économiques, environnementaux, sociaux ou informatiques.

De la même manière, les sociétés les plus résilientes seront celles qui libéreront et épouseront le potentiel de chaque individu – femmes, minorités ou personnes lésées par les récents développements économiques et technologiques. Ils avanceront dans le sens de l'Histoire et non à contre-courant, utilisant le panel de compétences humaines toujours en évolution pour modeler l'avenir. À l'intérieur de toutes les sociétés, même dans les circonstances les plus sinistres, certains choisiront d'améliorer le bien-être, le bonheur et la sécurité des autres, en utilisant les technologies transformatrices à grande échelle. Même si l'inverse sera tout aussi vrai – les forces destructives seront plus puissantes que jamais – l'enjeu central des gouvernements et des sociétés sera de concilier les talents individuels, collectifs et nationaux pour apporter sécurité, prospérité et espoir.

La carte de l'avenir

Notre histoire du futur commence et se termine par un paradoxe : les tendances mondiales présagent d'un avenir sombre, malgré le progrès des dernières décennies, mais sont aussi porteuses d'espoir. Dans les pages suivantes, nous nous projetterons dans le temps, à différentes échelles et selon plusieurs perspectives, pour explorer les conséquences liées à de brusques changements ou à des mouvements de fond, et ce afin de bien marquer les tournants décisifs.

Nous commencerons par une étude des « tendances majeures » qui bouleversent le monde actuel et révèlent au grand jour le paradoxe d'aujourd'hui. Nous nous intéresserons aussi à la manière dont ces tendances « changent la nature du pouvoir, de la gouvernance et de la coopération ». Ainsi, nous pourrons comprendre pourquoi et comment les dynamiques du monde sont devenues plus complexes ces dernières années.

Sans véritables décisions personnelles, politiques et financières, la trajectoire actuelle des tendances et des pouvoirs nous conduit vers un « avenir proche où les tensions augmentent ».

Pour aller plus loin, nous explorerons les possibles aboutissements de ces trajectoires au cours des vingt prochaines années dans « Trois scénarios pour le long terme : Îles, Orbites, et Communautés ». Chaque scénario détermine les points de bascule susceptibles de mener à un avenir meilleur ou pire. Cette partie étudie aussi les conséquences d'idées préconçues sur les politiques étrangères.

Enfin, nous tirerons les leçons de ces scénarios, évaluerons les chances à saisir et les possibles compromis pour agir sur l'avenir et non le subir.

Tout au long de ce document, nous avons imaginé les prochaines unes et manchettes de journaux sur les problèmes liés à ces tendances majeures.

Des tendances qui transforment le paysage mondial

Les tendances mondiales et leurs principales conséquences d'ici 2035

Les riches vieillissent, mais pas les pauvres. La part de population en âge de travailler diminue dans les pays riches, en Chine et en Russie mais augmente dans les pays plus pauvres, surtout en Afrique et en Asie du Sud. Ce phénomène permet un développement de l'économie, de l'emploi et de l'urbanisation mais pèse sur la qualité de vie et renforce les mouvements migratoires. L'éducation et la formation continue seront cruciales, aussi bien dans les pays développés que dans ceux en voie de développement.

L'économie mondiale amorce un virage. À court terme, la croissance économique va stagner. Les économies dominantes devront affronter la réduction de leur population active et la baisse des gains de productivité, contrecoups de la crise financière de 2008-2009 ayant entraîné une hausse de la dette, une baisse de la demande et engendré la méfiance vis-à-vis de la mondialisation. La Chine tentera de négocier un virage en passant d'une politique d'exportation massive et d'investissement à une économie tournée vers le marché intérieur. Dans lespays en développement, la récession viendra également menacer la lutte contre la pauvreté.

Les innovations technologiques accélèrent la marche vers le progrès mais provoquent des ruptures. Les avancées technologiques rapides intensifieront la marche vers le progrès et créeront de nouvelles opportunités mais risquent aussi d'aggraver les divisions entre les gagnants et les perdants. Automatisation et Intelligence artificielle menacent de modifier les industries à un rythme que les économies ne pourront pas suivre, supplantant les travailleurs et bloquant par là même les voies traditionnelles de développement aux pays plus pauvres. Certaines biotechnologies, comme l'édition génomique, vont révolutionner la médecine et d'autres disciplines tout en renforçant les divergences en matière d'éthique.

Opinions et identités déclenchent une vague d'exclusion. Dans un contexte de récession, l'hyper-connectivité mondiale risque d'intensifier les points de tension entre les sociétés et en leur sein. Le populisme prendra de l'ampleur à gauche comme à droite, mettant en péril le libéralisme. Certains leaders utiliseront le nationalisme pour renforcer leur contrôle. L'influence des religions, plus autoritaires encore que certains gouvernements, montera en flèche. Parallèlement, le statut des femmes s'améliorera presque partout. Elles accéderont à des postes décisionnels grâce à une meilleure insertion dans l'économie, mais les réactions seront d'autant plus violentes.

Gouverner devient de plus en plus difficile. Les citoyens exigeront de leurs dirigeants sécurité et prospérité mais la stagnation des revenus, le manque de confiance, la montée des extrémismes et l'apparition de nouvelles difficultés freineront les gouvernements. Les technologies élargiront les rangs des individus susceptibles de bloquer ou court-circuiter l'action politique. Gérer les problèmes à échelle internationale deviendra d'autant plus difficile que les acteurs du pouvoir se multiplieront (ONG, sociétés et particuliers puissants), menant à des actions plus ponctuelles et moins globales.

La nature des conflits change. Les risques de conflit augmenteront du fait des intérêts divergents entre les grandes puissances, de la menace terroriste de plus en plus prégnante, de l'instabilité perpétuelle au sein des États les plus vulnérables et de la diffusion de technologies perturbatrices et meurtrières. Les manœuvres de déstabilisation des États se feront plus fréquentes grâce aux armes de précision à grande portée, aux attaques en ligne, aux systèmes robotisés permettant d'atteindre des cibles très lointaines et à la facilité croissante avec laquelle il sera possible de se procurer les techniques nécessaires à la création d'armes de destruction massive.

Le changement climatique, l'environnement et les problèmes de santé requerront une attention croissante. Même si la coopération est de plus en plus difficile, plusieurs menaces mondiales représentant des dangers imminents mais aussi à plus long terme exigeront une action collective. Les conditions climatiques extrêmes, les pressions hydriques et foncières ainsi que l'insécurité alimentaire viendront perturber les sociétés. La hausse du niveau des mers, l'acidification des océans, la fonte glaciaire et la pollution changeront les habitudes de vie. Des tensions liées au changement climatique risquent d'apparaître. Le nomadisme et de mauvaises infrastructures sanitaires rendront les épidémies plus difficiles à gérer.

EN BREF

Ces tendances convergeront à un rythme accéléré et rendront la gouvernance et la coopération plus difficiles, changeant la nature même du pouvoir et altérant de façon durable le paysage mondial. Les tendances économiques, technologiques et sécuritaires actuelles multiplieront le nombre d'États, d'organisations ou d'individus susceptibles d'exercer une influence réelle.

Au sein même des pays, l'ordre politique demeurera difficile à préserver et les tensions ne retomberont pas tant que les sociétés et les gouvernements n'auront pas renégocié leurs attentes mutuelles. Le monde unipolaire de l'après-guerre froide se trouve aujourd'hui loin derrière et l'ordre mondial fondé sur les règles fixées au lendemain de la Seconde Guerre mondiale pourrait bien disparaître également. Certaines grandes puissances ou groupes locaux chercheront à affirmer leurs intérêts par la force mais n'obtiendront pas de résultats tangibles, les formes de pouvoir traditionnelles et matérielles ne suffisant pas à assurer quoi que ce soit dans un contexte où les vetos prolifèrent.

L'après-guerre froide est en train de céder la place à un nouveau contexte stratégique. Des tendances récentes et à venir convergeront pendant les vingt prochaines années à un rythme encore jamais observé, augmentant le nombre et la complexité des problèmes. Certains, comme par exemple les cyberattaques, le terrorisme ou les conditions météorologiques extrêmes, constituent des risques imminents. Les changements démographiques mettront en péril l'emploi, les conditions de vie et la stabilité sociale. Le monde riche vieillit tandis que le monde pauvre suit la marche inverse. De plus en plus de personnes vivent en ville, et certaines sont très vulnérables à la hausse du niveau des eaux, aux inondations et aux violentes tempêtes. De plus en plus de personnes émigrent, attirées par l'espoir d'une vie meilleure ou chassées par les horreurs des conflits. La compétition pour des emplois plus rémunérateurs se joue aujourd'hui à l'échelle mondiale, d'autant que la technologie, surtout l'automatisation de masse, perturbe le marché du travail. La technologie, en reliant les personnes comme jamais auparavant, place aussi davantage de pouvoir entre les mains d'individus et de petits groupes. Pourtant, ils seront simultanément séparés par leurs valeurs, le nationalisme et la religion. Au niveau national, le fossé entre les attentes des citoyens et les résultats fournis par les gouvernements se creusera. La démocratie elle-même ne peut plus être tenue pour acquise. À l'échelle internationale, le pouvoir de plus en plus important des individus et des groupes rendra plus délicates la coopération et l'action collective dans la lutte contre les principaux problèmes mondiaux, comme le changement climatique. Les organisations internationales ne seront pas de taille à affronter les défis du futur, d'autant qu'elles ne sont pas préparées à gérer ces pouvoirs émergents.

Le risque de conflit grandit dans le même temps. La guerre ne sera désormais plus limitée aux champs de bataille. Elle visera avant tout la déstabilisation des sociétés et sera axée sur des cyberattaques depuis l'étranger ou l'action de kamikazes depuis l'intérieur. Les menaces silencieuses mais récurrentes représentées par la pollution de l'air, les pénuries d'eau et le changement climatique grandiront et mèneront plus souvent que par le passé à des conflits, car leurs diagnostics et la façon de les gérer demeurent une source de divisions dans le monde.

Les riches vieillissent, mais pas les pauvres

La population mondiale va s'accroître, vieillir et s'urbaniser, malgré un ralentissement de la croissance démographique mondiale. Cependant ces tendances seront très différentes d'un pays à l'autre. Les grandes puissances mondiales vieilliront tandis que les pays en développement resteront jeunes. La population devrait passer de 7,3 à 8,8 milliards d'ici à 2035. L'Afrique (dont le taux de fertilité équivaut au double de celui du reste du monde) et certaines parties d'Asie sont sur la bonne voie pour que leur population en âge de travailler grimpe en flèche. Cela pourrait mener à des progrès ou à l'inverse à un désastre économique, selon le degré d'investissement des gouvernements et sociétés dans les domaines de l'éducation, des infrastructures et d'autres secteurs clés.

Les schémas habituels du monde du travail et les conditions de vie apparaissent sur le point de changer dans les pays dont la moyenne d'âge augmente rapidement, mais également dans ceux où la population est très jeune. Les plus de soixante ans sont sur le point de devenir la classe d'âge la plus représentée dans le monde. Les sociétés vieillissantes qui géreront le mieux la transition sauront (r)ouvrir le monde du travail aux plus âgés, aux plus jeunes et aux femmes pour compenser la baisse d'adultes en âge de travailler. L'âge médian devrait s'envoler d'ici à 2035 au Japon (52,4), en Corée du Sud (49,4), en Allemagne (49,6) et dans plusieurs autres pays. L'Europe sera la plus touchée, comme Cuba (48), la Russie (43,6) et la Chine (45,7). Les États-Unis vieillissent plus lentement : ils devraient approcher un âge médian d'à peu près 41 ans d'ici 2035, et pourront alors maintenir un équilibre avec la population en âge de travailler.

- **Les populations très jeunes** , avec une moyenne d'âge de 25 ans ou moins, poseront problème dans certaines parties d'Afrique et d'Asie, surtout en Somalie, en Afghanistan, au Pakistan, en Irak et au Yémen. Ces pays ont, d'un point de vue historique, été particulièrement victimes de la violence et de l'instabilité. Des États plus jeunes, pourtant, devront subvenir aux besoins d'une population vieillissante, sans oublier les infrastructures spécialisées et filets de secours socio-économiques qui seront nécessaires. À l'échelle mondiale, le nombre de personnes entrant dans l'âge actif pendant les deux décennies à venir déclinera de façon drastique par rapport aux deux dernières décennies, passant de 1,20 milliard en 1995-2015 à 850 millions en 2015-35, selon les prévisions de l'ONU. La plupart de ces nouveaux travailleurs, cependant, naîtront en Asie du Sud et en Afrique, souvent au sein d'économies qui luttent déjà pour créer de nouveaux emplois dans la nouvelle économie globalisée et peinent à cause d'infrastructures inadaptées, de systèmes éducatifs limités, de la corruption et du manque d'opportunités pour les femmes.
- Intégrer davantage de femmes à la main-d'œuvre sera particulièrement délicat du fait de vieilles normes culturelles bien installées. Pourtant, une étude du McKinsey Global Institute a montré que de tels changements seraient susceptibles de stimuler le rendement et la productivité. Selon cette étude, le PIB mondial

augmenterait de plus de 10 % d'ici à 2025 si le rôle économique des femmes et la compensation financière allant de pair se trouvaient partout valorisés pour correspondre aux chiffres du pays le plus égalitaire de chaque région. McKinley a tout particulièrement mis l'accent sur les améliorations à apporter à l'éducation, à l'intégration financière et numérique, à la protection juridique et à la rémunération des emplois de soins à la personne, critères indispensables pour gagner du terrain dans la parité économique, et qui bénéficieraient en fin de compte à tous les travailleurs.

Davantage de citadins. Les tendances démographiques stimuleront la pression citoyenne pour obtenir des mesures publiques plus efficaces, particulièrement pour les services et infrastructures indispensables pour répondre aux besoins de populations de plus en plus citadines. Aujourd'hui, à peine plus de la moitié de la population mondiale vit en ville. D'ici à 2050, ce devrait être les deux tiers. Les pays vieillissants qui adaptent les services de santé, la retraite, les allocations, l'emploi et le recrutement militaire sont plus susceptibles de résister aux tendances démographiques, tandis que les pays à la population plus jeune gagneraient à se concentrer sur l'éducation et l'emploi. Les politiques concernant le travail et l'immigration resteront des facteurs de division à court terme, même si à plus long terme, et grâce aux formations et à l'éducation, de telles politiques seront susceptibles d'apporter une solution à la pénurie critique de main-d'œuvre dans les sociétés vieillissantes.

- Les populations continueront à se concentrer dans des zones menacées par la montée du niveau des mers, les inondations et les tempêtes. D'ici à 2035, environ 50 % de personnes de plus qu'en 2000 vivront dans des zones très proches du niveau de la mer, tout particulièrement en Asie (environ 150 millions de personnes supplémentaires) et en Afrique (60 millions). De nombreuses mégalopoles comme Bangkok, Hô-Chi-Minh-Ville, Jakarta et Manille continueront de s'enfoncer à cause de l'extraction abusive des nappes phréatiques et de l'activité sismique naturelle.

Estimation de l'évolution de la population en âge de travailler (15-64)
Population 2015-35, sélection de pays
La population mondiale en âge de travailler augmentera le plus en Asie du Sud et dans les pays africains, où les niveaux d'éducation sont parmi le plus bas – ce qui les mettra en situation de désavantage dans l'évolution de l'économie mondiale qui favorise les travailleurs les plus qualifiés.
Les plus fortes baisses de la population en âge de travailler seront en Chine et en Europe, où les opportunités d'emplois seront probablement plus élevées pour les travailleurs qualifiés et les employés du secteur tertiaire.
Globalement, la production à faible valeur ajoutée – historiquement la rampe de lancement du développement économique des pays pauvres et un tremplin pour la prospérité des demandeurs d'emplois – aura tendance à nécessiter de moins en moins de travailleurs peu qualifiés en raison de l'automatisation, de l'intelligence artificielle et d'autres progrès industriels qui prendront place.

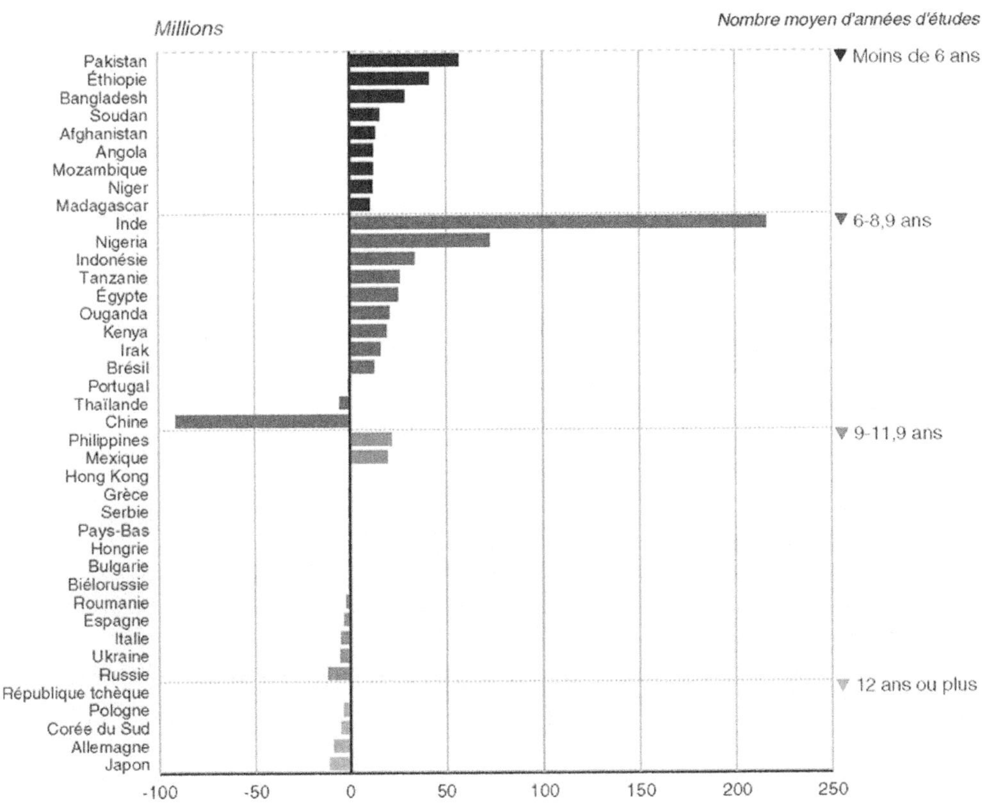

Note : Les 40 pays mis en avant dans ce graphique sont ceux avec les plus fortes hausses et les plus fortes baisses de la population en âge de travailler, en nombres absolus.

Source : données de l'ONU sur la population (projection moyenne).

Ils sont de plus en plus nombreux sur la route... Les flux migratoires resteront élevés durant les deux prochaines décennies, les populations cherchant des opportunités économiques ou fuyant les conflits et des conditions climatiques qui empirent. Le nombre de migrants à échelle internationale (ou de personnes vivant hors de leur pays d'origine) et de populations déplacées de force (déplacés intérieurs) a atteint le plus haut niveau jamais atteint en 2015, avec 244 millions de migrants internationaux et près de 65 millions de déplacés intérieurs. Pour faire court, en 2015, 1 personne sur 112 dans le monde est un réfugié, un demandeur d'asile ou un déplacé intérieur. Cette hausse du nombre de migrants, réfugiés, demandeurs d'asile ou déplacés intérieurs perdurera probablement en raison des grosses inégalités de revenus, de la persistance des conflits et des tensions ethniques et religieuses qui s'enveniment. Le nombre de personnes sur la route restera élevé voire augmentera encore avec l'aggravation des problèmes environnementaux.

L'augmentation de la population urbaine globale est encouragée par l'augmentation des villes de toutes tailles.
La part du lion de l'augmentation de 20 % de la population mondiale entre 2015 et 2035 sera prise par les villes, car des flux de personnes des milieux ruraux rejoindront des villes à la population déjà en augmentation. Les villes de toutes tailles continueront à accroître leur population, menées par les « mégavilles » de 10 millions ou plus d'habitants. Il y en aura sur tous les continents à part en Australie.

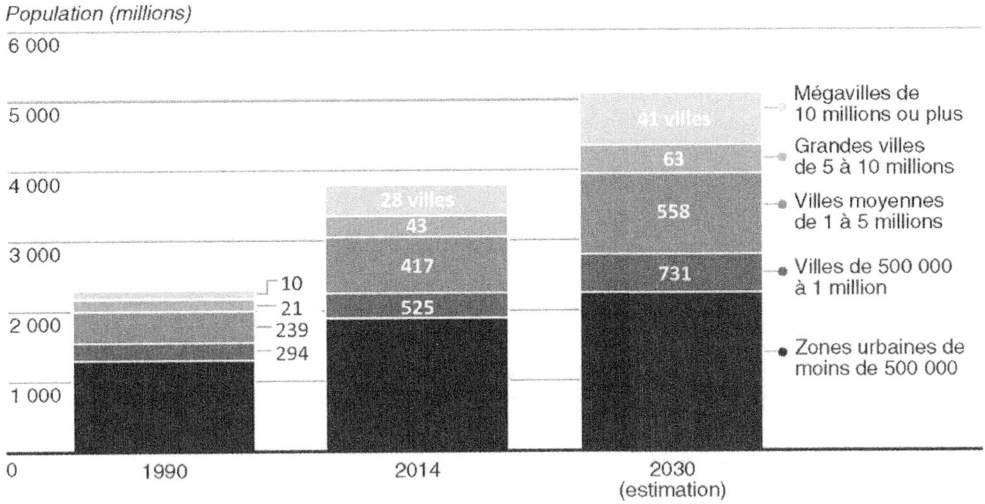

Source : Nations unies, Département d'économie et de sciences sociales, « Perspectives d'urbanisation mondiale, Révision de 2014 ».

... surtout les hommes. Le déséquilibre récent du ratio hommes/femmes dans de nombreux pays du Moyen-Orient et en Asie de l'Est et du Sud avertit que ces pays sont sous pression. C'est aussi un signe de l'influence tenace des cultures locales. À cause des avortements sélectifs, de l'infanticide et de la négligence qui affectent principalement les femmes, la Chine et l'Inde comptent déjà un nombre significatif d'hommes qui ne trouveront pas d'épouse. Il faudra des décennies pour corriger ce déséquilibre des sexes, décennies pendant lesquelles les crimes et la violence feront rage.

Population mondiale vivant dans une extrême pauvreté, 1820-2015
L'extrême pauvreté est définie par le fait de vivre avec moins de 1,90 $ par jour, dans des conditions réelles de parité de pouvoir d'achat (ajustées aux différences de prix entre les pays et l'inflation).

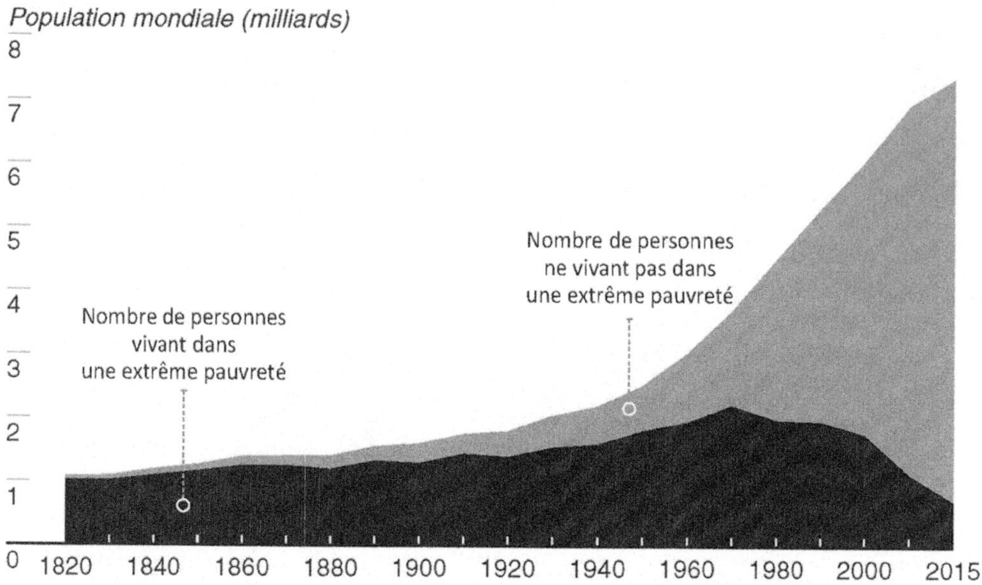

Source : OurWorldinData.org. Max Roser basé sur World Bank et Bourguignon et Morrisson.

L'économie mondiale amorce un virage

Les économies du monde entier subiront des changements significatifs dans un avenir proche et plus lointain. Les économies riches tenteront de ralentir le récent déclin de la croissance économique pour maintenir leurs styles de vie, alors même que la population active diminue et que les rendements de la production, jusque-là élevés, chutent. Le monde en développement cherchera à sécuriser ses progrès récents en matière d'éradication de la misère et à intégrer une classe en âge de travailler qui augmente rapidement. Les pays développés tout comme les pays en développement devront s'efforcer de définir de nouveaux services, secteurs et emplois pour remplacer le travail en usine que l'automatisation et d'autres avancées technologiques élimineront, ainsi qu'éduquer et former une main-d'œuvre afin de pourvoir ces postes.

L'extrême pauvreté diminue. Les réformes économiques en Chine et dans d'autres pays, surtout en Asie, ont permis une amélioration historique des conditions de vie pour près d'un milliard de personnes depuis 1990, faisant passer le nombre de personnes vivant dans l'extrême pauvreté (avec moins de deux dollars par jour) de 35 % à environ 10 %. On vit difficilement avec deux dollars, mais on n'est plus complètement dans la survie. L'amélioration des conditions de vie a provoqué un changement des comportements tout en augmentant les attentes et les craintes concernant l'avenir.

Les classes moyennes occidentales sous pression. Un boom mondial dans la production à bas coût (conjointement à une automatisation en partie due aux pressions financières exercées par la concurrence) a frappé durement l'emploi et les revenus des classes moyennes aux États-Unis et en Europe durant les dernières décennies. Dans le même temps, ce boom a offert de nouvelles opportunités au monde en développement et a réduit de façon drastique le coût des biens de consommation dans le monde entier. La stagnation des salaires est l'indicateur le plus frappant de l'effort constant pour toujours diminuer les frais de production. Selon l'OCDE, le revenu médian par foyer aux États-Unis, en Allemagne, au Japon, en Italie et en France a augmenté de moins de 1 % par an depuis les années 1980 jusqu'à la crise financière mondiale de 2008. La période qui a suivi la crise a apporté peu d'améliorations, sinon quelques progrès aux États-Unis en 2015. McKinsey estime que, depuis 2014, dans les pays développés, les revenus des deux tiers des foyers sont au même niveau qu'en 2005, voire en dessous.

La croissance stagnera. Durant les cinq années à venir, l'économie mondiale continuera de peiner pour revenir à une croissance positive et les principaux acteurs de l'économie se remettront peu à peu de la crise de 2008 en tentant de remédier à l'augmentation de la dette publique. En outre, l'économie mondiale devra aussi faire face aux pressions politiques menaçant le commerce international au moment où la Chine entreprend un effort massif pour se recentrer sur son marché intérieur. En conséquence, la majorité des plus grandes économies mondiales risque d'obtenir, en tout cas dans les quelques années à venir, des résultats inférieurs à tous les précédents. La récession menacera en outre les récentes avancées dans la lutte contre la pauvreté.

• La Chine et l'Union européenne, deux des trois plus grandes économies mondiales, persévéreront dans leurs difficiles changements de grande ampleur pour relever la croissance à plus long terme. La Chine sera l'électron libre dans ses efforts pour continuer à augmenter son niveau de vie tout en passant d'une économie d'investissement dominée par l'État à une économie centrée sur le consommateur et les services. Pendant ce temps, l'Union européenne tentera de réunir les conditions pour une reprise de la croissance tout en luttant pour limiter les dettes publiques et les divisions politiques profondes concernant son avenir.

• Les crises financières, l'érosion de la classe moyenne et une plus grande conscience publique des inégalités de revenus (tout cela précédant en partie la crise de 2008) ont nourri le sentiment, en Occident, que le coût de la libéralisation des marchés a dépassé ses gains. Résultat : le règne vieux de soixante-dix ans du libéralisme économique à l'échelle mondiale affronte un retour de bâton populaire violent, minant les projets d'une libéralisation plus poussée, tout en augmentant les risques d'un retour en force du protectionnisme. Le monde observera avec attention les États-Unis et les tenants traditionnels du libéralisme économique, dans l'attente de signes d'un retour sur leurs positions. Une libéralisation plus poussée pourrait se trouver circonscrite à une région du monde ou restreinte à des partenaires limités.

UN GROS TITRE EN 2018... « ROBIN HOODHACKER » PARALYSE LE COMMERCE EN LIGNE ET MET LA BOURSE SENS DESSUS DESSOUS. 19 NOVEMBRE 2018 NEW YORK

Le commerce en ligne a été paralysé une semaine avant le lancement des courses de Noël aux États-Unis, au Canada et en Europe après de nombreuses attaques de la part d'un mystérieux individu se faisant appeler Robin Hoodhacker. Les attaques ont créé le chaos, bloquant les paiements en ligne jusqu'à un montant estimé à plus de 100 000 dollars et déclenchant une vague de shopping sur Internet qui a forcé les commerçants à stopper toutes leurs transactions. Cette interruption a fait tomber en chute libre toutes les places financières avant que tout ne soit suspendu par crainte que le hacker mystérieux ne persiste dans son forfait.

LES CHOCS FINANCIERS ET LA RÉCESSION ÉCONOMIQUE

La croissance économique fondée sur l'endettement aux États-Unis, en Europe, en Chine et au Japon pendant les dernières décennies a créé des bulles spéculatives immobilières et entraîné des dépenses personnelles non viables, un pic des prix du pétrole et d'autres marchandises, pour déboucher, en 2008, sur des crises financières massives aux États-Unis et en Europe, qui ont ébranlé les économies de nombreux autres pays. Désireuses de stimuler un retour de la croissance, certaines banques centrales ont baissé les taux d'intérêt, parfois même en-dessous de zéro. Elles ont aussi tenté de stimuler la reprise à travers un programme d'assouplissement monétaire, en injectant plus de 11 000 milliards de dollars aux bilans des banques centrales chinoises, européennes, japonaises et américaines entre 2008 et 2016.

Ces efforts ont permis d'éviter les défauts de paiement de grandes institutions financières et aux gouvernements européens assiégés d'emprunter à faible taux. Ils ne sont en revanche pas parvenus à relancer une vraie croissance économique parce qu'ils n'ont pas incité les gouvernements, les grandes firmes ou les particuliers à augmenter leurs dépenses. De même, ces efforts n'ont pas créé de motivation particulière pour les banques, les invitant à augmenter les prêts pour supporter de telles dépenses, dans un contexte de prudence généralisée et d'inflation proche de zéro ou quasi négative.

Les efforts engagés par Pékin, par exemple, pour raviver la croissance après la crise de 2008 ont permis de soutenir les marchés du pétrole et des matières premières, comme les producteurs d'Afrique, d'Amérique latine et du Moyen-Orient qui les fournissent. Cependant, ces marchés sont en train de faiblir, d'autant que la croissance de la Chine, largement centrée sur l'investissement pour stimuler l'industrie, n'est pas viable sur le long terme.

Dans cet environnement à faible taux et à faible croissance, les investisseurs demeurent nerveux. Ils oscillent entre la quête de forts retours sur investissement avec les marchés émergents et la recherche de refuges à chaque nouvelle alarme, ne fournissant donc qu'un soutien incertain à une croissance émergente potentielle.

Changements du revenu réel par rapport au centile du revenu mondial (à la parité de pouvoir d'achat) de 1988 à 2008
Le « graphique de l'éléphant » sur les changements du revenu réel des foyers entre 1989 et 2008 montre que la période de plus grande globalisation de l'économie mondiale et la croissance rapide que cela a engendré dans le monde en développement ont apporté de larges gains de revenus à tous les foyers mondiaux des deux tiers du bas à part les plus pauvres, et aux plus

riches. Ce graphique et ses variations suivantes montrant des gains relatifs légèrement différents entre les groupes mais avec le même schéma général suggèrent que la mondialisation et les progrès industriels ont apporté relativement peu de gains au tiers le plus haut des foyers mondiaux à part pour les plus riches. Ce segment inclut de nombreux foyers aux revenus faibles à moyens des États-Unis et d'autres économies développées.
Les données de ce graphique montrent seulement les changements pour chaque centile de revenus ; des foyers individuels dans chaque pays ont pu monter ou descendre à l'intérieur de leur centile et peuvent donc sembler avoir des gains significativement plus grands ou plus petits que ces moyennes mondiale.

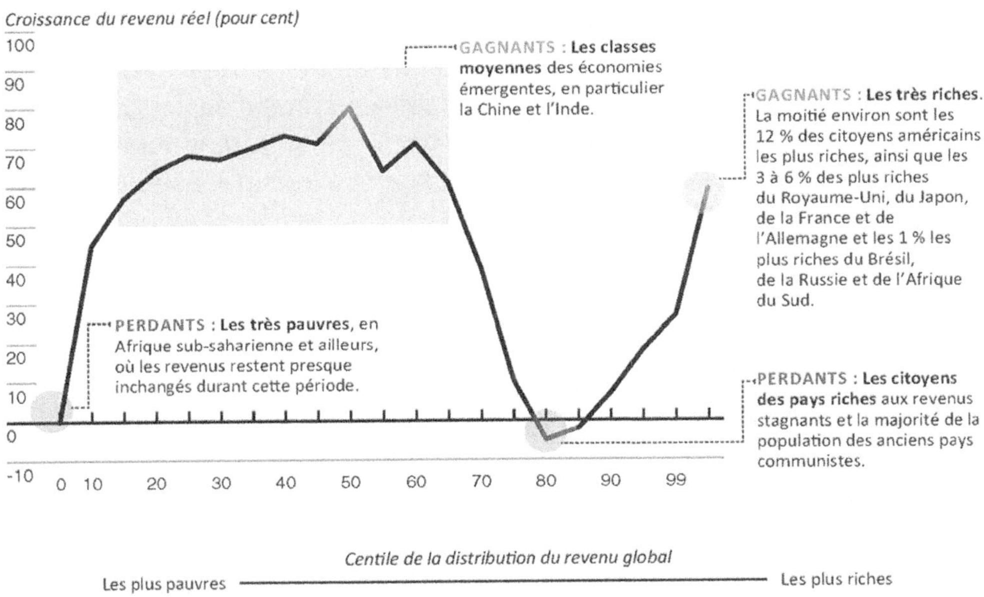

Source : Branka Milanovic.

L'évolution des technologies rend difficile une visibilité sur le long terme

La plupart des grandes économies mondiales devront compter avec la réduction de la population en âge de travailler, mais tous les pays seront confrontés au défi de maintenir le taux d'emploi en développant la formation et l'adaptabilité de leur main-d'œuvre. L'automatisation, l'Intelligence artificielle et les autres innovations techniques menacent l'existence d'un grand nombre d'emplois dans différents secteurs, du plus bas au plus haut échelon de l'échelle socio-économique, y compris dans les industries de pointe et même les administrations.

• Trouver de nouvelles façons de stimuler la productivité dans les pays riches deviendra plus difficile. Le climat induit par les facteurs démographiques, la course au rendement et la question des investissements après les Trente Glorieuses ne sera bientôt plus du tout d'actualité. Ce défi sera particulièrement important dans un contexte de vieillissement de la population des économies les plus riches. Les avancées technologiques aideront à dynamiser la productivité dans les pays développés comme dans ceux en développement, mais améliorer l'éducation, les infrastructures, les régulations et les pratiques de management s'avérera essentiel pour les transformer en atouts.

• Tandis que la technologie remplace progressivement la main-d'œuvre et exerce une pression croissante sur les salaires, les rentrées générées par les impôts sur les revenus vont croître plus lentement que la croissance économique, voire parfois diminuer. La pression fiscale sur les États qui se reposent sur ces impôts va augmenter, rendant les taxes sur la valeur ajoutée ou d'autres sources de revenus plus attractives.

Les innovations technologiques accélèrent la marche vers le progrès mais créent des ruptures

La technologie, de la roue au circuit intégré, a changé le cours de l'Histoire. Mais pouvoir l'anticiper, savoir quand, où et comment la technologie est susceptible de jouer sur l'économie, les dynamiques sociales, politiques et sécuritaires, n'est pas à la portée de tous. Certaines prévisions sur des avancées capitales comme la fusion à froid ne se sont toujours pas concrétisées. D'autres innovations ont été mises en pratique plus rapidement que ce qu'on avait imaginé, dépassant même les prévisions initiales. Les avancées incroyables de ces dernières années en matière de génétique, notamment avec le CRISPR [2], élargissent le champ des possibles en biotechnologie.

La technologie continuera à faire basculer le pouvoir entre les mains d'individus, de petits groupes, de corporations et d'États, en accélérant la marche vers le changement mais aussi en engendrant de nouveaux défis toujours plus complexes, des ruptures et des tensions. Le développement et l'usage de Technologies de l'information et de la communication (TIC) toujours plus avancées, d'Intelligence artificielle, de nouveaux matériaux et de nouvelles techniques de production grâce à la robotisation et l'automatisation, les avancées en matière de biotechnologie et les sources d'énergie alternatives viendront perturber le marché du travail, modifier les domaines de la santé, de l'énergie et des transports et transformer le développement économique. Tout cela posera également des questions fondamentales sur la place de l'humain. De telles avancées amplifieront les divergences morales entre les sociétés et ralentiront les progrès en fonction des régulations ou normes locales. Les risques humains et questionnements éthiques associés à certaines applications sont réels, surtout avec la biologie de synthèse, l'édition génomique et l'intelligence artificielle.

Les TIC (Technologies de l'information et de la communication) sont sur le point de transformer un éventail de plus en plus large de métiers, ainsi que la façon dont les gens vivent et communiquent. Les technologies associées augmenteront l'efficacité et feront baisser le nombre d'emplois dans les secteurs des transports, de l'ingénierie, de la production industrielle, de la santé ainsi que d'autres services. Ces outils existent depuis un certain temps, mais ils se populariseront au fur et à mesure que les concepteurs parviendront à automatiser un nombre croissant de tâches. L'investissement massif dans le secteur de l'intelligence artificielle, les pics de vente de robots pour l'industrie et les services, les plateformes « cloud » fonctionnant sans infrastructures physiques créeront des opportunités croissantes pour la convergence mais aussi pour la rupture du marché de l'emploi, surtout dans un avenir proche. L'Internet des objets (IdO), sur lequel des dispositifs connectés toujours plus nombreux peuvent interagir, permettra davantage d'efficacité mais ouvrira aussi la porte à davantage de risques sur le plan de la sécurité. Les effets de ces nouvelles TIC sur le secteur financier, en particulier, sont susceptibles d'être profonds. Les nouvelles technologies financières, y compris les monnaies digitales, l'application de la « blockchain » aux transactions, l'intelligence artificielle et l'usage du big data pour les analyses prédictives remodèleront les services financiers, avec un impact potentiellement considérable sur la stabilité du système et la sécurité des infrastructures financières les plus importantes.

Les biotechnologies sont à un carrefour déterminant où les avancées dans les essais génétiques et l'édition génomique, catalysées par les nouvelles méthodes de manipulation des gènes, sont en train de faire de la science-fiction une réalité. Le temps et le coût requis pour séquencer un génome humain ont été réduits de façon incroyable. De telles possibilités ouvrent à des approches bien plus adaptées aux optiques actuelles : améliorer les capacités humaines, traiter les maladies, étendre la durée de vie, stimuler la production alimentaire. Étant donné que la plupart de ces techniques avancées ne seront disponibles que dans une poignée de pays, l'accès à ces technologies sera limité à ceux qui peuvent se permettre de voyager et de payer pour ces nouvelles méthodes. Des débats politiques clivants au sujet de l'accès à ces techniques risquent d'en résulter.

Aller encore plus loin dans le développement de ces matériaux de pointe et des techniques de production accélérerait la transition des secteurs clés comme les transports et l'énergie. Le marché mondial de la nanotechnologie a plus que doublé ces dernières années, et de nouvelles applications ne cessent de surgir dans des secteurs allant de l'électronique à l'alimentaire.

La révolution des énergies non conventionnelles permettra un meilleur accès aux nouvelles sources de pétrole et de gaz naturel tandis que tout un pan d'avancées technologiques est sur le point de trancher le lien de dépendance entre croissance économique et hausse de l'utilisation d'énergie. Des progrès dans la conception des panneaux solaires, par exemple, ont permis de réduire de façon drastique le coût de l'électricité solaire et de la rendre compétitive par rapport au prix de vente de l'électricité. Avec davantage de sources pour les nouvelles énergies, les coûts de production resteront bas et le secteur mondial de l'énergie sera de plus en plus adaptable et résilient, à même de mieux traverser la crise des énergies fossiles, ce qui bénéficiera surtout à la Chine, à l'Inde et aux pays en développement pauvres en ressources fossiles.

Il faudra analyser très prudemment ces technologies émergentes avant de pouvoir pleinement en apprécier les effets positifs sur les humains, les sociétés, les États et la planète. Nous sommes face à l'impératif à court terme d'établir des critères de sécurité et des protocoles communs pour les TIC, les biotechnologies et les nouveaux matériaux. Peu d'organismes, qu'ils soient gouvernementaux, commerciaux, académiques ou religieux, ont le niveau d'expertise suffisant pour effectuer cette analyse, et moins encore sont capables de nous transmettre leurs résultats de façon accessible, en soulignant l'importance de partager les ressources pour évaluer la situation et envisager les défis qui restent à venir.

• Sans critères de régulation, le développement et la mise en pratique de l'intelligence artificielle, même si elle reste inférieure à l'intelligence humaine, sont susceptibles d'être dangereux pour les humains, de représenter une menace pour la vie privée des citoyens et de nuire aux intérêts étatiques. De plus, l'incapacité à développer des critères de régulation pour l'intelligence artificielle en robotique risque de conduire à une baisse de rentabilité économique et à la perte d'opportunités à cause du manque d'interopérabilité des systèmes.

• Les avancées dans le domaine de la biopharmacie généreront des tensions sur la question de la propriété intellectuelle. Si les rejets de demandes de brevets, les révocations et les licences obligatoires deviennent plus fréquents, ils pourraient menacer la mise sur le marché de nouveaux médicaments et les profits des grands laboratoires pharmaceutiques. Les gouvernements devront soigneusement peser les bénéfices sociaux et économiques liés à l'adoption de nouvelles biotechnologies, comme les semences génétiquement modifiées, à la lumière des considérations nationales.

Sur le plan international, la capacité à établir des critères et des protocoles, à définir des limites éthiques à la recherche et à protéger la propriété intellectuelle incombera aux États qui posséderont la maîtrise des techniques. Les actions à court terme pour préserver cette maîtrise auront des conséquences particulièrement critiques pour les technologies qui ont pour finalité d'améliorer la santé humaine, de modifier les organismes biologiques et de répandre l'information ainsi que pour les systèmes d'automatisation. Un engagement multilatéral au tout début du cycle de production sera susceptible de réduire les tensions internationales ainsi que les différences de points de vue sur son application. Cela nécessitera une convergence d'intérêts et de valeurs, même étroite et limitée. Il est plus vraisemblable que même un partenariat technique ne suffise pas à éviter les tensions entre des États concentrés sur des systèmes technologiques et de régulation ne répondant qu'à leurs propres intérêts.

Opinions et identités déclenchent une vague d'exclusion

Un monde plus interconnecté aggravera davantage qu'il ne les réduira les différences liées aux opinions et aux identités. Si les tendances démographiques, économiques et politiques perdurent, le populisme va se renforcer dans les deux décennies à venir. Il amènera avec lui des identités nationales et religieuses excluantes, dans un climat où les interactions entre technologie et culture s'accélèrent, où les peuples cherchent du sens et de la sécurité dans un contexte de changements économiques, sociaux et technologiques rapides et déroutants. Les leaders politiques multiplieront les appels à une identité commune, très efficaces pour mobiliser les foules et consolider le pouvoir politique. De la même façon, les groupes identitaires gagneront en influence. L'accès toujours plus facile à l'information et à la communication leur permettra de mieux s'organiser et de se mobiliser, que ce soit autour de convictions politiques, religieuses, de valeurs, d'intérêts économiques, de questions ethniques, de genre ou de style de vie. Les sphères de l'information et des médias, de plus en plus ségréguées, durciront encore les identités à travers des algorithmes offrant des réseaux sociaux et des recherches sur mesure, de même que les efforts délibérés des organismes, gouvernements et leaders auto-établis pour modeler la société. Certaines de ces identités auront un caractère transnational, avec des groupes apprenant les uns des autres et des individus capables de tirer l'inspiration de leurs semblables à l'autre bout du monde.

Une conséquence directe de ce surgissement des politiques identitaires est l'érosion des traditions de tolérance et de diversité associées traditionnellement aux États-Unis et à l'Europe de l'ouest, menaçant le rayonnement de ces idées à travers le monde. D'autres conséquences sont l'usage explicite du nationalisme et des traits menaçants de l'Occident pour consolider le contrôle autoritaire en Chine et en Russie, ainsi que les conflits identitaires et régionaux qui couvent en Afrique, au Moyen-Orient et en Asie du Sud. La façon dont, par exemple, New Delhi gérera les tendances nationalistes hindoues et Israël les extrémistes ultra-orthodoxes sera déterminante dans la survenue de conflits ultérieurs.

Le populisme réapparaît en Occident et dans certaines parties d'Asie. Caractérisé par la suspicion et l'hostilité envers les élites, les représentants des grands courants politiques et les institutions, il reflète le rejet des conséquences économiques de la mondialisation et la frustration ressentie envers les réponses des élites politiques et économiques aux préoccupations des citoyens. Les mouvements d'extrême droite et d'extrême gauche ont gagné de l'ampleur en Europe, avec les leaders politiques français, grecs et hollandais, par exemple, qui critiquent les partis traditionnels et leur échec à protéger les gagne-pain des Européens. L'Amérique du Sud, quant à elle, connaît ses propres vagues de populisme, comme aux Philippines et en Thaïlande.

• En outre, le sentiment d'hostilité envers les migrants et la xénophobie au sein des vieilles démocraties de l'alliance occidentale pourraient bien miner certaines valeurs socles de l'Occident, comme celle de cultiver le multiculturalisme et d'exploiter tous les talents, sans distinction de culture.

• Les leaders et mouvements populistes, qu'ils soient de droite ou de gauche, pourraient tirer profit des pratiques démocratiques pour gagner le soutien populaire afin de consolider un pouvoir exécutif fort, menant à l'érosion lente mais inexorable de la société civile, du règne de la loi et des normes de tolérance.

Nationalisme et identités religieuses. Proche cousin du populisme, le nationalisme fera entendre ses sirènes en Chine, en Russie, en Turquie et dans d'autres pays où les leaders cherchent à consolider leur pouvoir politique en éliminant les alternatives des pouvoirs locaux tout en dépeignant les relations internationales sous un jour belliqueux. De la même façon, les identités religieuses excluantes vont remodeler les dynamiques régionales et locales au Moyen-Orient, en Afrique du Nord, et menacer certaines parties d'Afrique subsaharienne, en opposant chrétiens et musulmans. En Russie, nation et religion continueront de fusionner pour renforcer le contrôle politique.

• L'identité religieuse, qu'elle soit ou non excluante, est susceptible de maintenir un lien puissant dans un moment d'intense changement où les individus se trouvent en quête d'une identité et d'un sentiment d'appartenance. Plus de 80 % de la population mondiale a une appartenance religieuse et ce taux augmente sans cesse, principalement à cause des hauts taux de natalité dans les zones en développement, selon une étude du Pew Research Center sur le devenir de la religion.

Gouverner devient de plus en plus difficile

La façon dont les États gouvernent et créent l'ordre politique est fluctuante et susceptible de varier encore davantage dans les décennies à venir. Les gouvernements devront lutter de plus en plus pour satisfaire les exigences de sécurité et de prospérité des citoyens. Les limites fiscales, la montée des extrémismes politiques et les insuffisances des administrations compliqueront leurs efforts, tout comme la volatilité de l'information, l'augmentation des attentes et la prolifération d'acteurs investis d'un pouvoir grandissant, en mesure de bloquer leurs politiques. Ce fossé entre l'efficacité des gouvernements et les attentes des citoyens, combiné à la corruption et aux scandales dans les rangs des élites, risque de mener à une perte de confiance et un sentiment de frustration grandissants. Cela va aussi accroître la fréquence des manifestations et l'instabilité, y compris gouvernementale.

• Les manifestations de grande ampleur, comme au Brésil ou en Turquie, des pays dans lesquels les classes moyennes ont pris de l'importance pendant la dernière décennie, indiquent que les citoyens les plus prospères ont des attentes plus hautes, qu'ils veulent moins de corruption au sein des gouvernements et de la société. Ils veulent aussi l'assurance qu'ils ne perdront pas ce qu'ils ont gagné. Cependant la croissance plus lente, les salaires stagnants de la classe moyenne et l'inégalité croissante dans les pays développés concentreront les exigences des citoyens sur le désir d'amélioration et de protection de leur niveau de vie. Cela se fera dans un moment où de nombreux gouvernements seront contraints par la dette, une compétition économique mondiale plus intense et des perturbations des marchés financiers.

• Un meilleur accès à l'information sur les dirigeants et les institutions, combiné à des échecs retentissants, comme la crise financière de 2008 et le scandale de corruption Petrobras, ont miné la confiance du public envers le pouvoir établi et favorisé l'émergence de mouvements populistes partout dans le monde. De surcroît, l'amplification grâce à la technologie des voix individuelles assortie d'une perte de confiance vis-à-vis des élites a eu pour conséquence, dans certains pays, l'affaiblissement de l'influence des partis politiques, des syndicats et des groupes citoyens, conduisant potentiellement à une crise de la représentation et de la démocratie en général. Des sondages suggèrent que dans les pays émergents, surtout au Moyen-Orient et en Amérique latine, la plupart pensent que les membres du gouvernement « ne se soucient pas de gens comme eux ». La confiance envers les gouvernements a également chuté dans de nombreux pays développés. Ce sont les Américains qui font aujourd'hui état du plus bas niveau de confiance envers leurs gouvernements depuis la première année de ce type de sondage, en 1958.

• La démocratie elle-même sera remise en question. Certaines études semblent démontrer que les jeunes, en Amérique du Nord et en Europe de l'Ouest, sont moins enclins à encourager la liberté d'expression que leurs aînés. Le nombre d'États alliant éléments autocratiques et régime démocratique se trouve en pleine augmentation, dans un ensemble qui favorise l'instabilité. Freedom House a rapporté qu'en 2016 les mesures de « liberté » avaient baissé dans presque deux fois plus de pays qu'elles ne s'étaient améliorées. C'est le plus gros recul depuis dix ans.

Les institutions internationales lutteront pour s'adapter à un environnement plus complexe, mais elles auront tout de même un rôle à jouer. Elles seront particulièrement efficaces lorsque les intérêts des grandes puissances se retrouveront sur des problèmes comme le maintien de la paix ou l'assistance humanitaire, des sujets sur lesquels les institutions et leurs critères sont déjà bien en place. Les réformes à venir des institutions régionales et internationales seront longues à se mettre en place cependant, du fait d'intérêts divergents entre les États membres et les organisations, sans oublier la complexité croissante des nouveaux problèmes mondiaux. Certaines institutions et pays membres continueront à faire face au jour le jour, prenant des initiatives pour collaborer avec des acteurs non étatiques et des organisations régionales, préférant des approches ciblées sur des problèmes plus restreints et mieux définis.

• *Une augmentation des veto.* Des intérêts divergents au sein des grandes puissances ou des puissances montantes limiteront l'action officielle internationale lorsqu'elle tentera de s'attaquer aux conflits, alors que les intérêts divergents entre les États en général empêcheront les réformes les plus importantes du Conseil de sécurité de l'ONU. Si beaucoup valident la nécessité de réformer le Conseil de sécurité, les chances d'un consensus sur une réforme des conditions d'adhésion sont minces.

• *Loin derrière.* Les institutions existantes s'avèrent susceptibles de rencontrer des difficultés avec les sujets les moins traditionnels, comme la question de la manipulation du génome humain, l'intelligence artificielle ou l'amélioration du corps humain. Ces avancées technologiques dépasseront de loin la capacité des États, des pouvoirs et organisations internationales à mettre en place des standards, des politiques générales de régulations et de normes. Les univers du net et de l'espace vont également poser de nouveaux défis, surtout en raison des acteurs commerciaux privés qui jouent un rôle de plus en plus important en repoussant les limites des possibilités et normes d'usage.

• *Un multilatéralisme comptant de nombreux acteurs.* Les dynamiques multilatérales se développeront en même temps que les institutions officielles internationales travailleront en collaboration plus rapprochée avec les grandes entreprises, les organisations de société civile et les gouvernements locaux pour trouver des solutions aux nouveaux défis. À travers la mise en place de forums de discussion comptant de nombreux acteurs, de nouvelles formes de débat apparaîtront et l'investissement du secteur privé dans la gouvernance sera susceptible de croître.

La nature des conflits change

Le risque de conflit, y compris de conflit intérieur, augmentera durant les deux prochaines décennies en raison des intérêts mouvants des grandes puissances, de la menace terroriste perpétuelle, de l'instabilité des États les plus vulnérables et de la diffusion de technologies meurtrières et perturbatrices. La tendance au déclin en nombre et en intensité des conflits durant les vingt dernières années semble s'inverser. Selon les rapports officiels, les niveaux de violence sont en augmentation et le nombre de morts en lien avec un conflit et autres coûts humains remontent rapidement depuis 2011, voire avant. En outre, la nature des conflits change du fait des avancées technologiques, des nouvelles stratégies et du contexte géopolitique global en évolution. Tout cela vient remettre en question les conceptions initiales sur la guerre. Un nombre croissant d'acteurs emploie un éventail de plus en plus large d'armes militaires, brouillant la limite entre guerre et paix et ébranlant les vieilles normes de l'escalade et de la dissuasion.

Les conflits à venir seront centrés sur la destruction d'infrastructures capitales, de la cohésion sociale et des fonctions du pouvoir, afin de prendre l'avantage d'un point de vue psychologique et géopolitique plutôt qu'en l'emportant sur le champ de bataille, par des moyens militaires. Les civils seront de plus en plus ciblés, parfois pour monter des groupes ethniques, religieux ou politiques les uns contre les autres dans le but de perturber la coopération et la coexistence au sein des États. De telles stratégies suggèrent une tendance aux conflits toujours plus coûteux mais aussi de moins en moins décisifs.

Des groupes perturbateurs . Des groupes sub-nationaux ou non nationaux, y compris des terroristes, des activistes, des insurgés et des gangs criminels, ont accès à un éventail toujours plus large de moyens plus ou moins meurtriers pour obtenir ce qu'ils veulent. Des groupes comme le Hezbollah ou Daech ont aujourd'hui accès à des armes très sophistiquées comme différents types de missiles anti-tanks, des missiles surface-air, des drones et d'autres armes de haute précision. Des groupes d'activistes comme Anonymous sont susceptibles de lancer des cyberattaques de plus en plus violentes. Ces groupes ont peu de raison de se priver. Comme la force dissuasive manque d'efficacité, les États ont dû prendre les devants et les attaquer de façon plus agressive, ce qui vient parfois nourrir leur cause.

La guerre à distance. Les acteurs étatiques ou non étatiques continueront d'améliorer leur capacité à la confrontation et aux attaques à distance. Les cyberattaques, les armes de haute précision, les systèmes robotisés et les drones de combat ont abaissé le seuil du conflit direct puisque les attaquants mettent moins de vies en danger dans leurs tentatives pour défaire les défenses ennemies. La prolifération de ces possibilités fera muter la guerre d'affrontements directs opposant des armées à des opérations de confrontation à distance, surtout dans les phases initiales du conflit.

- Lors d'une crise où les militaires auraient à leur disposition des armes conventionnelles de haute précision et à longue portée, on risquerait une escalade violente du conflit car les deux camps voudraient attaquer avant de l'être.
- En outre, les centres de commande, de contrôle et les infrastructures de ciblage, y compris les satellites, deviendront probablement la cible d'attaques afin d'anéantir la force de frappe de l'ennemi. La Russie et la Chine, par exemple, recherchent toujours des armes capables de détruire des satellites en orbite, ce qui placera les satellites des États-Unis et des autres pays en grand danger.

Nouvelles armes de destruction massive. La menace que représentent l'arme nucléaire et d'autres formes d'armes de destruction massive (ADM) va probablement s'aggraver dans les années à venir, en raison des avancées technologiques et de l'asymétrie grandissante entre les forces. Les États détenteurs de l'arme nucléaire vont très certainement entretenir, voire moderniser leur force nucléaire d'ici à 2035. Les tentatives d'intimidation nord-coréennes et l'incertitude concernant les intentions de l'Iran pourraient amener les autres États à pousser encore leurs possibilités nucléaires. La prolifération des technologies de pointe, surtout les biotechnologies, rendra aussi plus accessible les armes de destruction massive pour de nouveaux acteurs. L'effondrement interne de certains États vulnérables permettrait un accès des ADM aux groupes terroristes, s'ils parviennent à s'emparer d'armes nucléaires dans des États en déliquescence qui ne peuvent plus assurer la sécurité de leur arsenal ou de leurs connaissances scientifiques et techniques.

« Zones grises » de conflits. La zone de plus en plus floue entre les états de guerre et de paix rendra plus difficile à interpréter les calculs habituels sur les manœuvres de dissuasion ou d'escalade dans la gestion des conflits. La diplomatie musclée, la manipulation médiatique, les opérations secrètes, les coups d'État et la coercition économique sont des tactiques qui ont fait leurs preuves, mais à présent il est aussi facile, et beaucoup plus efficace, de lancer une cyberattaque ou une campagne de désinformation qui font monter la pression et l'incertitude. La possibilité de rester sous le seuil d'une guerre totale conduira à une compétition économique, politique et sécuritaire de longue haleine tout en restant dans la zone grise entre guerre et paix.

L'ESPACE

S'il est resté longtemps un terrain de jeux réservé aux grandes puissances, l'espace est aujourd'hui en voie de démocratisation. Alors que les budgets alloués à la conquête spatiale plafonnent, le secteur privé en profitera pour lancer des programmes centrés sur le tourisme spatial, l'exploitation minière des astéroïdes et les habitats gonflables dans l'espace. Cependant, il devra probablement attendre encore quelques décennies avant que ces programmes ne deviennent rentables.

Une augmentation de l'activité spatiale signifie aussi de nouveaux risques, et une action internationale conjointe pourrait être nécessaire pour repérer les débris présentant le plus de dangers pour une présence spatiale et les retirer. L'immense potentiel stratégique et commercial offert par les atouts du cosmos confirme que l'espace deviendra un enjeu croissant pour l'accès, l'usage et le contrôle duquel les nations entreront en rivalité. La mise en service de technologies anti-satellite conçues pour endommager ou détruire des satellites risque d'exacerber les tensions internationales. Une des questions clés des prochaines années sera de savoir si les pays qui ont un accès à l'espace, en particulier la Chine, la Russie et les États-Unis, sauront se mettre d'accord sur un code de conduite concernant leurs activités spatiales.

La menace du changement climatique plane sur le monde

Le changement climatique, la pression croissante pesant sur les ressources environnementales et naturelles et une dépendance de plus en plus marquée entre la santé humaine et animale reflètent les risques systémiques complexes qui sont en train de prendre de vitesse les approches actuelles. La volonté des individus, des groupes et des gouvernements de faire respecter les engagements environnementaux récents, d'adopter les nouvelles énergies propres et de se tenir prêts dans l'éventualité de crises écologiques et environnementales imprévues mettra à l'épreuve les capacités de coopération sur les défis mondiaux à venir.

Le changement climatique . Le changement climatique engendrera des conditions météorologiques extrêmes et fera peser une grosse pression sur les hommes et les écosystèmes essentiels à leur survie, y compris les océans, l'eau douce et la biodiversité. Ce changement, en retour, aura des conséquences indirectes sur les champs du social, de l'économie, de la politique et de la sécurité. Les conditions climatiques extrêmes peuvent menacer les récoltes et augmenter la fréquence des incendies, des pannes de courant, des destructions d'infrastructures, des migrations et des épidémies de maladies infectieuses. De tels effets seront d'autant plus prononcés dans les zones vulnérables à forte concentration de population, comme les villes, les côtes et les régions en stress hydrique. Les conditions météorologiques extrêmes restent difficiles à attribuer entièrement au changement climatique, mais, selon le Groupe d'experts intergouvernemental sur l'évolution du climat (GIEC), les records de température inhabituels vont être de plus en plus fréquents.

Prédictions moyennes des changements de températures à la surface de la Terre.

Les courbes en gras représentent les moyennes des températures de la surface globale, déterminées par ordinateur, mais la vraie trajectoire aura de nombreux pics (plus hauts que la moyenne) et creux (plus bas que la moyenne). Les pics sont qualitativement importants car ils représentent probablement des aperçus des futures conditions climatiques moyennes.

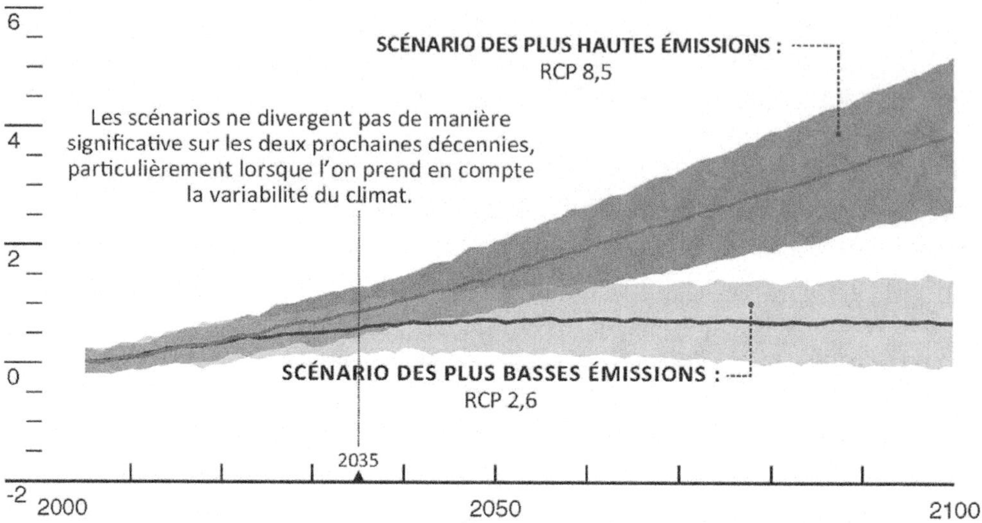

Source : Panel intergouvernemental sur le changement climatique, cinquième rapport d'estimation, septembre 2013.

Les émissions de gaz à effet de serre de ces dernières années ont déjà mené à une hausse globale des températures pour les vingt années à venir, et les politiques de réduction des gaz à effet de serre à présent appliquées n'y changeront rien. La plupart des scientifiques prévoient que le changement climatique exacerbera les conditions actuelles, rendant par exemple les zones chaudes et sèches encore plus chaudes et désertiques.

• Sur le long terme, le stress climatique global changera la façon dont les gens vivent, mais aussi l'endroit où ils vivent, tout comme les maladies qui les affectent. Ce stress climatique englobe la hausse du niveau des mers, l'acidification des océans, la fonte du permafrost et de la calotte glaciaire, la dégradation de la qualité de l'air, les mutations de la couverture nuageuse, et des changements soutenus dans les températures et le niveau des précipitations.

• Les modèles climatiques actuels prévoient, sur le long terme, une hausse globale sur les températures moyennes mondiales de surface, mais les climatologues mettent en garde sur le fait que des changements plus soudains et spectaculaires pourraient être possibles, étant donné la complexité du système et l'historique climatique. De tels changements affectant le climat ou les écosystèmes liés au climat pourraient avoir des conséquences tragiques sur l'économie et les milieux naturels.

Le changement climatique, qu'on parle de ses effets observables ou des prévisions, deviendra inséparable de la façon dont les humains perçoivent leur planète. De nombreux stress écologiques et environnementaux traverseront les frontières, compliquant encore l'aptitude des communautés et des gouvernements à gérer leurs effets. L'empressement à mettre en pratique ces politiques va différer selon l'intensité et la zone géographique des changements. Les citoyens des pays développés, de plus en plus conscients du phénomène, feront entendre leur voix et nous assisterons probablement à la montée d'une pression populaire pour trouver des solutions.

• L'exemple de la Chine est une mise en garde pour les pays en développement, avec une part croissante de la classe moyenne exprimant ses inquiétudes au sujet de la pollution, de la qualité de l'eau et de la longévité. Un sondage Pew de 2016 montre que la moitié des Chinois interrogés seraient prêts à échanger leur croissance économique contre une meilleure qualité de l'air.

L'Amérique latine et l'Afrique, plus inquiètes des changements climatiques que les autres régions.

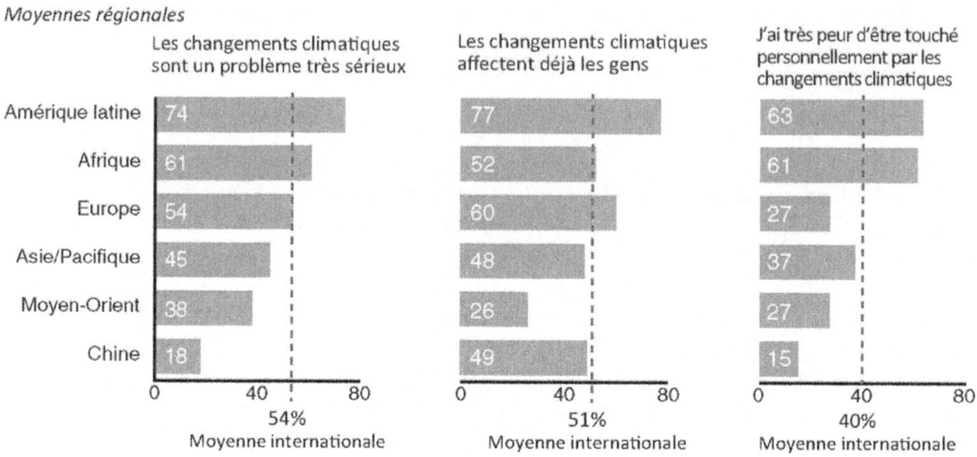

Note : Aux États-Unis : 45 % des sondés ont répondu : « Les changements climatiques sont un problème très sérieux », 41 % : « Les changements climatiques affectent déjà les gens » et 30 % avaient « très peur d'être touché personnellement par les changements climatiques ».

Source : Pew Research Center. Printemps 2015, sondage d'Attitudes mondiales. Q32, Q41 et Q42.

Le changement climatique et les désastres naturels qui en découlent, les décisions politiques et les technologies de lutte contre la pollution créeront de nouveaux secteurs d'investissement mais également des gagnants et des perdants économiques. Un grand consultant financier prévoit que les marchés d'actions des pays développés subiront des pertes dans la plupart de leurs secteurs dans les 35 prochaines années, du fait des inquiétudes concernant le changement climatique. Cependant, la plupart de ces secteurs verront aussi les gains dus aux investissements remonter. L'agriculture, les infrastructures et l'immobilier devraient aussi remonter d'ici à 2050. Selon les organismes d'aide humanitaire et de développement du monde entier, les pertes financières dues aux sécheresses, tempêtes, inondations et incendies ont augmenté de façon limitée mais constante depuis les années 1970. Elles risquent d'augmenter plus rapidement dans les décennies à venir.

Le changement climatique va engendrer une concurrence géopolitique mais également une meilleure coopération internationale. La Chine, prête à assumer la direction du changement climatique, va probablement s'en tenir à ses engagements de Paris, mais elle serait susceptible de limiter son soutien aux organismes de contrôle pour gagner les faveurs de pays en développement comme l'Inde. Les tensions en lien avec la gestion du climat pourraient s'exacerber si certains pays tentent de manipuler les conditions climatiques mondiales grâce aux techniques de géo-ingénierie. Les recherches se basent sur des modélisations de techniques visant à altérer la température et les rythmes des précipitations en injectant des aérosols dans la stratosphère, en illuminant chimiquement les nuages marins ou en installant des miroirs en orbite dans l'espace. D'autres approches se concentrent sur les techniques consistant à retirer le dioxyde de carbone de l'atmosphère. Étant donné l'absence de normes internationales ou de régulations concernant ce type d'activités, la moindre tentative pour tester ou mettre en œuvre des techniques de géo-ingénierie à grande échelle créerait immédiatement des tensions et des inquiétudes sur les risques et potentialités de conséquences accidentelles.

UN GROS TITRE EN 2033... DES MANŒUVRES DE GÉO-INGÉNIERIE AU BANGLADESH CRÉENT LA COLÈRE. 4 AVRIL 2033 – DHAKA

Le Bangladesh est devenu aujourd'hui le premier pays à essayer de ralentir le changement climatique en relâchant une tonne métrique d'aérosol de sulfate dans l'atmosphère depuis un Boeing 797, effectuant l'un des premiers vols d'une série de six ayant pour but de réduire les effets des radiations solaires. Cet événement sans précédent a engendré des avertissements de la part de diplomates de 25 pays ainsi que de violentes manifestations devant plusieurs ambassades du Bangladesh, mais le gouvernement a argué que cette action était un geste d'auto-défense après une série d'ouragans dévastateurs. Les scientifiques craignent des conséquences graves, comme des pluies acides et la diminution de la couche d'ozone.

Environnement et ressources naturelles . Presque tous les écosystèmes terrestres subissent des tensions naturelles ou créées par l'homme, qui prennent de vitesse les efforts nationaux et internationaux de protection de l'environnement. Les institutions chargées de surveiller certaines zones auront de plus en plus de mal à gérer les interdépendances complexes entre les questions d'eau, de nourriture, d'énergie, de sol, de santé, d'infrastructures et de travail.

• D'ici à 2035, si de nouvelles mesures de protection de l'air ne sont pas prises, la **pollution atmosphérique** sera la première cause de décès dus à des facteurs environnementaux dans le monde. Selon l'Organisation Mondiale de la Santé, plus de 80 % des habitants des villes sont déjà exposés à une pollution atmosphérique qui dépasse les seuils d'alerte.

• Selon les Nations unies, la moitié de la population mondiale devra faire face à des **pénuries d'eau** d'ici 2035. Les besoins croissants liés à la croissance démographique, à une plus grande consommation et à la production agricole outrepasseront les réserves d'eau qui, de surcroît, deviendront moins fiables dans certaines zones en raison de l'épuisement des nappes phréatiques et des changements des rythmes de précipitations. Plus de 30 pays, dont presque la moitié situés au Moyen-Orient, subiront d'ici à 2035 un stress hydrique massif qui risque d'exacerber les tensions économiques, sociales et politiques.

• La **fonte glaciaire** en Arctique et en Antarctique accélérera la hausse du niveau des mers. L'océan Arctique, de plus en plus navigable, restreindra les routes commerciales et ouvrira l'accès aux ressources naturelles de la région. La fonte des glaciers du plateau tibétain, source de presque tous les plus grands fleuves d'Asie, aura aussi des conséquences considérables.

• Plus d'un tiers des sols (sources de 95 % des ressources alimentaires) est déjà dégradé, et cette part augmentera probablement avec la croissance de la population mondiale. La **dégradation des sols** (la perte de productivité des sols étant due aux changements causés par l'homme) est déjà en cours, à une vitesse 40 fois supérieure à celle de leur reformation.

LE PARTAGE DE L'EAU ENGENDRERA DES LITIGES

Un nombre croissant de pays subira du stress hydrique dû à la croissance démographique, à l'urbanisation, au développement économique, au changement climatique et à la mauvaise gestion des ressources, ce qui risque d'engendrer des tensions sur la question du partage de l'eau. Les disputes entre les États autour de la question de l'eau ont toujours mené à des accords de partage plutôt qu'à des conflits violents, mais cela risque de changer. La construction de barrages, la pollution industrielle et la négligence ou le refus des traités existants aggraveront les crispations autour de l'eau, mais ce sont les tensions politiques et culturelles qui joueront le rôle déclencheur.

Presque la moitié des 263 bassins-versants du monde ne bénéficie pas d'un accord de gestion coopérative, tout comme la plus grande partie des 600 aquifères transfrontaliers. En outre, la plupart des accords existants ne sont pas suffisamment adaptés aux problèmes naissants comme le changement climatique, la baisse de la biodiversité et de la qualité de l'eau. Des disputes autour des principaux bassins versants comme le Mékong, le Nil, l'Amou-Daria, le Jourdain, l'Indus et le Brahmapoutre viendront illustrer la façon dont les structures de gestion de l'eau s'adaptent dans un contexte de raréfaction des ressources.

• La diversité de la **biosphère** continuera de décliner en dépit des efforts nationaux et internationaux. Le changement climatique va amplifier la perturbation et la dégradation des habitats naturels, la surexploitation, la pollution et la multiplication des espèces étrangères invasives, qui ont un impact négatif sur les forêts, la pêche et les zones humides. Les écosystèmes marins, particulièrement les récifs coralliens, subiront les conséquences critiques du réchauffement et de l'acidification des océans.

La santé . La santé humaine et la santé animale seront de plus en plus liées. En augmentant les contacts à l'échelle mondiale et en modifiant les conditions environnementales, on affecte la distribution géographique des éléments pathogènes et leurs hôtes qui, à leur tour, favorisent l'émergence et la transmission de nombreuses maladies infectieuses humaines et animales. Les failles des systèmes de santé et du contrôle des maladies rendront les épidémies plus difficiles à repérer et à gérer, augmentant les risques de pandémie et de contagion bien au-delà des zones d'origine.

• Ce seront pourtant les affections non transmissibles, comme les problèmes cardiaques, les attaques, le diabète et les maladies mentales, qui devanceront largement les maladies infectieuses dans les décennies à venir, en raison de facteurs démographiques et culturels comme le vieillissement, la malnutrition, les questions d'hygiène, l'urbanisation et les inégalités croissantes.

Les tendances mondiales transformeront le pouvoir et la politique

Réunies, ces tendances mondiales rendront la gestion du pouvoir de plus en plus complexe, voire changeront le sens qu'on lui prête. Un nombre grandissant de problèmes complexes dépassant la portée de simples individus, communautés ou même États surviendra, à une vitesse encore jamais observée. Des problèmes qu'on considérait comme lointains il y a peu exigent aujourd'hui des solutions à court terme.

Des interdépendances complexes, comme le changement climatique et les applications malfaisantes ou maladroites des biotechnologies, ont le potentiel d'altérer ou de détruire des vies humaines. Les cybertechnologies et l'information, des systèmes complexes dont dépendent de plus en plus les humains, continueront de générer de nouvelles formes de commerce, de politique et de conflits aux implications encore imprévues.

Les tendances économiques, technologiques et sécuritaires augmentent le nombre d'États susceptibles d'exercer une influence géopolitique, enterrant définitivement le monde unipolaire de l'après-guerre froide.

Les progrès économiques du siècle passé ont augmenté le nombre d'États, comme le Brésil, la Chine, l'Inde, l'Indonésie, l'Iran, le Mexique ou la Turquie, détenant la puissance matérielle permettant l'accès à un statut de moyenne ou grande puissance. Ce phénomène ouvre la porte à encore plus d'acteurs, apportant avec eux des intérêts et des valeurs concurrentes et désireux de jouer leur rôle dans l'ordre international. Même en dépit des grandes incertitudes concernant le futur de la croissance économique, les principaux pronostics conviennent du fait que les économies de marché émergentes comme la Chine et l'Inde contribueront désormais bien plus largement au PMI mondial, décalant l'activité économique vers l'est.

La technologie et l'argent placent le pouvoir entre les mains d'individus ou de petits groupes et leur permettent des conduites jusque-là réservées aux États, ce qui altère profondément les systèmes habituels de gouvernance et de conflit.

De la même façon que la richesse matérielle vient modifier l'équilibre des pouvoirs, les classes moyennes puissantes mais en difficulté croissante des pays riches exercent aujourd'hui une pression de plus en plus forte sur les relations État-citoyens que l'on croyait fermement établies, en particulier sur les rôles, les responsabilités et les relations que gouvernements et citoyens, élites et masses, attendent les uns des autres. La réduction de la pauvreté, surtout en Asie, a accru le nombre d'individus et de groupes qui ne sont plus focalisés sur une subsistance au jour le jour mais peuvent exercer le pouvoir que leur confèrent la consommation, l'épargne et la représentation politique, à présent amplifiée par Internet et les moyens de communication modernes.

- Les TIC placent entre les mains des individus et de petits groupes l'information et la possibilité d'exercer une influence dans le monde entier, donnant à leurs actions, intérêts et valeurs plus de poids que jamais.
- Les associations à but non lucratif, les multinationales, les groupes religieux et un large éventail d'autres organisations ont à présent la possibilité d'accumuler de la fortune, de l'influence et des partisans, ce qui leur permet de s'intéresser aux questions de bien-être et de sécurité avec plus d'efficacité que les autorités.

• De la même façon, l'accessibilité croissante aux armes, alliée à un recrutement et une communication efficaces, a permis à des groupes transnationaux de renverser l'ordre local.

Le monde des médias divise les publics et leurs multiples réalités, venant ébranler une compréhension uniforme des événements qui facilitait jusque-là la coopération internationale. Il engage aussi des réflexions sur les idéaux démocratiques tels que la liberté d'expression et le « libre marché des idées ».

Dans un contexte de perte de confiance croissante envers les institutions officielles et de multiplication, de polarisation et de mercantilisation des médias traditionnels, certains universitaires et observateurs politiques caractérisent notre époque comme une ère « post-vérité » ou « post-factuelle ». Les tentatives mal intentionnées de manipulation des citoyens sont assez aisées dans un tel contexte, comme le montrent les récents efforts russes par rapport à l'Ukraine et aux élections présidentielles américaines, incluant de prétendues révélations Wikileaks.

• Des études ont montré que des informations allant à l'encontre des opinions d'un individu ou de son avis initial ne modifieront en rien ses opinions ni ne viendront les remettre en question, mais au contraire renforceront l'idée que cette nouvelle information est issue d'une source biaisée ou hostile, ce qui engendre une polarisation des groupes.

• Les gens ont tendance à se tourner vers des leaders ou d'autres personnes dont ils pensent qu'ils partagent leurs opinions et à qui ils font confiance pour leur donner une interprétation de « la vérité ». Selon un sondage du Edelman Trust Barometer, un manque de confiance se creuse entre les consommateurs d'information diplômés et le reste de la population. Ce sondage international révèle que les sondés sont de plus en plus tributaires de « gens comme eux », à qui ils font davantage confiance qu'à leur PDG ou à un membre du gouvernement.

• Une étude du Pew datant de 2014 a montré que, chez les Américains, le taux de confiance envers une agence de presse n'atteignait que 54 %. Les gens se tournent à présent davantage vers les réseaux sociaux pour obtenir des informations ou des nouvelles sur le monde ou les événements locaux.

Il sera bientôt plus aisé pour les individus et les groupes de bloquer une décision que de construire un pouvoir en forgeant de nouvelles lois et affiliations ou en mettant en œuvre des solutions pour des défis communs, surtout dans un climat où la crédibilité des autorités et de l'information est remise en question.

- Pour les gouvernements démocratiques, cela signifie une difficulté croissante à mettre en place et partager un récit concernant un intérêt commun. Cela complique aussi la mise en application des lois.
- Pour les partis politiques, ce phénomène annonce une fragilisation croissante de leur rôle traditionnel de lien et de représentant des intérêts de l'État. Aux États-Unis, depuis les années 1970 (donc bien avant le début d'Internet), les groupes animés d'un intérêt particulier sont de plus en plus nombreux, aux dépens de l'adhésion à des partis politiques, tendance de plus en plus marquée depuis l'avènement des réseaux sociaux.
- Pour les leaders et régimes autoritaires, la tentation de contraindre et de manipuler l'information ainsi que son accès augmentera.

LA NATURE CHANGEANTE DU POUVOIR

Alors que les tendances mondiales semblent converger pour rendre la gouvernance et la coopération plus complexes, elles changent également le contexte stratégique d'une façon qui réduit à l'impuissance les formes de pouvoir traditionnelles et matérielles lorsqu'il s'agit de former des projets et de les réaliser. Le pouvoir matériel, qu'on mesure traditionnellement grâce au PIB, aux dépenses militaires, à la taille de la population et au niveau technologique, a toujours été, et restera, un levier de premier choix pour l'État. Avec un tel moyen, les États les plus puissants peuvent mettre en place des agendas et mobiliser la coopération internationale, comme à Paris pour les accords sur le changement climatique. Ils peuvent même imposer des décisions de façon unilatérale, comme en atteste l'annexion de la Crimée par la Russie. Le pouvoir matériel ne suffit pourtant pas à expliquer comment des acteurs non étatiques comme Daech ont pu avoir un tel impact sur le contexte sécuritaire, ni les contraintes auxquelles doivent faire face les États pour les contrer. Ce pouvoir n'est pas non plus d'une grande aide pour contraindre ceux qui ont choisi de ne pas s'y conformer.

Réaliser des objectifs et les consolider, que ce soit en combattant l'extrémisme ou en gérant des conditions climatiques extrêmes, sera de plus en plus délicat du fait de la multiplication d'acteurs qui peuvent user de leur droit de veto ou refuser de passer à l'action. Un nombre croissant d'acteurs étatiques ou non étatiques déploie des formes nouvelles ou peu conventionnelles de pouvoir à travers Internet, les réseaux ou même en manipulant l'environnement pour influencer les événements et créer des troubles, faisant peser des contraintes accrues sur la capacité des États matériellement puissants à réaliser leurs objectifs à un coût raisonnable. Les États et les grosses organisations sont aujourd'hui confrontés à l'éventualité grandissante que ceux qui ne partagent pas leur avis – que ce soit les activistes, les citoyens, les investisseurs ou les consommateurs – décident de partir, de se rebeller ou de manifester, parfois violemment. En outre, les connexions à l'échelle mondiale, grâce à l'information et aux autres réseaux, offrent aux acteurs moins puissants mais mieux connectés un impact énorme.

À l'avenir, les acteurs les plus puissants seront les États, les groupes et les particuliers capables de tirer profit de leurs possibilités matérielles, de leurs relations et de l'information d'une façon plus rapide, mieux intégrée et avec une plus grande adaptabilité que les générations précédentes. Ils utiliseront leurs possibilités matérielles pour gagner en influence et parfois pour consolider ou refuser des objectifs. Ils démontreront leur pouvoir par la réalisation et mobiliseront les électeurs sur une grande échelle, en utilisant l'information pour persuader ou manipuler les sociétés et les États et les rallier à leur cause. Leur capacité à forger des récits évocateurs, des idéologies, à attirer l'attention, à cultiver la confiance et la crédibilité servira leurs intérêts et valeurs. Les entités les plus puissantes inciteront les États, mais aussi les sociétés, les mouvements religieux ou sociaux et même les individus à trouver des solutions aux problèmes grâce à des chaînes de coopération, tout en faisant preuve de leur potentiel et de leur stabilité grâce à leurs capacités matérielles, relationnelles et informatives. Pour consolider leurs objectifs, ils seront constamment en lien avec les autres.

L'avenir proche
Les tensions augmentent

Ces tendances mondiales, remettant en question la gouvernance et modifiant la nature du pouvoir, vont avoir des conséquences notables au cours des cinq prochaines années. Elles entraîneront partout, et quel que soit le type de gouvernement, une augmentation des tensions, à l'intérieur des pays mais aussi entre eux. À court terme, cette situation contribuera à intensifier la menace terroriste et à déstabiliser le futur ordre mondial.

Au niveau national, les tensions se cristallisent en raison de la nature et de la multiplication des attentes des citoyens envers leur gouvernement dans un monde en permanente évolution. Les populations exigent que leur gouvernement assure de façon fiable et constante leur sécurité physique et leur prospérité économique, deux éléments toujours plus conditionnés par ce qui se passe à l'extérieur.

En retour, ces dynamiques exacerbent les tensions entre pays, élevant ainsi le risque de conflit entre États au cours des cinq prochaines années. L'affaiblissement de l'Europe, l'incertitude sur le rôle que joueront les États-Unis sur la scène internationale et la remise en question des conventions de maintien de la paix et de respect des droits humains représentent des opportunités pour la Chine et la Russie. Cette situation encouragera également les agresseurs non gouvernementaux et apportera un nouveau souffle aux rivalités régionales, par exemple entre Riyad et Téhéran, Islamabad et New Delhi ou encore sur la péninsule coréenne. Les échecs de gouvernance contribueront aussi à développer un sentiment de menace et d'insécurité dans des pays comme le Pakistan et la Corée du Nord.

• L'interdépendance économique des grandes puissances limite les comportements agressifs, mais risque à l'avenir de ne pas suffire à éviter un conflit armé. Les grandes et les moyennes puissances chercheront des moyens de réduire l'interdépendance qui les rend vulnérables aux pressions économiques et aux sanctions financières afin de gagner en liberté d'action et pouvoir défendre plus agressivement leurs intérêts.

Dans le même temps, la menace terroriste se renforcera probablement dans la mesure où la capacité de destruction des États, des groupes et des individus se diversifie. L'augmentation des tensions à l'intérieur comme à l'extérieur des pays et l'accroissement de la menace terroriste déstabiliseront l'ordre mondial et conduiront à une remise en question du droit, des institutions et de la répartition du pouvoir au sein du système international.

Europe. En Europe, l'accroissement des tensions et les incertitudes au sujet de la future cohésion de l'Union prennent racine dans la difficulté d'adaptation des institutions aux défis économiques et sécuritaires en cours. Si les institutions européennes définissent la politique monétaire des pays de la zone euro, chaque État conserve ses prérogatives fiscales et sécuritaires. Cela laisse les membres les plus pauvres de l'Union aux prises avec des dettes et des perspectives de croissance limitées. Chaque pays conserve également le soin de déterminer sa stratégie en termes de sécurité. Le mécontentement des populations vis-à-vis de l'immigration, d'une faible croissance et du chômage élevé renforcera la xénophobie et les conduira à préférer les solutions nationales pour répondre à des problèmes liés à l'Union dans son ensemble.

• *Perspectives* : À l'avenir, l'Europe devra probablement faire face à d'autres troubles : les capitaux et les réglementations bancaires demeurent disparates, les mouvements migratoires en direction et au sein de l'Europe se poursuivront et le Brexit encouragera les mouvements régionalistes et séparatistes d'autres pays européens.

Le vieillissement de la population nuira à la performance économique et favorisera le secteur tertiaire (notamment les soins aux personnes âgées) au détriment de la consommation de biens et de l'investissement. Une pénurie de travailleurs jeunes réduira les recettes fiscales, entraînant des débats sur le recours aux immigrés pour répondre aux besoins de main-d'œuvre. L'avenir de l'Union européenne dépendra ainsi de sa capacité à réformer ses institutions, à créer de l'emploi, à stimuler la croissance, à restaurer la confiance dans ses élites et à juguler la peur de ses ressortissants de voir leurs cultures radicalement transformées par l'immigration.

États-Unis. Les cinq prochaines années mettront à l'épreuve la résilience des États-Unis. Comme en Europe, des conditions économiques difficiles exacerbent les divisions sociales. La stagnation des salaires et l'augmentation des inégalités alimentent les doutes sur la mondialisation et le fonctionnement de l'ascenseur social indissociable du « rêve américain ». Le nombre d'hommes entre 25 et 54 ans ne cherchant pas d'emploi est à son niveau le plus élevé depuis la Grande Dépression. Le revenu moyen a toutefois augmenté de 5 % en 2015 et, selon certains observateurs, des signes de reprise sont observés dans des régions où l'immobilier est abordable, les retours sur investissements étrangers ou nationaux demeurent élevés, les compétences des immigrés sont mises à profit et les demandes d'aide sociale sont basses.

• *Perspectives* : En dépit de signes de reprise économique, de nombreux problèmes demeurent comme l'affaiblissement de la confiance dans les politiques et les institutions, la polarisation du débat public et la baisse des recettes fiscales en raison d'une croissance limitée et d'une augmentation des dépenses obligatoires. En outre, les progrès de la robotique et de l'intelligence artificielle vont probablement avoir un effet important sur le marché de l'emploi, déjà fortement éprouvé. Dans le même temps, le rôle que jouera Washington sur la scène internationale reste encore incertain. Dans le passé, les États-Unis ont toutefois su se relever de moments difficiles, par exemple dans les années 1970 quand une relance économique et un fort engagement sur la scène internationale ont suivi une période de repli. Les innovations sur le plan local et national, la flexibilité des marchés boursiers, une grande tolérance pour la prise de risque et une courbe démographique plus équilibrée que dans la plupart des grands pays indiquent l'existence d'un potentiel de croissance. Enfin, les États-Unis demeurent à part dans la mesure où ils ont été fondés plus sur un idéal d'inclusion (« les droits à la vie, à la liberté et à la poursuite du bonheur » cités dans la constitution, même s'ils sont loin d'être acquis par tous) que sur une ethnicité. Cet héritage est un avantage essentiel pour lutter contre les divisions.

Amérique centrale et Amérique du Sud. Si l'incompétence des gouvernements et le trafic de drogue continuent d'affaiblir l'Amérique centrale, l'Amérique du Sud s'est révélée plus stable que la plupart des régions du globe. Après plusieurs vagues populistes de droite comme de gauche, elle a notamment connu de nombreux progrès démocratiques. Cependant, les contraintes budgétaires et l'importance de la dette compromettent les efforts des gouvernements pour offrir davantage de stabilité économique et sociale. Une baisse de la demande internationale de marchandises a ralenti la croissance. Mais les attentes des nouveaux membres de la classe moyenne conduiront à puiser dans les caisses de l'État, nourrissant le mécontentement et remettant en question les progrès significatifs réalisés dans la lutte contre la pauvreté et les inégalités. Les associations issues de la société civile exacerberont probablement les tensions sociales en pointant la corruption des élites, l'insuffisance des infrastructures et les problèmes de gestion. Certains responsables politiques, inquiets d'un possible rejet des électeurs, cherchent aujourd'hui à conserver le pouvoir par tous les moyens, ce qui risque d'entraîner une période d'intensification de la rivalité politique et de recul démocratique dans certains pays. La violence se révèle particulièrement endémique dans le nord de l'Amérique centrale où les gangs et les associations criminelles sapent la légitimité de gouvernements peinant à garantir de nombreux services publics de base.

• *Perspectives* : En raison d'une mauvaise gestion économique et d'une corruption à grande échelle, les gouvernements d'Amérique centrale et d'Amérique du Sud continueront probablement à changer fréquemment. Les gouvernements de gauche ont déjà perdu le pouvoir en Argentine, au Guatemala et au Pérou. Poussés dans leurs retranchements au Venezuela, les nouveaux dirigeants auront vraisemblablement peu de temps pour montrer qu'ils sont en mesure d'améliorer la situation. Le succès ou l'échec des grandes réformes du Mexique pourrait influencer la décision d'autres pays de la région de prendre ou non des risques similaires. Pour certains États, le processus d'adhésion à l'OCDE constitue une opportunité ainsi qu'une source de motivation pour réformer leurs politiques économiques et profiter d'une répartition par âge plutôt équilibrée, de ressources énergétiques significatives et de liens économiques bien établis avec l'Asie, l'Europe et les États-Unis.

Un Occident replié sur lui-même ? Dans les démocraties industrialisées (Amérique du Nord, Europe, Japon, Corée du Sud et Australie), les dirigeants chercheront des moyens pour restaurer le sentiment de bien-être des classes moyennes tout en essayant de limiter la tentation populiste et nativiste. Le résultat pourrait être un Occident plus replié sur lui-même que celui que nous avons connu au cours des dernières décennies, soucieux d'éviter de coûteuses interventions à l'étranger et de mieux répondre aux problèmes intérieurs de recettes fiscales, de démographie et de répartition inégale des richesses. Cette tendance au repli sera encore plus forte au sein de l'Union européenne, confrontée à de difficiles questions de gouvernance et à de graves problèmes intérieurs.

- L'importance même de l'Union européenne sur la scène internationale est remise en question par ses divisions internes, ses problèmes démographiques et ses mauvaises performances économiques. Au cours des cinq prochaines années au moins, la nécessité de restructurer les relations européennes à la lumière de la décision du Royaume-Uni de quitter l'Union limitera son influence internationale et risque même d'affaiblir la coopération transatlantique, tandis que les sentiments anti-immigration des populations fragiliseront le soutien apporté aux dirigeants européens.

• Des questions se posent également au sujet du rôle que joueront les États-Unis sur la scène internationale, non seulement par rapport à leurs capacités financières mais aussi au soutien de l'opinion américaine à l'assistance aux alliés, à la prévention des conflits et au règlement des divisions internes. Les populations et les gouvernements du monde entier garderont l'œil sur Washington dans l'attente de signes indiquant de possibles compromis ou une volonté de coopération, tout spécialement dans le domaine du commerce, de la fiscalité, de la formation aux nouvelles technologies, des relations interethniques et des opportunités d'expérimentation aux niveaux fédéral et local. L'absence de progrès intérieurs marquerait le début d'un mouvement de repli, du déclin de la classe moyenne et d'une aggravation des troubles internationaux liés au renforcement des sphères régionales d'influence. Pourtant, les ressources humaines et militaires des États-Unis sont immenses. Les personnes les plus compétentes au monde veulent vivre et travailler aux États-Unis et l'espoir d'une politique internationale pertinente et constructive reste fort.

Chine. La Chine affronte un défi considérable mettant sa stabilité politique à l'épreuve. Après trois décennies de croissance record et de transformation sociale, le pays connaît aujourd'hui un ralentissement économique et doit affronter les conséquences de l'explosion de sa dette publique. Dans le même temps, la Chine passe d'une économie fondée sur les investissements et l'exportation à une économie nourrie par la consommation intérieure. Or la classe moyenne demande aujourd'hui un air moins pollué, des logements plus abordables, de meilleurs services publics et une prospérité constante. Satisfaire ces exigences sera essentiel pour que le gouvernement puisse conserver sa légitimité. La volonté du président Xi Jinping de rester au pouvoir pourrait menacer le système de succession établi, tandis que les mouvements nationalistes, généralement encouragés par Pékin pour s'assurer d'un soutien lors des confrontations internationales, risquent de se révéler difficiles à contrôler.

• *Perspectives* : La Chine, qui met en place des initiatives pour stimuler la consommation intérieure, possède vraisemblablement les ressources suffisantes pour relancer sa croissance. Néanmoins, plus elle double la mise sur ses entreprises publiques, plus elle court le risque de subir des chocs financiers remettant en question sa capacité à gérer l'économie. L'automatisation et la compétitivité des producteurs low-cost dans le reste de l'Asie ou même en Afrique exercent aussi une pression sur les salaires de la main-d'œuvre non qualifiée. Et la diminution rapide de la population active pourrait également entraver sa croissance.

Russie. Grâce au nationalisme, à la modernisation de son armée, à sa force nucléaire et à ses interventions militaires à l'étranger, la Russie cherche à restaurer son statut de grande puissance. Elle doit cependant faire face à des difficultés économiques croissantes et notamment à une troisième année consécutive de récession. La Russie, qui valorise par-dessus tout la stabilité et l'ordre, garantit à ses ressortissants la sécurité au détriment de la liberté individuelle et du pluralisme. Sa capacité à conserver un rôle sur la scène internationale, en dépit des bouleversements, offre à ses dirigeants une source de légitimité et de popularité. Le nationalisme constitue une donnée importante de l'équation dans la mesure où Vladimir Poutine considère la culture russe comme le dernier rempart protégeant les valeurs chrétiennes de la décadence de l'Europe et de l'essor du multiculturalisme. Si le Président russe est populaire, les 35 % de taux de satisfaction quant à son parti reflètent l'impatience de la population devant la détérioration des conditions de vie et les abus du pouvoir.

• *Perspectives* : Si la stratégie du Kremlin échoue, la Russie se retrouvera fragilisée par l'instabilité intérieure liée au mécontentement des élites. Un déclin sur le plan international est susceptible toutefois d'entraîner une plus grande agressivité. La courbe démographique de la Russie s'est améliorée depuis les années 1990 mais demeure peu encourageante. L'espérance de vie y est parmi les plus faibles des pays industrialisés et la population continue de décroître. Plus Moscou retarde la diversification de son économie, plus le gouvernement devra attiser le nationalisme et sacrifier les libertés individuelles et le pluralisme pour maintenir l'ordre.

UN GROS TITRE EN 2021... RÉVOLTE DES « INTERMITTENTS » À LONDRES ET NEW YORK. 17 SEPTEMBRE 2021, LONDRES

Le Mouvement des travailleurs intermittents (MTI), qui représente la masse de plus en plus importante de travailleurs indépendants, a organisé des manifestations violentes à Londres et New York et une série de cyberattaques contre de grandes entreprises pour protester contre la faiblesse de leur rémunération, la précarité et l'absence d'avantages sociaux. Les dirigeants du mouvement ont averti qu'ils organiseraient d'autres actions s'ils ne recevaient pas davantage d'aides sociales pour subvenir à leurs besoins alimentaires et de logement. Les cyberattaques ont été lancées depuis plusieurs millions d'équipements connectés à Internet et saturé les systèmes d'information des entreprises visées.

L'affirmation croissante de la Chine et de la Russie. Avant que les contraintes économiques et démographiques ne ralentissent leurs progrès et que les pays occidentaux ne retrouvent leur puissance, Pékin et Moscou chercheront à s'octroyer définitivement des avantages compétitifs temporaires pour remédier à ce qu'ils estiment être des injustices historiques. La Chine et la Russie continuent de se considérer comme les leaders légitimes de leur région respective, capables d'influencer l'économie et la politique des pays environnants en fonction de leurs propres intérêts économiques et sécuritaires. Au cours des dernières années, les deux pays ont cherché à développer leur influence sur leur région afin de remettre en question la domination américaine et de forcer Washington à accepter l'idée de sphères régionales d'influence exclusives, idée à laquelle les États-Unis ont toujours été opposés. La Chine, par exemple, considère la présence permanente de la marine américaine dans le Pacifique ouest, la centralité des alliances américaines dans la région et la protection de Taïwan par les États-Unis comme un archaïsme emblématique du « siècle d'humiliation » subi par le pays.

• La récente coopération sino-russe demeure toutefois purement stratégique et il est probable que les deux pays redeviendront rivaux si Pékin contrecarre les intérêts russes en Asie centrale, tout particulièrement dans la mesure où la Chine possède d'autres options énergétiques que la Russie. En outre, il n'est pas évident qu'il existe une frontière délimitant ce que chacun considère comme sa sphère d'influence naturelle. Dans le même temps, l'Inde, dont la puissance économique et l'importance dans la région s'accroissent, pourrait encore compliquer la donne car New Delhi entretient à la fois des relations avec Pékin, Moscou et Washington dans le but de protéger ses propres intérêts.

UN GROS TITRE EN 2019... LA CHINE ACHÈTE UNE ÎLE FIDJIENNE INHABITÉE POUR CONSTRUIRE UNE BASE MILITAIRE. 3 FÉVRIER 2019, PÉKIN

Un constructeur chinois, lié au gouvernement et à l'armée populaire de libération, a annoncé avoir récemment acheté au gouvernement de Fidji l'île de Cobia pour la somme de 850 millions de dollars. Les experts militaires occidentaux estiment que la Chine prévoit d'utiliser cette île pour établir une base militaire permanente dans le Pacifique sud, à un peu plus de 5 000 km d'Hawaï.

L'agressivité de la Russie renforcera aussi les opinions anti-russes dans les Pays baltes et dans d'autres régions d'Europe, accentuant le risque de conflit. Elle recherchera également, parfois de façon feinte, la coopération internationale, tout en défiant ouvertement les conventions et les équilibres qu'elle juge contraires à ses propres intérêts et en soutenant les dirigeants d'autres « démocraties contrôlées » qui encouragent la résistance aux politiques et aux valeurs américaines. Moscou n'est que peu engagé dans les institutions de régulation de l'économie mondiale, mais on peut s'attendre à ce que Poutine prenne des mesures pour affaiblir les positions des États-Unis et de l'Europe dans ce domaine. Il cherchera également à mettre à l'épreuve l'OTAN et l'unité européenne afin de nuire à la crédibilité des pays occidentaux. Enfin, Moscou tentera d'exploiter les divisions entre le nord, le sud, l'est et l'ouest de l'Europe et de semer le trouble entre les États-Unis et l'Union européenne.

• De la même façon, la Russie deviendra plus active au Moyen-Orient et dans les régions du globe où elle pense pouvoir contrecarrer l'influence américaine. Elle continuera d'utiliser son arsenal nucléaire comme force de dissuasion et de représailles vis-à-vis d'autres puissances militaires conventionnelles et pour affirmer son statut de superpuissance. La doctrine russe déclare officiellement vouloir limiter le recours à l'arme nucléaire en cas de menace contre ses intérêts vitaux afin de « désamorcer » un conflit en montrant qu'un affrontement conventionnel prolongé risquerait de dégénérer en confrontation de plus grande échelle.

Dans le **nord-est de l'Asie** , les tensions croissantes de la péninsule coréenne pourraient déboucher sur de graves conflits dans les années à venir. Grâce à un mélange de paternalisme et de terreur, Kim Jong-Un renforce sa mainmise sur le pouvoir. Il développe actuellement un programme nucléaire et un arsenal de missiles longue portée susceptibles de représenter bientôt une menace pour le territoire américain. Pékin, Séoul, Tokyo et Washington ont tous intérêt à contenir les risques d'affrontement dans le nord-est de l'Asie, mais l'héritage des guerres et des périodes d'occupation ainsi qu'un manque de confiance rend la coopération difficile. Les provocations constantes de la Corée du Nord, par exemple les récents tirs de missiles et d'armes nucléaires, risquent de nuire à la stabilité de la région et d'inciter les pays voisins à prendre des mesures, parfois unilatéralement, pour protéger leurs intérêts et leur sécurité.

DES VISIONS OPPOSÉES DE L'INSTABILITÉ

La Chine et la Russie considèrent les troubles internationaux comme le résultat d'un complot occidental visant à imposer au monde des valeurs de liberté typiques de l'égoïsme américain. Les gouvernements occidentaux voient quant à eux l'instabilité comme une donnée permanente renforcée par la fin de la guerre froide et le manque de développement politique et économique. L'inquiétude concernant les États faibles ou fragiles est née il y a moins d'une génération en raison de l'effet déstabilisateur qu'ils peuvent avoir sur le plan de la santé, des phénomènes migratoires ou même, dans certains cas, du terrorisme. Toutefois, l'accroissement de l'interconnectivité fait de l'isolation une illusion et le développement des conventions internationales des droits de l'homme rend la violence des États contre leur population inacceptable.

Une des conséquences de la fin de la guerre froide entre les États-Unis et l'ex-URSS a été la perte de soutien extérieur pour les dictateurs et les juntes militaires qui ne pouvaient plus marchander leur protection. En outre, l'exigence croissante de démocratie de la part de citoyens tirés de la pauvreté grâce à un développement économique sans précédent, en termes d'ampleur et de rapidité, dans les pays non industrialisés a fait pression sur les régimes autoritaires. Là où développement économique et progrès démocratiques sont allés de pair ou se sont rapidement succédé, la modernisation et les libertés individuelles ont renforcé la stabilité politique. Mais là où le développement économique a été plus rapide que les transformations politiques ou bien s'il s'est produit seul, comme dans la plupart des pays arabes ainsi qu'en Afrique et en Asie du sud, l'instabilité s'est accrue. La Chine est une exception notable. L'offre de biens publics a jusqu'à présent permis de maintenir l'ordre politique, mais la campagne actuelle contre la corruption et les mouvements populaires qui sourdent régulièrement depuis 15 ans génère une vive incertitude. La Russie constitue l'autre exception : la croissance économique, résultant largement d'un prix élevé de l'énergie et des marchandises, a permis de résoudre les difficultés du règne de Boris Eltsine.

Les interventions américaines en Irak et en Afghanistan ont démontré que l'emploi de la force et l'apport de fonds ne peuvent réparer les faiblesses d'un État. En réalité, construire un État stable requiert une ouverture aux minorités, une coopération entre les élites et un gouvernement capable de contrôler l'armée et de garantir des services publics. Cela s'est révélé plus difficile que prévu à mettre en place.

• Pour assurer sa protection, son prestige et sa légitimité politique, Kim Jong-Un semble déterminé à faire reconnaître son pays comme une puissance nucléaire sur le plan international. Au contraire de son père et de son grand-père, il n'a pas montré beaucoup d'intérêt pour participer à des négociations sur la dénucléarisation. Il a inscrit la question nucléaire dans la constitution du pays en 2012 et l'a réaffirmée au cours du congrès du parti en 2016.

• La Corée du Nord constitue un dilemme stratégique constant pour Pékin. En effet, l'attitude de Pyongyang dément, au grand dam de Pékin, l'anachronisme de la présence militaire américaine dans la région, mais démontre aussi le manque d'influence de la Chine ou tout du moins l'absence d'une volonté politique de l'exercer, sur ses voisins et clients. Les agissements de la Corée du Nord ont conduit les États-Unis à renforcer leurs alliances dans la région et leurs alliés à faire preuve de plus de fermeté, voire à coopérer entre eux. Avec le temps, ils pourraient également entraîner un possible renversement de l'attitude chinoise.

• Les relations entre Séoul et Tokyo sont également déterminantes, dans la mesure où les deux pays cherchent à conserver la protection américaine tout en améliorant leurs propres capacités de défense.

Moyen-Orient et Afrique du Nord. Globalement, toutes les tendances de la région pointent dans la mauvaise direction. La permanence des conflits, l'absence de réformes politiques et économiques menacent les efforts de réduction de la pauvreté, l'une des réussites de la région. La dépendance aux ressources et à l'aide internationale a maintenu les élites au pouvoir, même quand celles-ci avaient nui à l'autonomie des populations en inhibant les marchés, l'emploi et le capital humain. Les prix du pétrole ne retrouveront probablement pas leurs niveaux du boom pétrolier et la plupart des gouvernements devront réduire leurs dépenses. Dans le même temps, les réseaux sociaux ont offert aux populations de nouveaux outils pour exprimer leur mécontentement. Des groupes religieux conservateurs, liés aux Frères musulmans ou à des mouvements chiites, et des organisations fondées sur l'ethnicité, comme celles centrées sur l'identité kurde, se présentent en alternatives crédibles à l'incompétence des gouvernements de la région. De tels groupes organisent souvent de meilleurs services sociaux que les États et leurs plateformes politiques rencontrent un écho important dans des populations généralement plus conservatrices que les élites politiques et économiques de la région.

• *Perspectives* : En l'absence de contrôle, ces tendances renforceront encore les divisions. L'influence islamiste s'accentuera probablement, réduisant ainsi la tolérance et donc la présence de minorités, créant ainsi les conditions de nouveaux mouvements migratoires. Les risques d'instabilité dans les pays arabes comme l'Égypte ou même l'Arabie saoudite risquent de contraindre les dirigeants à conserver le pouvoir par la force, une tentation en contradiction avec les tendances de démocratisation, de libre flux d'information et de réduction de la pauvreté facilitées par les nouvelles technologies. À l'inverse, à condition qu'elle offre plus de stabilité et un meilleur partage des richesses, la transition démocratique serait susceptible de constituer un modèle alternatif. Les progrès concernant la réduction de la pauvreté, l'éducation, l'égalité homme-femme dans certaines zones de la région ont été amorcés, profitant du nombre croissant de jeunes bientôt en âge de travailler.

Sur le plan géopolitique, les nombreuses crises humanitaires et conflits régionaux au Moyen-Orient ou en Afrique du nord saperont probablement plus encore la crédibilité des institutions internationales de maintien de la paix et de protection des droits humains. Que les capitales régionales considèrent Washington comme un partenaire peu fiable a ouvert la voie à la Russie, voire à la Chine, et accru la méfiance des pays arabes vis-à-vis des promesses américaines. Ces perceptions sont nées des avertissements non respectés en Syrie, du soutien retiré à Moubarak et à d'autres dirigeants arabes en 2011, de la prétendue réorientation vers l'Iran au détriment des traditionnels alliés sunnites et d'Israël et d'un sentiment d'abandon dû au rééquilibrage des relations américaines vers l'Asie.

• Dans le même temps, l'Iran, Israël et peut-être même la Turquie gagneront en influence sur leurs voisins respectifs mais resteront méfiants vis-à-vis des uns et des autres. La force croissante, les installations nucléaires et la politique agressive de l'Iran demeureront une source d'inquiétude pour Israël et les pays du Golfe. La dimension sectaire de la rivalité entre l'Iran et l'Arabie saoudite, qui contribue à propager des discours incendiaires et des allégations d'hérésie dans toute la région, alimente cette inquiétude.

Afrique subsaharienne. Les pratiques démocratiques ont gagné du terrain, les associations issues de la société civile se sont multipliées et l'exigence populaire d'une meilleure gouvernance est devenue plus pressante. Pourtant, beaucoup d'États africains dépendent encore de dirigeants autoritaires, de politiques paternalistes et du favoritisme ethnique. De nombreux leaders se montrent plus préoccupés par leur survie politique que par la nécessité de réformer, certains outrepassant même les limites de leur mandat. En maintenant des prix bas et en limitant les investissements étrangers, le ralentissement de l'économie mondiale représente une autre menace pour les progrès du continent. Même les pays ayant connu des avancées démocratiques restent fragiles et vulnérables à la violence qui peut surgir lors d'élections. Les tensions entre chrétiens et musulmans risquent aussi de dégénérer en conflits ouverts.

• *Perspectives* : Au cours des cinq prochaines années, les populations africaines, dont le nombre est en augmentation continue, seront plus jeunes, plus urbaines, plus mobiles, plus interconnectées, mais aussi mieux éduquées et plus désireuses d'être entendues. La rapidité de l'urbanisation mettra à l'épreuve les infrastructures et rendra plus visible la corruption des élites, ce qui alimentera l'insatisfaction des populations, déjà mécontentes du manque de services publics et d'emplois. De 75 à 250 millions d'Africains manqueront cruellement d'eau, ce qui entraînera probablement une émigration massive. Cependant, l'Afrique continuera d'être une zone d'expérimentation pour les gouvernements, les ONG et les individus travaillant à son développement. Les progrès des deux dernières décennies, comme l'augmentation de la classe moyenne, le dynamisme de la société civile et la propagation des valeurs démocratiques, indiquent un potentiel de croissance.

Asie du Sud. Au cours des cinq prochaines années, tandis que la Chine subira un ralentissement et que le reste du monde se trouvera plus ou moins en difficulté, l'Inde connaîtra une croissance économique extrêmement rapide. Mais les tensions internes liées aux inégalités et à la religion vont contrecarrer son développement. New Delhi continuera toutefois de faire profiter les plus petits États de l'Asie du Sud des bienfaits de sa croissance, par le biais de l'aide internationale et d'une meilleure connectivité à son économie, contribuant ainsi à faire du pays la principale puissance régionale. Les spectres de l'extrémisme, du terrorisme et de l'instabilité continueront de flotter sur l'Afghanistan et le Pakistan et de fragiliser les relations entre les différents pays de la région. La menace terroriste, incarnée par Lashkar-e-Toiba (LET), le Mouvement des talibans du Pakistan (TTP) ou Al-Qaïda et ses subordonnés, reste élevée dans la région, également concernée par l'expansion de Daech et l'adhésion à son idéologie. Un marché de l'emploi très compétitif associé à des discriminations contre les minorités contribuerait à radicaliser la jeunesse de la région, tout particulièrement compte tenu d'un déséquilibre démographique en faveur des hommes dans plusieurs pays.

• *Perspectives* : La qualité du développement indien dépendra de sa capacité à améliorer l'accès aux soins, son système sanitaire et ses infrastructures. Par exemple, le taux d'enfants malnutris est plus élevé en Inde qu'en Afrique subsaharienne. Si le Bangladesh, l'Inde et le Pakistan ne réussissent pas à offrir des emplois et une éducation aux populations urbaines grandissantes et si leurs dirigeants continuent de gouverner via des politiques identitaires, le populisme et le sectarisme vont prendre de l'importance. La santé, la sécurité alimentaire, les infrastructures et les conditions de vie se détérioreront à cause de la pollution, des tremblements de terre et des effets du changement climatique entraînant une irrégularité des moussons et une fonte rapide des glaciers. Cependant, l'ouverture de l'Asie du Sud au secteur privé, aux groupes communautaires et aux ONG créera les conditions d'une ère propice aux libertés individuelles, particulièrement si les gouvernements réduisent leur soutien aux groupes nationalistes qui encouragent la division.

UN GROS TITRE EN 2032... LE FMI ANNONCE QUE LE TAUX DE CROISSANCE DE L'AFRIQUE EST SUPÉRIEUR À CELUI DE L'ASIE. 11 FÉVRIER 2032, WASHINGTON DC

Le Fonds monétaire international (FMI) a annoncé que, grâce à de nombreux facteurs convergeant pour stimuler le développement du continent, le taux de croissance de l'Afrique a atteint les 5 % l'année dernière, supplantant ainsi pour la première fois l'Asie. Au cours de la dernière décennie, la mise sur le marché de panneaux solaires et de batteries domestiques à bas prix a révolutionné la question énergétique dans la région ; des progrès dans le domaine des OGM et des nouvelles technologies de désalinisation ont permis de sécuriser la production alimentaire ; le développement de services financiers, des paiements numériques et du crowdfunding ont stimulé le commerce ; et la démocratisation des impressions 3D a relancé l'industrie locale qui a ainsi pu mettre à profit une main-d'œuvre de plus en plus importante.

En **Asie du Sud** , le Pakistan se sentira contraint de répondre par des moyens asymétriques au développement économique et militaire en Inde. Le pays cherchera à renforcer sa force de dissuasion nucléaire vis-à-vis de l'Inde en augmentant son arsenal et sa force de frappe, y compris par le biais d'« armes nucléaires tactiques » et de lanceurs en mer. À l'inverse, l'Inde devra à la fois se concentrer sur Islamabad et Pékin tout en cherchant des partenariats militaires avec l'Europe, le Japon, les États-Unis et d'autres pour renforcer son armement conventionnel. L'escalade nucléaire se poursuivra avec le Pakistan.

Dans les économies émergentes, les revenus augmentent plus rapidement, et à une plus grande échelle, qu'à n'importe quelle autre période de l'Histoire L'Inde et la Chine ont doublé leur revenu par habitant bien plus rapidement que la plupart des économies émergentes plus petites du passé.

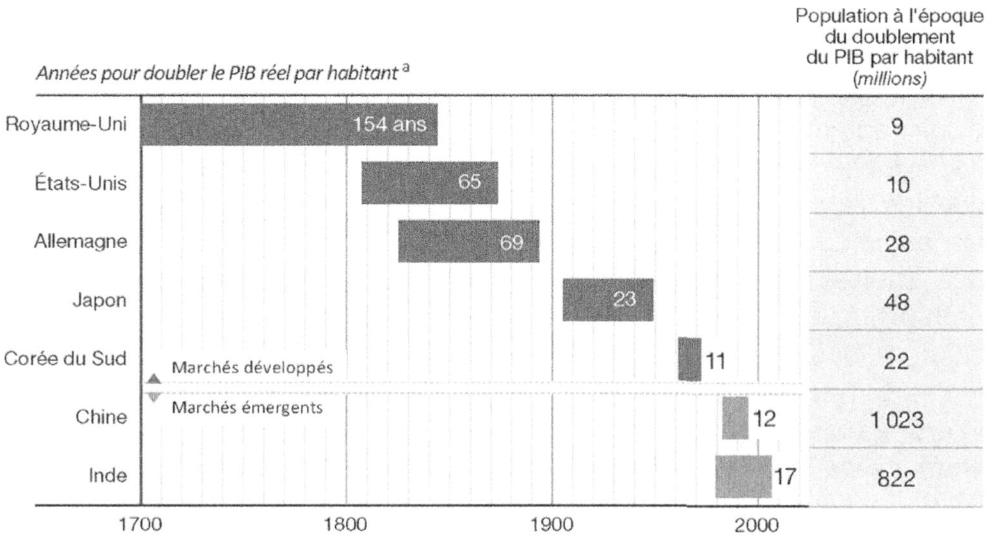

a De 1 300 $ à 2 600 $ par an à parité de pouvoir d'achat.

Source : Centre de croissance et de développement de Groningen, La base de données du Maddison-Project, Groningen, Pays-Bas, 2013. http://www.ggdc.net/maddison/maddison-project/home.htm , version 2013.

• Au cours des deux prochaines décennies, le déploiement maritime d'armes nucléaires par l'Inde, le Pakistan et peut-être même la Chine militarisera peu à peu l'océan Indien. La présence de plusieurs puissances sans doctrine claire quant à la gestion des incidents maritimes impliquant des navires équipés de lanceurs nucléaires augmentera le risque d'escalade accidentelle. Jusqu'à présent en Asie du Sud, les ogives nucléaires n'étaient pas stockées avec les missiles. L'appareillage d'ogives nucléaires sur des missiles déployés en mer supprimera donc une soupape de sécurité.

L'élévation de la menace terroriste

La menace terroriste s'élèvera dans la mesure où les capacités de destruction offertes aux États, aux groupes ou aux individus se diversifient. De nombreux conflits irrésolus associés aux nouvelles technologies de l'information permettent aux terroristes de recruter et d'agir à grande échelle, ce qui constitue une évolution dans la nature de la menace. Le terrorisme tue moins de personnes dans le monde que les crimes ou les maladies, mais la possibilité que de nouvelles armes atterrissent entre les mains d'individus désireux de commettre des attentats de dimension apocalyptique est réelle. Malgré sa faible probabilité, la possibilité d'un tel évènement devrait encourager une coopération internationale accrue sur cette question.

Les terroristes continueront à justifier leur violence par leurs propres interprétations religieuses, mais plusieurs facteurs sous-jacents entrent également en ligne de compte. Au niveau national, l'effondrement des structures étatiques dans la plupart des pays du Moyen-Orient a ouvert un espace pour les extrémistes. Le conflit par procuration entre l'Iran et l'Arabie saoudite alimente également le sectarisme entre chiites et sunnites, certains groupuscules se subdivisant encore à cause de différences religieuses. En outre, la dénonciation de l'« hégémonie occidentale » reste un cri de ralliement pour certains groupes impatients de s'attaquer à l'« ennemi lointain ».

- Même si la terre d'élection du terrorisme fluctuera probablement, l'essor du nationalisme religieux et la fracture entre chiites et sunnites envenimera la situation à court terme, sans espoir d'apaisement avant 2035. La combinaison d'idéologies puissantes, comme le jihadisme et le salafisme de Daech ou d'Al-Qaïda, dans une région ayant subi un profond et rapide bouleversement politique après plusieurs générations de gouvernements autoritaires et dans un contexte de disparités économiques, crée un maelstrom favorable à l'éclosion de la violence. L'activisme chrétien et musulman en Afrique centrale, bouddhiste en Birmanie et l'extrémisme hindutva en Inde continueront d'alimenter le terrorisme et les conflits.
- Les extrémistes chercheront à exploiter la colère et à lier les injustices perçues à une identité commune, renforçant ainsi l'identité religieuse dans certaines parties du globe. En raison d'une plus grande connectivité à l'information, de la faiblesse des États dans

la plupart des pays en développement et de l'augmentation de l'isolement dû à l'effondrement du travail traditionnel dans les pays développés, la religion deviendra de plus en plus souvent pourvoyeuse de sens et de continuité. Des bouleversements rapides associés à un environnement politique et économique incertain, si ce n'est instable, encourageront de nombreuses personnes à adopter des idéologies et des identités pour donner du sens et un sentiment de continuité à leur vie.

• Tous les progrès des technologies de l'information, qu'il s'agisse de l'impression et de la Bible de Gutenberg au XVe siècle ou de l'invention d'Internet en 1989, ont permis aux contenus religieux d'être diffusés plus largement. En effet, les religions sont des idéologies qui transcendent les frontières et sont souvent plus importantes au quotidien que l'autorité de l'État. La grande majorité des croyants demeureront pacifiques, mais ceux qui nourrissent des visions extrémistes trouveront facilement des disciples et des recrues vulnérables grâce aux technologies de l'information. La plupart des religions du monde, y compris le christianisme, l'islam, le judaïsme, le bouddhisme et l'hindouisme, possèdent des éléments de doctrine favorisant l'exclusion des non-croyants pouvant être exploités par des extrémistes.

Au-delà de la religion, des facteurs psychologiques et sociaux peuvent pousser certains individus à rejoindre une entreprise terroriste et aider des groupes extrémistes à recruter et à maintenir leur cohésion.

• *Un certain niveau d'isolement* vis-à-vis de la culture dominante, du processus démocratique ou des bénéfices économiques.

• *Des liens ethniques et de parenté* , qu'il s'agisse de réseaux professionnels, sociaux ou familiaux, et le désir d'aventure, de célébrité ou d'appartenance.

• *La « dénationalisation »* , c'est-à-dire la perte de connexion avec sa communauté d'origine, de jeunes migrants vivant dans les villes européennes, combinée à l'absence de possibilité ou d'intérêt à adopter une nouvelle identité.

• *Les tensions ethniques et religieuses* (au-delà des conflits actuels) notamment entre Malais et Thaï en Thaïlande, musulmans et bouddhistes en Birmanie, chrétiens et musulmans au Nigeria.

La technologie constitue un outil à double tranchant. D'un côté, elle facilite les communications, le recrutement, la logistique et la dangerosité des terroristes. De l'autre, elle fournit aux autorités des moyens de plus en plus sophistiqués pour identifier et circonscrire des menaces, quand les populations l'autorisent. Mais la technologie continuera aussi à permettre à des acteurs non gouvernementaux de dissimuler leurs activités et leur identité. Par exemple, l'utilisation d'outils numériques permettant de perturber les réseaux électriques aurait des conséquences catastrophiques, entraînant la mort d'individus. Les technologies de la communication seront également essentielles pour les acteurs non gouvernementaux qui les utiliseront pour recruter de nouveaux membres, financer leurs opérations et diffuser leur message. Les progrès technologiques faciliteront également l'élimination des obstacles techniques à une attaque d'envergure à l'aide d'armes de destruction massive ainsi que l'acquisition d'armes conventionnelles par les groupes terroristes.

- La technologie risquera de décentraliser davantage la menace qui pourrait par exemple passer d'une organisation comme Al-Qaïda à une mouvance fragmentée. Cette tendance est un défi pour les dispositifs anti-terroristes et transformera la dimension stratégique des futurs complots terroristes.

UN GROS TITRE EN 2019... LE MEXIQUE INTERDIT LES DRONES PRIVÉS APRÈS UNE NOUVELLE TENTATIVE D'ASSASSINAT. 13 MAI 2019, MEXICO

Le gouvernement mexicain a annoncé aujourd'hui que les drones privés seraient désormais interdits après la cinquième tentative d'assassinat par « drone kamikaze » en moins de trois mois organisée par les cartels de la drogue contre l'un des membres du gouvernement. Cette fois-ci, c'est le nouveau ministre de l'Intérieur qui a été visé.

Le futur ordre mondial en jeu

L'ordre mondial hérité de la Seconde Guerre mondiale, qui a donné naissance aux institutions et structures politiques, économiques et sécuritaires actuelles, est aujourd'hui remis en question par une nouvelle répartition du pouvoir rebattant les cartes concernant les prises de décision internationales. Aujourd'hui, de nouvelles puissances désirent modifier les règles du jeu et le contexte mondial au gré de leurs intérêts. Cette nouvelle donne rend la réforme d'institutions comme le conseil de sécurité de l'ONU ou le FMI plus complexe et pose la question de savoir si les droits de l'homme, valeurs emblématiques du leadership américain depuis 1945, conserveront leur importance. Des conventions tenues pour acquises seront de plus en plus régulièrement remises en question si les tendances actuelles se pérennisent. Un consensus visant à l'établissement de nouvelles conventions s'avérerait difficile à obtenir, tout particulièrement dans la mesure où la Russie, la Chine et d'autres acteurs comme Daech tentent de rebattre les cartes en leur faveur. Certains aspects du nouvel ordre mondial sont clairs :

- Une augmentation des rivalités sur le plan géopolitique, notamment avec la Chine et la Russie cherchant à exercer plus d'influence sur leur région respective et à promouvoir un nouvel ordre affranchi de la domination américaine.
- Les gouvernements et les organisations politiques continueront d'influencer les attentes des citoyens au sujet de l'ordre mondial. Mais les populations et leurs préoccupations nationales exerceront une pression accrue sur les États au point que politiques internationales et intérieures cesseront de se distinguer.
- À court terme, il en résultera dans certains pays un affaiblissement des engagements pour la sécurité telle qu'on l'entend aujourd'hui et la défense des droits de l'homme. Certains individus et groupes continueront toutefois de défendre ces idées à travers des plateformes, des événements et des institutions nouvelles ou héritées du passé.
- Les régimes autoritaires tenteront vraisemblablement de réinterpréter ou de manipuler les conventions concernant les droits

humains. Cela conduira sûrement à l'affaiblissement du consensus international sur les obligations extraterritoriales des États, par exemple sur la façon d'appliquer certains concepts comme la responsabilité de protéger. Cela pourrait avoir des conséquences négatives sur les sociétés civiles et la résolution des crises humanitaires.

- Les conventions et les pratiques émergentes au sujet du changement climatique, en raison de leur influence sur les politiques de développement nationales et internationales, pourraient constituer le nouvel ensemble de principes communs du XXI e siècle. La majorité des habitants des 40 pays étudiés par le Pew Research Center ont déclaré que le changement climatique représentait un problème grave. Au niveau international, 54 % des individus en moyenne considèrent le changement climatique comme un problème très grave.

À moyen terme, la probabilité que les rivalités internationales créent davantage de troubles et d'instabilité demeurera très élevée aussi longtemps que l'internationalisme restera une valeur à la carte. Les grandes puissances limiteront leur coopération à un petit nombre de problèmes internationaux tout en défendant agressivement leurs intérêts au niveau régional. Les conventions internationales et les institutions continueront vraisemblablement à perdre de leur importance. Le système international pourrait se fragmenter en plusieurs sphères régionales d'influence que les grandes puissances se disputeront.

Trois scénarios à long terme

Îles, Orbites et Communautés

Pour représenter l'avenir au-delà des cinq prochaines années, tant de facteurs entrent en ligne de compte qu'il peut être utile de considérer la façon dont certaines tendances, décisions et incertitudes pourraient s'inscrire au sein de plusieurs trajectoires présentées à travers de courtes histoires appelées scénarios. Un seul scénario ne peut englober l'ensemble des futurs développements internationaux. Mais plusieurs peuvent suggérer la façon dont certaines tendances caractériseront notre avenir, un peu comme les termes « guerre froide » et « âge d'or » évoquent principalement des thèmes dominants de périodes révolues. Selon nous, trois incertitudes majeures définiront les prochaines 20 années :

(1) **Les dynamiques au sein des pays.** La façon dont les gouvernements et les populations renégocieront leurs attentes respectives pour créer un nouvel ordre politique dans une ère de transformation accélérée, caractérisée par un essor des libertés individuelles et de rapides changements économiques ;

(2) **Les dynamiques entre les pays.** Quelles structures d'opposition et de coopération les grandes puissances (ainsi que certains groupes et individus) vont-elles mettre en place ?

(3) **Les compromis à court terme et à long terme.** Comment les États et les autres acteurs vont-ils se préparer à court terme pour faire face à des problèmes complexes comme le changement climatique et les technologies transformatives ?

Nos trois scénarios, « Îles », « Orbites » et « Communautés », explorent la façon dont les tendances et certains choix essentiels pourront interagir dans la formation de trajectoires. Ils proposent plusieurs conséquences alternatives à l'instabilité à court terme, aux niveaux national (Îles), régional (Orbites) et localltransnational (Communautés). Ces scénarios prennent également en compte les réactions possibles des États-Unis à ces tendances : vont-ils accorder la priorité aux questions intérieures et économiques sur les relations internationales, s'impliquer dans le monde pour défendre les intérêts des États-Unis à l'étranger ou adapter leurs pratiques de gouvernance afin de mettre à profit la présence de personnalités influentes ? Il ne s'agit pas de prédiction, mais de scénarios développant certains types de problèmes que les décideurs devront affronter dans les prochaines années.

MÉTHODOLOGIE D'ANALYSE DE SCÉNARIO

Les bons scénarios relèvent davantage de l'art que de la science. Les histoires doivent être raisonnables pour être crédibles, tout en faisant preuve d'une imagination suffisante pour remettre en question nos idées reçues. Après tout, le monde suit parfois des tours et des détours surprenants. Cependant, aucune des conclusions n'est prédéterminée. Les orientations prises individuellement et collectivement, intentionnellement ou accidentellement, restent les variables les plus importantes. De nombreux autres scénarios auraient pu être générés à partir des tendances présentées dans ce rapport, mais nous espérons que ceux que nous avons élaborés stimuleront la réflexion et déclencheront une discussion concernant l'avenir.

• Penser l'avenir de façon créative se révèle souvent difficile en raison de l'influence qu'exercent le passé récent et les événements actuels sur notre capacité de projection. Développer des scénarios alternatifs aide à remettre en question des postulats non verbalisés, en révélant de nouvelles possibilités et des options autrement difficiles à discerner.

• Nos scénarios, les défis et les possibilités qu'ils représentent, ne s'excluent pas les uns les autres. Divers éléments de chaque scénario deviendront peut-être réalité, mais à des niveaux d'intensité variés et dans différentes régions du monde. Par exemple, l'avenir imaginé dans « Les îles » pourrait inciter certains pays à réagir à l'instabilité économique grandissante et au repli sur soi des États occidentaux avec des mesures de protection de leurs propres intérêts, ce qui ferait alors pencher la situation vers le scénario appelé « Les orbites ». Mais l'incapacité des gouvernements à faire face aux bouleversements économiques et technologiques pourrait également inciter les collectivités locales et les acteurs privés à prendre de l'importance, mettant ainsi en place les conditions du scénario « Les communautés ».

• Nous encourageons le lecteur à utiliser ces scénarios pour remettre en question ses postulats et enrichir sa réflexion sur la façon de se préparer aux défis et aux opportunités à venir. Ces scénarios devront être réévalués à chaque nouvel événement.

Îles

Ce scénario explore les conséquences des bouleversements économiques ayant généré de longues périodes de développement ralenti et remet en question l'idée que les

schémas traditionnels de croissance et de poursuite de la mondialisation continueront d'être pertinents. Il met l'accent sur les difficultés de gouvernance posées par les exigences sociales de sécurité physique et économique dans un contexte de remise en question par les populations de la mondialisation, de la façon dont la technologie transforme le travail et de l'instabilité politique. Ce scénario souligne les choix que devront faire les gouvernements pour s'adapter aux évolutions économiques et au nouvel environnement technologique : ils pourraient conduire à un repli sur soi, à une réduction de la coopération internationale et à l'adoption de mesures protectionnistes et d'actions destinées à trouver de nouvelles sources de croissance et de productivité. Voici ce que pourrait analyser un économiste revenant sur les 20 années après la crise financière de 2008 :

Vingt ans de lutte contre les aspects négatifs de la mondialisation, contre la volatilité financière et la hausse des inégalités ont transformé l'environnement international. L'augmentation de la dette publique, le vieillissement de la population et la baisse des investissements ont accru la pression sur les économies développées. Les exigences de sécurité des populations et des entreprises face aux mouvements des marchés, aux bouleversements technologiques, aux épidémies et au terrorisme ont conduit de nombreux pays à se replier sur eux-mêmes. Dans les pays ayant échoué à s'adapter aux changements, l'instabilité politique s'est accentuée en même temps que le mécontentement des populations. En raison de recettes fiscales n'ayant pas suivi l'augmentation rapide des obligations, de nombreux gouvernements ont peiné à maintenir leurs services publics. Les segments de la population ayant acquis le rang de « classe moyenne » avant la crise financière ont été fortement mis à mal et de nombreux foyers sont retombés à des niveaux modérés de pauvreté. La mondialisation s'est ralentie après l'adoption par les gouvernements de politiques protectionnistes en réponse aux pressions intérieures. La plupart des économistes considèrent les événements suivants comme les facteurs clés de ralentissement de la croissance et d'inversion rapide de certaines tendances liées à la mondialisation au cours de la décennie précédente :

• **La montée des inégalités** , dans la mesure où la concentration des richesses a nourri des tensions sociales et conduit à un rejet populaire de la mondialisation.

• **L'essor des intelligences artificielles** et des technologies d'automatisation ont transformé l'industrie de façon plus profonde qu'escompté par les économistes. Le rejet de cette tendance de la part d'un grand nombre de travailleurs déplacés a créé un climat politique ayant forcé certains gouvernements à quitter les institutions internationales et à dénoncer les accords dans lesquels ils s'étaient auparavant engagés.

• **Les modèles commerciaux ont été bouleversés** dans la mesure où les gouvernements ont préféré se fonder sur des blocs commerciaux régionaux et signer des accords bilatéraux plutôt que des traités internationaux. L'adoption généralisée de nouvelles technologies, comme la fabrication additive (impression 3D), a généralement offert aux producteurs locaux un avantage concurrentiel vis-à-vis des opérateurs étrangers, ce qui a contribué à diminuer le commerce international de biens manufacturés.

• **La faiblesse de la croissance économique mondiale** a conduit à une baisse des prix des ressources énergétiques, exerçant une pression supplémentaire sur des économies exportatrices comme en Russie, au Moyen-Orient et en Amérique du Sud, tout en renforçant la compétition entre eux.

• Parce qu'elles n'ont pas su générer suffisamment de demande intérieure pour stimuler leur économie quand le marché mondial s'est ralenti, **la Chine et l'Inde sont restées enfermées dans le « piège du revenu moyen »** et ont connu une stagnation de leur croissance, des salaires et des conditions de vie.

• **Une série de difficultés économiques et politiques ont conduit les États-Unis et l'Europe à se replier sur eux-mêmes.** Afin de protéger leurs propres industries, les États-Unis et l'Union européenne ont adopté des politiques protectionnistes. Les économies européennes ont notamment souffert de la diminution des exportations et d'un secteur tertiaire insuffisamment développé. L'Allemagne et la France ont su trouver un terrain d'entente pour garder la zone euro à flots ; cependant, les mesures de relance budgétaire ont échoué à renforcer la croissance dans les États périphériques de l'Union et un manque de volonté pour assouplir les restrictions pesant sur l'emploi a limité la capacité des États membres à maintenir ou à augmenter leur compétitivité.

• L'augmentation des enfreintes à la propriété intellectuelle et des cyberattaques a mené certains gouvernements à introduire des contrôles drastiques qui ont entravé le libre partage d'informations et la coopération en ligne.

• **Le changement climatique** a mis à l'épreuve de nombreux pays, tout particulièrement au Moyen-Orient et en Afrique, où les sécheresses prolongées ont réduit l'accès à l'eau et à la nourriture et où des températures élevées ont restreint la capacité à travailler à l'extérieur. Les nombreux déplacés venus de cette zone ont bien souvent découvert qu'ils n'avaient nulle part où aller après qu'une série d'attaques terroristes dans les pays occidentaux a conduit les gouvernements à adopter des politiques limitant drastiquement l'immigration.

• **L'épidémie mondiale de 2023** a considérablement réduit les voyages internationaux en raison des réglementations destinées à contenir la propagation de la maladie, mais a aussi participé au ralentissement du commerce international et à la baisse de la productivité.

La combinaison de tous ces événements a donné naissance à un monde fragmenté et sur la défensive où des États inquiets cherchent métaphoriquement et physiquement à construire des murs pour se protéger des problèmes extérieurs, formant ainsi des « îles » dans un océan d'instabilité. La coopération sur les questions internationales, comme le terrorisme, les États en déliquescence, les phénomènes migratoires et le changement climatique, s'est réduite au minimum, forçant les pays les plus isolés à se replier plus sur eux-mêmes. En outre, des budgets de la défense en baisse et de graves difficultés intérieures ont conduit les pays occidentaux à ne recourir à la force militaire qu'en cas de menace sur leurs intérêts vitaux. Cela a entraîné une atrophie du système d'alliances américain. L'instabilité s'est accentuée dans certaines parties d'Afrique, du Moyen-Orient et de l'Asie du Sud.

Vingt ans après la crise financière de 2008, les problèmes économiques perdurent, mais plusieurs indicateurs signalent que nous entrons désormais dans une nouvelle ère de croissance et de prospérité. Bien qu'ils aient bouleversé en profondeur le marché de l'emploi, les progrès technologiques, notamment dans l'intelligence artificielle, l'apprentissage par les machines, la fabrication additive et l'automatisation, pourraient stimuler la rentabilité et la productivité, ce qui représenterait pour de nombreux pays une opportunité de relance de l'activité et de la croissance. L'idée que les solutions les plus innovantes et les plus créatives sont souvent obtenues par une collaboration entre homme et machine plutôt que par les machines seules pourrait permettre de recréer des emplois, bien que les programmes de formation destinés à faciliter l'accès à l'emploi des travailleurs déplacés n'aient pas toujours été des succès.

En outre, le ralentissement de la mondialisation et des échanges commerciaux a donné naissance à une nouvelle génération d'entrepreneurs et d'inventeurs au niveau local. L'augmentation des coûts des importations alimentaires, résultant des taxes carbone adoptées par certains pays, a également stimulé la production agricole locale. Ces phénomènes sont particulièrement visibles dans les sociétés offrant un accès aux ressources éducatives en ligne et à des informations scientifiques et techniques mises en commun par des communautés d'entrepreneurs et d'amateurs de technologie. Toutefois certains gouvernements peu préparés à la dimension sécuritaire de la prolifération de nouvelles technologies ont laissé se développer des groupes criminels et terroristes utilisant de nouvelles méthodes pour déjouer les moyens de contrôle.

Les innovations dans le champ des biotechnologies et de la santé ont également permis de développer de nouveaux secteurs économiques et de stimuler la productivité dans la mesure où un meilleur accès aux soins a permis d'améliorer le bien-être des travailleurs. L'accroissement de la main-d'œuvre permise par des soins de meilleure qualité pourrait stimuler l'économie de pays caractérisés par le vieillissement de leur population. Le développement de la robotique et de l'intelligence artificielle dans le domaine des diagnostics médicaux courants a également permis d'améliorer l'accès aux soins et de réduire les coûts de l'assistance aux personnes âgées, notamment dans les États à court d'argent.

La relance de la croissance dépendra non seulement de l'adoption des nouvelles technologies, mais aussi de la capacité à innover et à entreprendre au niveau local. Pour les gouvernements désireux de se protéger des prochains chocs économiques et de garantir le bien-être de leurs ressortissants les moins adaptables, c'est un besoin urgent. Cependant, répondre à ces besoins exige de dépasser la polarisation politique qui a empêché de nombreux gouvernements d'obtenir les compromis budgétaires nécessaires. Un soutien constant des gouvernements aux entreprises grâce au partage des technologies, des expertises et des ressources pourrait également contribuer à combler le fossé économique existant au sein des populations et entre les pays.

LES ENJEUX DE CE SCÉNARIO

Ce scénario explore les conséquences de l'incapacité des gouvernements à s'adapter aux bouleversements de l'environnement économique international ayant mené à un accroissement des inégalités, à une baisse de la croissance dans les pays développés, à des pertes d'emplois et à des divisions sociales. Il souligne la nécessité pour les pays riches de résoudre les problèmes causés par les politiques économiques passées et de répondre aux questions soulevées par la tension entre repli et ouverture. Les États qui s'en sortiront le mieux seront ceux dont les gouvernements encouragent la recherche et l'innovation ; facilitent le partage d'informations ; maintiennent une éducation de qualité et une formation scientifique, technologique, technique et mathématique continue ; proposent des possibilités de reconversion professionnelle ; et adoptent des politiques fiscales, migratoires et sécuritaires attirant et conservant les talents dans le domaine technologique. De telles dispositions encourageraient l'expérimentation, l'innovation et la création d'entreprise tout en stimulant la production et l'emploi sur le plan local.

À l'inverse, les pays choisissant de restreindre l'accès à l'information, échouant à honorer les droits de propriété intellectuelle et décourageant l'arrivée de talents dans le domaine technologique seront probablement les laissés-pour-compte de la relance économique apportée par les progrès technologiques. La sécurité sera un autre problème essentiel dans la mesure où cette situation débouchera vraisemblablement sur de possibles attaques terroristes ou des activités criminelles basées sur la technologie.

Orbites

Ce scénario explore un avenir de tensions créées par la rivalité entre grandes puissances, désireuses de développer leurs propres sphères d'influence tout en essayant de maintenir leur stabilité intérieure. Il examine la façon dont l'essor du nationalisme, l'évolution de la nature des conflits, l'émergence de révolutions technologiques et l'affaiblissement de la coopération internationale pourraient converger pour augmenter le risque de guerre. Ce scénario met l'accent sur les décisions politiques qui renforceraient la stabilité et la paix ou celles qui exacerberaient les tensions. Ces options sont

développées par un conseiller national en sécurité revenant sur son analyse du climat international à la fin du second mandat du président Smith en 2032 :

J'ai assisté à plusieurs événements au cours de la présidence de Smith qui m'ont laissé espérer que le prochain président prendrait ses fonctions dans un monde meilleur. Il n'y a pourtant pas si longtemps, l'élévation des tensions géopolitiques nous avait tous menés au bord de la guerre.

Les rivalités entre pays concurrents, la militarisation, l'essor du nationalisme et des troubles intérieurs avaient créé un climat d'opposition géopolitique entre grandes puissances. Au début des années 2020, les divisions politiques et les difficultés budgétaires avaient conduit les États-Unis à réduire leur engagement sur la scène internationale, laissant ainsi penser que le pays entrait dans une ère de repli. La Chine et la Russie, en particulier, ont vu cette situation comme une opportunité pour exercer une plus grande influence sur des pays entrant dans leur orbite économique, politique et militaire. L'Iran a également cherché à profiter de l'instabilité au Moyen-Orient pour étendre sa domination sur la région.

Au milieu des années 2020, ces phénomènes ont conduit à un effondrement du système international désormais organisé autour de sphères régionales à conquérir. Les puissances au centre de ces sphères ont tenté d'imposer leur domination économique, politique et militaire sur leur région respective. La Chine a notamment utilisé sa puissance économique et militaire pour influencer les décisions des pays voisins et imposer ses conditions aux entreprises étrangères souhaitant accéder à son marché. L'Inde, le Japon et d'autres États ont ainsi adopté des politiques étrangères plus agressives afin de contrer les agissements de la Chine contrevenant à leurs propres intérêts, ce qui a augmenté les tensions dans l'est et le sud de l'Asie. La Russie s'est également imposée par la force en Asie centrale afin de maintenir cette région sous contrôle et de contrer l'influence grandissante de la Chine.

Les tensions régionales ont également augmenté suite aux grands travaux entrepris par la Chine afin de modifier l'environnement, comme le détournement de fleuves au détriment de pays voisins. Voyant ses conditions environnementales se dégrader, Pékin a un moment envisagé des projets plus ambitieux comme l'envoi d'importantes quantités d'aérosols de sulfate dans l'atmosphère dans le but de faire baisser les températures. Qu'un seul État choisisse de prendre des mesures affectant tout l'écosystème a déclenché un vaste débat international et incité certains pays à menacer la Chine de représailles si elle persévérait dans sa poursuite unilatérale de transformation du climat.

Quand le président Smith est arrivé au pouvoir il y a 8 ans, tous les experts en sécurité nationale s'accordaient à dire qu'en dépit de l'accroissement des tensions géopolitiques, les intérêts économiques et politiques empêcheraient la guerre. Ils semblaient avoir raison dans la mesure où la Chine, l'Iran et la Russie ont tous préféré des affrontements de basse intensité, par le biais de représailles économiques et diplomatiques, de propagande, de cyberattaques, de mesures par procuration et de démonstrations militaires détournées, ce qui a contribué à brouiller la frontière entre paix et guerre. La plus grande victime de ces conflits a été la « vérité » dans la mesure où la propagande de ces États, diffusées par plusieurs médias sociaux, commerciaux et officiels, a déformé, dénaturé et manipulé les informations sur ce qui se passait réellement. Toutefois, l'apogée de cette situation a mis à l'épreuve les conventions internationales concernant la souveraineté et la résolution pacifique de conflits tout en renforçant la perception d'un désengagement américain.

Dès le début de son premier mandat, le président Smith a décidé que les États-Unis ne pouvaient rester plus longtemps sans agir. Il a alors décidé de consolider les alliances américaines et d'augmenter les interventions militaires destinées à faire respecter les conventions internationales, comme par exemple la liberté de navigation. Toutefois, les efforts de la Chine, de l'Iran et de la Russie pour se préparer à des conflits armés traditionnels, notamment via le déploiement d'un vaste arsenal incluant des systèmes de frappe longue portée à guidage de précision menaçant leurs rivaux régionaux, ont intensifié la perception d'une compétition militaire croissante entre ces pays d'un côté et les États-Unis et ses alliés de l'autre. À cette époque, nous n'avons toutefois pas réalisé que Pékin, Moscou et Téhéran étaient de plus en plus inquiets au sujet de leur situation intérieure, en raison de difficultés économiques et de divisions sociales qui les ont poussés à refuser tout compromis sur la protection de leurs intérêts de peur de donner une image de faiblesse. La collision entre un sous-marin autonome chinois et un navire des gardes-côtes japonais patrouillant au large des Îles Senkaku, les cyberattaques contre les centres financiers européens attribuées à des hackers russes et la menace iranienne d'utiliser des missiles balistiques de précision pour frapper les installations de production d'énergie et de désalinisation de l'Arabie saoudite ont compté parmi les événements qui auraient pu déclencher un conflit armé.

Mais c'est un champignon atomique apparu dans un désert de l'Asie du Sud qui nous aura sortis de notre passivité. Je me souviens de la façon dont la crise entre l'Inde et le Pakistan a débuté : peu après le refus par les deux parties de signer le deuxième traité sur les eaux de l'Indus, plusieurs explosions à New Delhi ont rapidement été attribuées par le gouvernement indien à des groupes extrémistes basés au Pakistan. Islamabad a nié toute implication, mais les deux pays ont aussitôt commencé à mobiliser leurs forces militaires. Après quelques jours de confusion à cause d'une série de cyberattaques ayant laissé chaque camp incapable d'analyser ce qui se passait, la situation s'est rapidement envenimée. Selon une enquête postérieure aux faits, les systèmes d'intelligence artificielle assistant les prises de décisions militaires n'ont fait qu'empirer les choses en interprétant des messages d'apaisement comme des signaux agressifs. Le résultat a été la première utilisation d'une arme nucléaire dans un conflit depuis 1945.

Avec l'aide de la Chine, les États-Unis sont rapidement intervenus pour désamorcer la crise. Nous avons eu de la chance. L'escalade nucléaire a été évitée de peu. Cette année-là, le président Smith a partagé le prix Nobel de la paix avec le président chinois. Mais la guerre indo-pakistanaise de 2028 a surtout permis de rappeler à toutes les grandes puissances le jeu dangereux que nous étions en train de jouer. Une série de mesures pour rétablir la confiance et d'accords de contrôle de l'armement entre la Chine et la Russie s'en sont suivies, restreignant l'usage des armes les plus susceptibles de mener à une escalade. Le successeur de Poutine a fait de grands efforts pour améliorer les relations de son pays avec l'Europe, pour le plus grand bien de l'économie russe. Ces expériences ont permis aux États-Unis et aux autres grandes puissances de poser les bases d'une relation de confiance permettant de relancer la coopération sur des questions de sécurité, comme l'instabilité en Corée du Nord et au Moyen-Orient.

Le prochain président américain devra agir dans un monde où les rivalités géopolitiques existent toujours, mais où les grandes puissances ont appris, pour leur propre survie, à collaborer les unes avec les autres dans les domaines qui le concernent toutes. Sans le choc causé par la catastrophe évitée de peu en Asie du Sud, les décisions du président Smith et d'autres pourraient nous avoir conduits à un résultat bien différent.

LES ENJEUX DE CE SCÉNARIO

Ce scénario explore la façon dont des rivalités géopolitiques accrues pourraient exacerber le risque de conflit armé et menacer la notion de droit sur laquelle repose l'ordre mondial. Il souligne l'importance de rassurer les alliés ainsi que d'empêcher les conflits de basse intensité d'affaiblir les conventions internationales et de se transformer en guerre ouverte entre grandes puissances. En outre, l'apparition de nouvelles armes, comme les missiles hypersoniques, les systèmes autonomes, les boucliers spatiaux et les cyberattaques, ont créé de nouvelles dynamiques d'escalade, encore peu connues, ce qui renforce le risque d'erreur.

Les tensions géopolitiques croissantes qui génèrent des troubles et augmentent les risques pour toutes les parties concernées peuvent toutefois fournir des raisons aux pays rivaux de trouver un terrain d'entente et de négocier des mesures de restauration de la confiance. La perspective d'une « catastrophe imminente », comme un conflit armé d'envergure évité de justesse ou une gigantesque catastrophe naturelle illustrant les conséquences du réchauffement climatique, pourrait inciter les nations à travailler ensemble pour leur survie, créant ainsi un nouvel ordre mondial. Un tel résultat est pourtant loin d'être assuré, ce qui souligne l'importance de prendre en considération l'accroissement des tensions géopolitiques de façon à réduire le risque d'escalade tout en ouvrant la porte à une plus grande coopération sur les questions de sécurité.

Communautés

Ce scénario explore les questions soulevées par les défis à venir dans le domaine de l'économie et de la gouvernance qui, en mettant les gouvernements à l'épreuve, créeront de l'espace pour les collectivités locales, les acteurs privés et remettront en question nos certitudes sur l'avenir des modes de gouvernement. Il met l'accent sur les tendances associées aux évolutions du pouvoir et aux progrès des technologies de l'information permettant à un spectre plus large d'acteurs d'intervenir. Il identifie également comment ces tendances pourraient conduire à des créations d'opportunités mais aussi de difficultés pour la gouvernance. Il met en scène le regard du

futur maire d'une grande ville canadienne qui réfléchit en 2035 aux transformations auxquelles elle a assisté au cours des deux dernières décennies :

Rétrospectivement, l'importance prise par des groupes locaux et transnationaux dans la gouvernance semble avoir été inévitable. Les gouvernements nationaux se sont tout simplement montrés moins à même de répondre à certains des besoins des populations dans un environnement évoluant rapidement que les collectivités locales et des entités commerciales de plus en plus puissantes. En outre, alors que la confiance des populations envers leurs dirigeants nationaux et les institutions était déjà au plus bas, de nombreux services publics ont été privatisés. Les transactions commerciales ne nécessitant pas d'intermédiaires gouvernementaux sont devenues plus fréquentes et les individus se sont peu à peu habitués à travailler via des canaux non gouvernementaux. Tout cela a d'autant plus diminué la capacité des gouvernements à assurer un contrôle et à collecter des revenus par le biais des impôts.

Des fonctions essentielles comme la politique étrangère, les opérations militaires et la défense nationale sont restées à la charge de l'État. Mais les populations se sont de plus en plus souvent adressées aux autorités locales, aux mouvements sociaux ou aux organisations religieuses pour une série de besoins éducatifs, financiers, commerciaux, légaux ou sécuritaires. Dans le même temps, les entreprises ont étendu leur influence par le biais d'un marketing de plus en plus sophistiqué, de la différenciation des produits et de programmes destinés à encourager la fidélité des consommateurs dépassant les frontières. L'implication des entreprises dans les vies de leurs employés est devenue de plus en plus forte à mesure que celles-ci ont multiplié les services offerts à leurs employés, allant désormais de l'éducation à la santé et au logement. Les grandes multinationales ont de plus en plus souvent assumé le rôle de pourvoyeurs d'installations publiques et de fonds pour la recherche internationale.

Les relations et les identités de chacun ont été de plus en plus souvent définies par l'appartenance à un groupe dépassant le cadre national. Les technologies de l'information et de la communication sont devenues incontournables dans la constitution des identités, désormais définies par les idées communes, une même activité professionnelle et le partage d'expériences de vie plutôt que par la nationalité. En outre, les progrès dans le champ des biotechnologies ont créé des différences de classe dans certains pays entre ceux et celles pouvant s'offrir des modifications et ceux et celles ne pouvant être artificiellement « augmentés ».

Tandis que la capacité à contrôler et à manipuler l'information est devenue un facteur clé d'influence, les entreprises, les lobbies, les associations caritatives et les collectivités locales ont souvent été plus à même que les gouvernements nationaux de diffuser des idées et de se fonder sur les émotions pour encourager les populations à les soutenir. Dans certains cas, les gouvernements ont volontairement cédé certains de leurs pouvoirs à ces « communautés » sociales ou commerciales dans l'espoir d'atténuer les divisions et le mécontentement des populations, mais aussi qu'elles fournissent des services qu'ils n'étaient plus en mesure d'assurer. Dans d'autres cas, ce sont les entités locales, par le biais d'alliances conclues entre elles, qui se sont imposées en défiant les institutions nationales.

Au Moyen-Orient, toute une « génération perdue » de jeunes arabes, dont les expériences fondatrices ont été la violence, l'insécurité, les migrations forcées et le manque d'opportunités économiques et éducatives, tout particulièrement des jeunes femmes, est devenue visible sur les réseaux d'information pour remettre en question les structures traditionnelles de gouvernance centralisée. Dans de nombreux pays arabes, la jeunesse a exigé davantage de services et de réformes politiques leur permettant de peser dans les décisions de leurs gouvernements. Il y a également eu un fort rejet social de l'extrémisme religieux des groupes terroristes qui étaient apparus sur la scène internationale au début du XXI e siècle. Une fois lancés, ces mouvements se sont rapidement étendus à toute la région.

L'expérience du Moyen-Orient s'est répétée à d'autres endroits, mais pas nécessairement avec le même succès. Par exemple, Moscou, déjà aux prises avec un difficile changement de dirigeants, a eu beaucoup de mal à garder le contrôle sur sa population protestant contre la corruption généralisée des élites et le pouvoir les oligarques, et demandant des réformes économiques et politiques au niveau local. Certains régimes ont réussi à mettre en œuvre des accords de partage du pouvoir avec les autorités locales et d'autres ont mis à profit les ressources de fondations internationales et d'associations caritatives pour répondre aux besoins des populations. D'autres ont eu recours à la force pour étouffer des protestations internes et utilisé des techniques de pointe pour identifier et réduire au silence les dissidents. Le Parti communiste chinois a ainsi tout d'abord choisi cette approche, mais il a dû changer de stratégie et accepter des compromis dans la mesure où conserver le pouvoir par la force seule était devenu de plus en plus difficile. D'autres gouvernements ont cédé à des pressions internes et se sont fragmentés autour de divisions ethniques, religieuses et tribales.

Le résultat n'était pas beau à voir. Partout dans le monde, la gouvernance a évolué grâce à des expérimentations et des erreurs dans les réponses apportées aux besoins des populations. Les pays les plus souples et les plus ouverts, comme les États-Unis, ont adapté leur approche de démocratie en canalisant l'influence des acteurs locaux et non gouvernementaux et en donnant plus d'importance aux villes et aux autres collectivités locales. Les dirigeants des villes, comme moi-même, ont commencé à travailler de plus en plus régulièrement avec leurs homologues du monde entier, avec le soutien des gouvernements nationaux, pour partager les informations et les ressources et développer de nouvelles façons de répondre à des problèmes communs comme le changement climatique, l'éducation et la réduction de la pauvreté.

Au contraire de pays avec des gouvernements très centralisés, s'adapter à ce nouveau mode de gouvernance était plus simple pour le Canada, les États-Unis et d'autres démocraties occidentales qui avaient déjà une forte tradition d'implication des collectivités locales et du secteur privé. Les régimes autoritaires qui ont résisté au partage du pouvoir et essayé de contrôler les activités des organisations non gouvernementales ont continué à faire l'expérience de vastes mouvements populaires remettant en question leur légitimité. Dans les pires des cas, les extrémistes, les groupes criminels et les chefs de guerre ont prospéré dans des zones n'étant plus contrôlées par le gouvernement.

Avec le temps, les organisations commerciales et religieuses, ainsi que les groupes issus de la société civile et les collectivités locales, sont devenus parties prenantes de coalitions diverses, certaines en lien avec les gouvernements. Ces nouvelles approches permettant de répondre aux défis internationaux ont peu à peu agrégé les différents groupes autour de valeurs communes comme les droits humains. Les États, les responsables des collectivités locales, des associations et des entreprises participent désormais de façon régulière aux prises de décisions régionales et interrégionales et forment des réseaux s'adaptant aux problèmes en cours afin de proposer des alternatives permettant une transformation positive. Les mouvements sociaux, les organisations religieuses, les collectivités locales et les populations impulsent l'agenda politique des gouvernements nationaux. Loin du contexte de la guerre froide, l'expression « monde libre » définit désormais le réseau d'États, de collectivités et d'entités non gouvernementales qui collaborent à promouvoir le respect des libertés individuelles et des droits humains, les réformes politiques, les politiques de protection de l'environnement, le libre-échange et la transparence de l'information.

LES ENJEUX DE CE SCÉNARIO

Ce scénario explore les problèmes associés à l'avenir de la gouvernance. Il montre que les gouvernements devront encourager les partenariats public-privé avec une diversité d'acteurs, maires, ONG et associations issues de la société civile pour répondre aux nouveaux problèmes. Les entreprises multinationales et les associations caritatives, en particulier, pourraient de plus en plus s'associer au travail des gouvernements dans les domaines de la recherche, de l'éducation, de la santé et de l'information.

Tandis que les États resteront responsables des questions de sécurité nationale et des autres pouvoirs régaliens, leur capacité à mettre à profit les communautés d'acteurs locaux, privés ou transnationaux pourrait renforcer leur légitimité et leur résilience. Les démocraties occidentales qui encouragent la gouvernance décentralisée et les partenariats publics-privés seront les plus à même de prospérer. Dans ces sociétés, la technologie facilitera les interactions entre la population et le gouvernement, notamment dans le processus démocratique. Toutefois d'autres gouvernements pourraient ne pas s'en sortir aussi bien, ce qui les conduirait à des situations allant d'un autoritarisme accru à la déliquescence.

Ce que nous apprennent ces scénarios

La capacité de résilience créera de nouvelles opportunités

En analysant les tendances qui ressortent des trois scénarios, il apparaît évident que le monde va devenir encore plus instable dans les années à venir.

Les États, les institutions et les sociétés subiront de multiples pressions, nationales et internationales, pour s'atteler aux nombreux défis qui se posent et agir le plus rapidement possible. Sur le plan national, l'incapacité des gouvernements à répondre aux attentes de leurs citoyens, aux inégalités et à la politique identitaire augmentera les risques d'instabilité. Au-delà, le changement climatique, les protocoles et standards technologiques ainsi que le terrorisme transfrontalier nécessiteront une coopération multilatérale. Relever efficacement ces défis demandera non seulement des ressources suffisantes, mais aussi de la volonté politique. De surcroît, l'importance de ces défis risque de compromettre la capacité des États et des institutions internationales à résoudre leurs propres problèmes, laissant présager un renforcement important du rôle de nombreux acteurs publics et privés.

Cependant, ces scénarios soulignent aussi que ces mêmes tendances susceptibles d'augmenter les risques à court terme peuvent produire de plus heureuses conséquences à long terme si le développement du pouvoir et ses acteurs se montrent assez résilients pour faire face à des perturbations et des incertitudes plus importantes.

Dans un monde où les surprises se font toujours plus fréquentes et violentes, les acteurs les plus performants seront les plus persévérants, car cela leur permettra de mieux s'adapter aux circonstances, de mieux faire face à l'adversité et de réagir plus rapidement pour réparer les erreurs.

Même si la résilience gagne de l'importance dans un monde plus chaotique, les méthodes de calcul traditionnelles de la puissance d'un État prennent rarement celle-ci en compte. L'effondrement soudain de l'Union soviétique et la perte d'autorité des États suite au « Printemps arabe » suggèrent que les États peuvent se révéler fragiles de différentes façons, ce que les systèmes de mesure du pouvoir conventionnels ne prennent pas forcément en compte.

• Par exemple, selon les systèmes de calcul traditionnels comme le PIB, le budget militaire et le nombre d'habitants, la part du pouvoir mondial de la Chine augmente. Néanmoins, la Chine présente d'autres caractéristiques – gouvernement centralisé, corruption politique, économie bien trop dépendante de l'investissement et des exportations nettes pour atteindre la croissance – qui suggèrent une vulnérabilité aux chocs à venir.

• À l'inverse, les États-Unis présentent une forte aptitude à la résilience, grâce à une gouvernance décentralisée, une économie diversifiée, une société ouverte, une masse territoriale importante, des écosystèmes variés, des ressources d'énergies stables ainsi que des alliances et la capacité d'intervenir militairement partout dans le monde.

Les gouvernements, les organisations et les individus les mieux capables de repérer les opportunités et de s'y attaquer en coopération seront les plus performants, mais le créneau pour ouvrir de nouvelles voies de collaboration se fait de plus en plus étroit. L'ampleur croissante des problèmes mondiaux augmente le défi d'une action collective. Les décisions à court terme des individus, des organisations et des États vont déterminer la façon dont l'actuelle crise de la coopération et de la gouvernabilité sera traitée. Une plus longue période de réponses ponctuelles et mal coordonnées viendra intensifier les tensions à l'intérieur des pays et entre les nations. La gestion des alliances, l'amélioration des gouvernances nationales et internationales, ainsi que la mobilisation de diverses organisations commerciales, religieuses, civiles et de défense collective à tous les niveaux du gouvernement seront essentielles pour obtenir des résultats positifs durables.

Les problèmes induisant des vulnérabilités communes et la nécessité de les résoudre par des approches globales comme le changement climatique ou l'augmentation des menaces terroristes pourraient inciter les pays à devenir plus résilients, surtout en cas de coopération limitée. Ces problèmes pourraient également pousser les États à reconnaître pleinement l'utilité des institutions internationales et autres forums transnationaux pour développer des solutions et coordonner des actions. Ces développements pourraient mener à une nouvelle ère d'engagement mondial impliquant les États, les gouvernements locaux, les entreprises et la société civile afin de s'attaquer main dans la main aux problèmes existentiels que rencontre l'humanité.

• Deux initiatives très en vue des Nations unies – le Programme de développement durable et la Convention cadre sur le changement climatique (CCNUCC) – ont fixé des objectifs stratégiques larges qui devront être atteints par la coopération entre les gouvernements et des partenariats public-privé. De telles actions permettent aux différentes parties d'améliorer leurs programmes au fil du temps et aux entreprises et à la société civile de jouer un rôle dans la création de normes et dispositions internationales.

• Sur le plan institutionnel, la mise en place de cellules, d'exercices, de technologies et de processus dédiés à la planification stratégique permettra de réagir plus vite en temps de crise et augmentera la capacité de résilience.

• L'élection des prochains secrétaires généraux de l'ONU offrira également des opportunités de modifier la position stratégique du système d'agences des Nations unies et de repenser les priorités à la lumière des nouveaux défis.

Les inconvénients de la mondialisation qui poussent certains gouvernements à adopter des politiques protectionnistes et nationalistes seraient également susceptibles d'augmenter résilience et innovation à échelle locale. Le ralentissement de la mondialisation et du commerce international ainsi que l'avènement des technologies de fabrication additive (imprimantes 3D) mettront l'accent sur les services de proximité et développeront l'autosuffisance des sociétés et groupes locaux. Ces développements relanceraient alors entrepreneuriat et production industrielle susceptibles de générer des bénéfices économiques pour les communautés locales. Les gouvernements et les institutions académiques, historiquement à l'origine de découvertes scientifiques aux conséquences bénéfiques pour le secteur privé, pourraient encourager des initiatives de nature à favoriser la productivité et l'innovation en élargissant l'accès public aux ressources et à l'éducation scientifiques et technologiques, ainsi qu'en finançant la recherche fondamentale.

Les initiatives pour assurer la formation continue de main-d'œuvre, le fait de fournir une main-d'œuvre mobile et fiable et de conserver le leadership technologique dans de multiples disciplines permettront d'améliorer la résilience des États face aux avancées technologiques potentiellement perturbantes telles que l'automatisation, l'analyse de données, l'intelligence artificielle et les biotechnologies. Cela atténuerait les risques qu'encourent à court terme les marchés et l'emploi et offrirait une plus grande efficacité économique et une meilleure productivité avec le temps.

- Une formation continue public-privé aiderait la main-d'œuvre à s'adapter facilement aux changements du marché de l'emploi et atténuerait le sentiment que les élites méprisent les travailleurs. De telles initiatives, calquées par exemple sur le modèle d'apprentissage allemand, impliqueraient une collaboration entre les gouvernements, le secteur privé et les institutions éducatives publiques comme privées afin de former les nouveaux employés, la main-d'œuvre récemment immigrée, ainsi que les chômeurs de longue durée.

- Les institutions académiques enrichiraient leurs cursus en consultant les employeurs potentiels sur les compétences requises, ce qui créerait une main-d'œuvre pleinement préparée à s'intégrer aux industries nouvelles et en évolution ; résolvant par là un problème souvent cité comme une contrainte à l'embauche dans de nombreuses entreprises de haute technologie. Ces efforts aideraient les institutions académiques à rester pertinentes et à la page, mais réduiraient aussi à long terme la nécessité pour les chômeurs de bénéficier d'aides publiques.

De tels programmes encourageraient la participation des entreprises à l'aide d'avantages fiscaux et de subventions salariales pour les nouveaux employés, avantageraient en particulier les pays industriellement développés confrontés à l'évolution rapide des nouvelles technologies, à la concurrence internationale, et dont la population en âge de travailler, bien que très qualifiée, diminue. Ces initiatives protégeraient aussi les droits à la propriété intellectuelle, fourniraient des avantages aux start-ups dans les nouveaux secteurs afin qu'elles trouvent leur place auprès des groupes de parrainage, et préserveraient le leadership national en définissant des standards et des protocoles technologiques.

La transparence offerte par les technologies de communication permettra de renforcer la résilience en augmentant la visibilité des processus gouvernementaux pour les citoyens, en favorisant des mesures anti-corruption et en réduisant les désirs de clivage. La création d'organisations médiatiques et technologiques fournissant des rapports objectifs et assurant un processus de vérification des faits transparent serait un pas en avant vers la mise en place d'un lien de confiance renforcé avec les gouvernements et les institutions. Associées à un enseignement de la pensée critique, des technologies de plus en plus transparentes rassureraient les populations et élargiraient leur champ de vision sur différents points de vue. Fortes d'une plus grande confiance en l'État, les populations traditionnellement mises à l'écart, comme les minorités, saisiraient ainsi l'opportunité de mieux s'intégrer et d'échanger plus librement des idées.

Générer la résilience dans des sociétés en difficulté, comme au Moyen-Orient, nécessite également de minimiser les forces qui promeuvent l'extrémisme. Les récents signes de frustration populaire au Moyen-Orient à l'encontre des exactions de groupes extrémistes dits « islamiques » pourraient conduire les populations locales à rejeter les idéologies extrémistes et à se battre pour faire passer de nouvelles réformes politiques. Dans toute l'Afrique du Nord et au Moyen-Orient, les extrémistes se réclamant de l'islam poussent certaines personnes à se dissocier des islamistes, ouvertement ou en privé. Par exemple, Ennahdha, le parti politique au pouvoir en Tunisie, a récemment annoncé son intention de ne plus être assimilé avec l'islamisme mais plutôt de se définir comme un parti musulman démocrate, pour éviter l'amalgame.

Investir dans l'étude, la création et la surveillance d'importants systèmes humains et naturels – comme les infrastructures, l'énergie, l'eau et la qualité de l'air – ferait émerger de nouvelles technologies en matière de durabilité, renforçant par là la résilience communautaire et environnementale. La forte demande de services et de technologies d'adaptation dans le secteur privé permettra à certains pays et entreprises de dominer rapidement ce nouveau marché. La rentabilité de tels développements amenuiserait la nécessité d'une catastrophe naturelle ou autre crise pour faire changer les politiques d'action sur le sujet. Des programmes visant simultanément à renforcer les gestions de crise à court terme et le développement de systèmes adaptatifs et résistants au climat minimiseraient les potentielles pertes économiques liées aux pressions environnementales et démographiques continues. Les secteurs de la construction, de l'énergie, de l'exploitation minière, de l'agriculture, des assurances, de la finance, de la recherche et du développement bénéficieraient de tels programmes, ce qui aurait un impact local et international.

Les sociétés les plus résilientes seront aussi celles qui libèreront tout le potentiel créatif et coopératif des individus – y compris les femmes et les minorités. De telles sociétés iraient dans le sens des courants historiques, et non contre ceux-ci, s'appuyant pleinement sur le champ des actions et compétences humaines en perpétuelle expansion pour façonner l'avenir. Dans toutes les sociétés, même dans les circonstances les moins réjouissantes, certains choisiront d'améliorer le bien-être, le bonheur et la sécurité des autres, utilisant pour cela les technologies de transformation à leur échelle. L'inverse sera également vrai : les forces destructrices seront plus puissantes que jamais. Le problème crucial des gouvernements et des sociétés est de savoir comment associer les capacités individuelles, collectives et nationales de façon à apporter l'espoir, la prospérité et la sécurité pour les années à venir.

ÉVALUER LA RÉSILIENCE D'UN ÉTAT

Cet indicateur deviendra bien plus fiable que les méthodes d'analyse traditionnelles pour réussir à surmonter le chaos et les perturbations futures. Les États prospères de demain seront sûrement ceux qui investissent dans les infrastructures, la connaissance et les relations permettant de résister aux chocs, qu'ils soient économiques, environnementaux, sociaux ou informatiques.

Selon des recherches préexistantes, les facteurs susceptibles de renforcer la capacité de résilience d'un État comprennent les éléments suivants :

- **Gouvernance** : les gouvernements capables de fournir des biens et des services, de promouvoir l'intégration politique, de renforcer l'État de droit et de gagner la confiance de leur population seront en meilleure posture pour résister aux chocs et rassembler le peuple pour y faire face.
- **Économie** : les États ayant une économie diversifiée, un déficit public raisonnable, des réserves financières suffisantes, des secteurs privés solides et une main-d'œuvre capable de s'adapter et d'innover seront les plus résilients.
- **Système social** : une société bien intégrée, bien disposée et harmonieuse a davantage de chances de se montrer solidaire et résiliente face aux changements inattendus, et aura moins de difficulté à faire face à l'adversité.
- **Infrastructures** : la solidité des infrastructures principales d'un État, comme des sources d'énergies diversifiées et des réseaux de santé, de communication, d'information et financiers stables, permettra d'atténuer sa vulnérabilité face aux catastrophes naturelles et aux perturbations diverses via des attaques informatiques ou autres.
- **Sécurité** : les États disposant d'une force armée importante, de personnes de confiance capables de gérer les crises et de faire respecter la loi, de bonnes relations entre les civils et l'armée, et d'alliances solides seront en meilleure position pour se défendre contre les attaques imprévues et restaurer l'ordre public en cas de choc.
- **Géographie et environnement** : les États jouissant d'une masse territoriale importante, d'une grande biodiversité et d'une bonne qualité de l'air, du sol, de la nourriture et de l'eau se montreront plus résilients face aux catastrophes naturelles.

Notes méthodologiques

À chaque rapport, le Conseil National du Renseignement américain (NIC) cherche à trouver de nouveaux angles d'attaque, employer des méthodes de prévision rigoureuses, se nourrir de points de vue toujours plus variés et maximiser la pertinence de ses pratiques. Pour ce sixième rapport, nous avons poursuivi ces traditions en introduisant de nouveaux éléments dans notre processus d'analyse :

- Nous avons d'abord examiné les tendances régionales et regroupé toutes ces estimations afin d'identifier des dynamiques globales plus larges.
- Nous avons évalué les tendances émergentes et leurs implications sur deux périodes : une vision à court terme, sur cinq ans, qui se concentre sur les problèmes auxquels le prochain gouvernement des États-Unis sera confronté, et une projection à long terme, sur vingt ans, visant à appuyer le planning stratégique américain.
- Nous avons développé une nouvelle manière d'envisager la notion de « pouvoir » géopolitique, qui s'éloigne des anciennes méthodes trop axées sur la puissance matérielle des États, comme le PIB et les dépenses militaires pour englober des aspects non matériels du pouvoir, comme les idées, les relations, ou le succès d'entreprises, de mouvements sociaux et d'individus importants.
- Nous avons réalisé de nombreuses simulations d'analyse en employant des équipes d'experts pour représenter les principaux acteurs internationaux afin d'explorer l'évolution possible des différentes régions du monde, de l'ordre international, du contexte de la sécurité et de l'économie mondiale.
- Nous avons pris en compte les possibles points de rupture dans toutes les régions et sur des sujets spécifiques, afin de repérer d'éventuels changements radicaux. Ils sont mis en avant dans le texte sous la forme d'articles d'anticipation.

Dès le départ, nous avons passé en revue les prévisions bipartites américaines depuis 1945 afin d'identifier celles qui seraient susceptibles de coïncider avec le contexte stratégique émergent. Ces exercices nous ont aidés à prioriser les questions à étudier ainsi que les pays à visiter et les personnes à rencontrer, afin de mieux gérer l'étendue de la recherche. En fin de compte, nos deux ans d'exploration des tendances et incertitudes fondamentales nous ont conduits dans plus de 35 pays pour interroger plus de 2 500 personnes. Nous avons pu ainsi mieux cerner ces tendances et incertitudes telles qu'elles sont vécues aujourd'hui, et extrapoler les décisions des élites et du peuple dans de telles conditions. Des discussions avec des hauts fonctionnaires et des stratèges partout dans le monde nous ont offert une meilleure compréhension des intentions stratégiques en évolution et des intérêts nationaux des grandes puissances mondiales. Nous avons rencontré et correspondu avec des centaines de chercheurs en sciences naturelles et sociales, de leaders d'opinion, de personnalités religieuses, de représentants de l'industrie et des affaires, de diplomates, d'experts en développement et d'organisations civiles, pour la jeunesse ou pour les femmes, tout autour du monde. Nous avons peaufiné ces recherches en sollicitant des retours critiques sur notre analyse préliminaire via les réseaux sociaux, à travers des événements comme le South by Southwest Interactive Festival, ou des ateliers plus traditionnels et par des relectures individuelles de nos premiers jets.

Comme dans les précédents rapports, nous avons développé de multiples scénarios pour décrire comment les incertitudes et les tendances émergentes clés pourraient se combiner afin de créer des futurs alternatifs. Ces scénarios explorent également les principaux choix que les gouvernements, les organisations et les individus seraient susceptibles de faire en réponse à ces tendances émergentes modifiant les trajectoires actuelles et ouvrant des possibilités de façonner un avenir meilleur.

Enfin, nous vous proposons ce rapport comme une base pour saisir la complexité du monde et les probables perturbations à venir. Le projet reflète nos estimations des tendances et leurs implications, en qualité d'analystes professionnels qui faisons de notre mieux pour

« appeler un chat un chat ». Ces jugements ne représentent en aucun cas les choix officiels du gouvernement des États-Unis, ni la position de la communauté du renseignement américain ; nous ne faisons que les soumettre humblement en reconnaissant parfaitement l'audace d'une telle démarche et l'éventualité que nous ayons pu commettre des erreurs, ce qui serait entièrement notre faute. Cependant, nous croyons que partager avec le monde entier nos estimations sur l'avenir proche et lointain crée un point de départ pour une compréhension commune des risques et des opportunités à venir.

Glossaire

Le **climat** englobe toutes les moyennes, les variables et autres statistiques météorologiques données sur une période de plusieurs décennies, tandis que la **météo** reflète les conditions de l'atmosphère à court terme dans une zone géographique précise. Le terme de « météo » inclut les journées de fortes pluies, de canicule et de froid, mais on parle de conditions météorologiques extrêmes en cas de sécheresse, d'inondations, de vagues de chaleur ou de froid et de violentes tempêtes tropicales.

Le **changement climatique** comprend toutes les altérations climatiques non liées au hasard répertoriées sur une période de plusieurs décennies.

La **variabilité climatique** renvoie à la façon dont le climat fluctue à long terme par rapport aux valeurs statistiques moyennes.

On utilise les termes de **pays développés** et **pays en développement** pour différencier les États largement industrialisés, dont le revenu par habitant est relativement élevé, de ceux dont l'industrie et la richesse sont encore limitées. Dans cette étude, les « pays en développement » sont ceux que le FMI inclut dans la catégorie « marchés émergents et pays en développement », c'est-à-dire tous sauf les États-Unis, le Canada, l'Europe occidentale, le Japon, la Corée du Sud, l'Australie et la Nouvelle-Zélande. Même si la Banque mondiale utilise aujourd'hui des termes bien plus précis pour définir le développement économique, et que de plus en plus d'organisations font de même, nous avons conservé les termes traditionnels, étant donné leur usage conventionnel répandu, y compris aux Nations unies et dans les entreprises commerciales.

La **mondialisation** désigne le procédé d'interaction et d'intégration entre les peuples, les entreprises et les gouvernements du monde entier, axé sur les flux de capitaux, de gens, d'idées et d'informations au-delà des frontières.

Les chercheurs de la Banque mondiale définissent la **gouvernance** comme « les traditions et institutions à travers lesquelles on exerce l'autorité dans un pays donné ». Cela comprend « le procédé selon lequel les gouvernements sont choisis, contrôlés et remplacés, la capacité du gouvernement à énoncer et mettre en place des lois sensées, et le respect des citoyens et de l'État envers les institutions qui gouvernent les interactions économiques et sociales entre eux ».

Les **déplacés intérieurs** sont des individus ou groupes d'individus contraints ou forcés de fuir ou de quitter leur foyer à la suite ou dans le but d'éviter les conséquences d'un conflit armé, d'une situation de violence généralisée, de violations des droits de l'homme ou de catastrophes naturelles ou humaines, sans traverser de frontière internationalement reconnue.

Le **système international** désigne la répartition des pouvoirs et des interactions entre les États ainsi que l'ensemble des institutions, des règles et des normes qui les régissent. Le terme d'**ordre mondial** est souvent utilisé pour décrire la nature de ces interactions, traditionnellement associé à des types d'ordre spécifiques, tel le nouvel ordre mondial fondé sur un ensemble de règles mis en place après 1945.

L'**islamisme** désigne un mouvement ou une approche, violent(e) ou non, visant à développer le rôle de l'islam dans la politique ou dans d'autres aspects de la vie publique.

Les **économies majeures** sont les plus grandes économies développées du monde : les membres du G7, à savoir les États-Unis, le Japon, l'Allemagne, le Royaume-Uni, la France, l'Italie et le Canada, plus la Chine. Il ne s'agit pas à proprement parler des « plus grandes économies » mondiales car le Brésil et l'Inde ont dépassé le Canada et l'Italie en termes nominaux, et plusieurs autres pays – la Russie, l'Indonésie, le Mexique, la Corée du Sud – surpassent certains des membres du G7 en parité de pouvoir d'achat. Cependant, nous nous sommes cantonnés au groupe de pays en question afin de mettre en avant des dimensions économiques et des revenus par habitant nationaux comparables, ainsi que des défis démographiques communs.

Un **migrant** est une personne qui quitte son foyer et se déplace à l'intérieur d'un État ou traverse une frontière, peu importe : 1) son statut légal ; 2) si ce déplacement est volontaire ou non ; 3) les raisons de ce déplacement ; et 4) la durée de son séjour.

La **migration** désigne le mouvement d'un individu ou d'un groupe d'individus qui se déplace à l'intérieur d'un État ou qui traverse une frontière internationale. Le terme englobe tous les déplacements de personnes, peu importe leur durée, leur composition ou leur cause. Cela inclut donc les réfugiés, les individus déplacés, les migrants économiques et ceux qui se déplacent pour d'autres raisons, y compris le rapprochement familial.

Le **nationalisme** est une idéologie selon laquelle la loyauté et la dévotion d'un individu envers sa nation surpassent ses autres intérêts individuels ou communs. Une **nation** désigne un grand groupe de personnes qui partagent des origines, une histoire, une culture ou une langue communes, et vivent sur un territoire ou dans un État donné. Une nation peut être un État ou non.

Le **nativisme** désigne la défense des intérêts d'une population autochtone ou déjà bien établie contre ceux de nouveaux arrivants, pouvant s'exprimer par une volonté de mettre l'accent sur des coutumes traditionnelles et locales par opposition à des influences culturelles extérieures.

Le **populisme** est un courant politique qui met en avant le citoyen moyen, souvent par opposition aux élites. Les discours populistes peuvent provenir des partis de gauche ou de droite, ou bien combiner des éléments des deux bords. Le populisme peut également désigner des mouvements démocratiques ou autoritaires qui promeuvent traditionnellement une relation directe entre le peuple et le pouvoir politique.

Un **réfugié** est une personne qui, d'après la Convention de 1951 relative au statut des réfugiés, « craignant avec raison d'être persécutée du fait de sa race, de sa religion, de sa nationalité de son appartenance à un certain groupe social ou de ses opinions politiques, se trouve hors du pays dont elle a la nationalité, et qui ne peut ou, du fait de cette crainte, ne veut se réclamer de la protection de ce pays ».

Remerciements

Le processus d'élaboration est aussi important que le rapport final. Au cours de celui-ci, le NIC s'est enrichi au contact d'individus et d'organisations aux quatre coins du monde tout en nouant des dialogues stratégiques tournés vers l'avenir, au-delà des cultures et des intérêts personnels. Entamé en 2014, ce processus de deux ans nous a conduit à travers 36 pays et territoires différents et nous a permis de recueillir environ 2 500 points de vue locaux divers afin d'obtenir une vue d'ensemble.

À chaque voyage, nous avons rencontré des gens de toutes les classes sociales, dans des grandes villes et, souvent, de plus petits villages. Nous avons cherché des perspectives différentes dans le milieu des affaires, de la philanthropie, de la science, de la technologie, des arts, des sciences humaines et des relations internationales. Nous avons rencontré des croyants, des étudiants dont certains ont suivi une formation académique avancée et d'autres, une formation pratique. Nos discussions avec les étudiants et les jeunes se sont révélées particulièrement précieuses puisqu'elles nous ont poussés à voir ce qui pouvait être. Tous nos interlocuteurs nous ont offert beaucoup de leur temps et de leurs connaissances, même pour nous faire passer des messages délicats. Certaines rencontres particulièrement éclairantes ont constitué des étapes décisives pour faire le lien entre plusieurs régions et plusieurs sujets. Bien sûr, certains témoins ont cherché à influer, à travers nous, sur les opinions officielles de Washington, mais la plupart ont partagé leurs attentes réelles pour l'avenir, à l'échelle locale ou internationale. Il est important de noter que tous se considéraient d'une certaine manière comme responsables du monde à venir, grâce à quoi nous nous sommes rendus compte que les choix et les actions des individus avaient plus d'importance que jamais.

Même si nous ne pouvons remercier que quelques personnes et organisations nominativement, nous sommes éternellement reconnaissants envers tous les gens que nous avons rencontrés. Nous tenons également à remercier le Département d'État et ses équipes qui nous ont facilité bon nombre de rendez-vous.

Afrique . En Angola, les citoyens et les organisations gouvernementales nous ont offert leurs points de vue sur l'urbanisation et la diminution de la pauvreté, et nous ont permis de comprendre comment Luanda, la quatrième plus grande ville d'Afrique, se préparait pour l'avenir. Durant notre courte visite au Botswana, nous avons découvert des solutions clés pour bâtir l'avenir sur les succès des gouvernements précédents. Au Congo, nous avons eu la chance de discuter avec des dirigeants politiques, tribaux et civils. Au Sénégal, nous avons beaucoup appris de discussions sur la religion, la technologie et la jeunesse à l'occasion de plusieurs groupes de réflexion. Les rencontres que nous avons faites partout ailleurs sur le continent nous ont aidés à explorer le potentiel démographique et économique de la région ainsi que les récentes impulsions en matière de technologie, d'énergie et de politique identitaire.

Asie et Pacifique. En Australie, l'Office of National Assessments, le pôle de l'université nationale australienne au National Security Institute, le Lowy Institute et la Commonwealth Scientific and Industral Research Organisation ont organisé des ateliers au cours desquels ils nous ont fait part de leurs commentaires critiques. En Birmanie, nous avons passé tout notre temps à discuter des réformes politiques, du dialogue interreligieux et des méthodes de résolution des conflits avec des organisations civiles et gouvernementales. En Chine, plusieurs visites au China Institute of Contemporary International Relations et à l'université de Pékin nous ont été très utiles, tout comme les sessions au China Institute for International Strategic Studies, à l'université de Nankin, à la National Defense University, à l'université de Fudan, l'université Renmin et la Chinese

Executive Leadership Academy de Pudong. En Indonésie, de précieuses idées ont germé de nos rencontres avec des étudiants, des écologistes, des hommes d'affaires, des hauts fonctionnaires de province, des militants des droits de l'homme et des chefs religieux, mais aussi avec le Centre for Strategic and International Studies, l'Institute for Policy Analysis of Conflict et à l'occasion d'autres tables rondes. Pour ce qui est du Japon, nous tenons à remercier entre autres le Japan Institute for International Affairs, la Tokyo Foundation, l'Institute for Energy and Economics et l'Asian Development Bank Institute. À Singapour, le Prime Minister's Strategy Office, la S. Rajaratnam School of International Studies et l'East Asian Institute de l'université nationale de Singapour nous ont été particulièrement utiles sur la question des méthodologies géopolitiques et prévisionnelles. En Corée du Sud, nous avons eu la chance d'assister à un événement organisé par l'ASAN, et nous avons également beaucoup appris du WTO Law Center, de l'EWHA Women's University, de l'université nationale de Séoul et de l'université Hankuk des études étrangères. Nous remercions tout particulièrement Rory Medcalf et Andrew Shearer d'Australie, Cui Liru et Da wei de Chine, Shingo Yamagami du Japon et Peter Ho de Singapour pour nous avoir aidés à mieux comprendre les nouvelles dynamiques asiatiques et leurs implications globales.

Europe. Nous tenons à remercier nos collègues en matière de prévision stratégique, dont le bureau du Cabinet britannique, la Joint Intelligence Organization et le Defense Concept and Doctrine Center du ministère de la Défense, la Blavatnik School of Government et l'Oxford Martin School à l'université d'Oxford, ainsi que les programmes de prévision de l'avenir de l'Union européenne, de l'OTAN et de l'OCDE. Pour leur soutien et leur contribution inestimable, pour nous avoir aimablement accueillis et pour avoir organisé pour nous des rencontres, nous remercions également : Thomas Bagger, directeur du personnel de la planification politique au ministère des Affaires étrangères allemand ainsi que son homologue britannique Peter Hill, Paolo Ciocca, directeur général adjoint du service des renseignements pour la sécurité nationale d'Italie, Carl Bildt, ancien Premier ministre suédois, Hans-Christian Hagman du ministère des Affaires étrangères et Lars Hedstrom de l'école supérieure de la défense nationale suédoise. Nous sommes extrêmement reconnaissants envers le professeur Monica Toft, qui a organisé un séminaire de deux jours sur l'avenir de la religion et apporté une précieuse contribution au rapport final sur les dynamiques démographiques et sécuritaires. Angela Wilkinson, experte en prévision de scénario à Oxford, nous a fait part de ses retours critiques sur les méthodes et les premiers jets, en plus de nous donner le courage d'y apporter les corrections nécessaires. Kenneth Hackett, ambassadeur des États-Unis au Saint-Siège, a organisé deux rencontres inoubliables avec les dirigeants de la secrétairerie d'État du Vatican ainsi que des hommes et des femmes du clergé travaillant en Afrique, en Europe, au Moyen-Orient et au Pakistan. Une rencontre similaire organisée à Istanbul avec les chefs de communautés religieuses minoritaires en Turquie et au Levant nous a également laissé une impression mémorable. Nous avons profité du pouvoir de mobilisation du Wilton Park Conference Centre au Royaume-Uni et ses infatigables Richard Burge et Julia Purcell. D'importantes contributions ont eu lieu à Chatham House, à l'International Institute for Strategic Studies, et lors de groupes de discussion en Italie, en Espagne et en Turquie. Enfin, diverses rencontres avec des planificateurs stratégiques et des hauts fonctionnaires d'Allemagne, du Danemark, de Finlande, de France, d'Italie, des Pays-Bas, d'Espagne, de Suède, de Suisse, de Russie, du Royaume-Uni, de l'Union européenne et des Nations unies souvent à Washington nous ont aidés à tirer des enseignements sur plusieurs séries de questions.

Moyen-Orient et Afrique du Nord . Des discussions avec des hauts fonctionnaires et des responsables de la société civile en Israël, en Jordanie, en Tunisie, aux Émirats arabes unis et en Cisjordanie ont permis de mettre en évidence d'anciennes et de nouvelles sources d'insécurité, ainsi que d'espoir. Nous sommes également très reconnaissants envers les nombreux leaders d'opinion, journalistes et tous ceux qui ont partagé leur expérience et leur point de vue en ligne ou autrement dans des documents publics. En Tunisie, nous remercions les missions diplomatiques américaines de Tunis et Tripoli pour leurs renseignements et pour avoir organisé des rencontres avec des experts en affaires locales, des membres du gouvernement et de la société civile, ainsi que nombreux représentants des droits des femmes, des syndicats, des partis politiques, des droits de l'homme et de la sécurité régionale.

Asie du Sud. Au Bangladesh, des rencontres avec des urbanistes et des ONG ont permis de souligner l'importance des contributions individuelles sur le confort de vie local. Plusieurs groupes de parole nous ont également donné l'opportunité d'enrichir nos points de vue sur la religion, le potentiel commercial régional et le changement climatique. Nous remercions Daniel Twining du German Marshall Fund d'avoir organisé une formidable semaine de séminaires à Delhi et Bombay avec entre autres : l'Observer Research Foundation, la Vivekenanda International Foundation, des professeurs et des étudiants de l'université Jawaharlal-Nehru, Brookings India, Gateway House, la Public Health Foundation of India, Tata Industries, le ministère des Finances indien, PRS Legislative Research, et TeamLease, un des plus gros employeurs privés du pays. Nous sommes également reconnaissants envers les traders de la bourse de Bombay, les journalistes et les chefs de communautés hindoues et musulmanes pour les échanges instructifs que nous avons eus avec eux.

Amériques. Nous sommes reconnaissants envers les diplomates américains au Brésil, au Chili, au Mexique et au Pérou pour avoir organisé une importante série de rencontres avec d'anciens et de nouveaux amis. À Brasília, São Paulo et Rio de Janeiro, nous nous sommes entretenus avec des chercheurs, des fonctionnaires du gouvernement et des leaders d'opinion, dont bon nombre d'éminents universitaires, le futurologue Sylvio Kelsen Coelho, Carlos Eduardo

Lins da Silva de la São Paulo Research Foundation (FAPSEP), Ricardo Sennes de Prospectiva et Rubens Ricupero de la Fundacao Armando Alvares Penteado. Au Chili, nous remercions le ministre des Affaires étrangères Heraldo Muñoz et les participants d'une table ronde sur les affaires internationales organisée par l'équipe de planification stratégique du ministère, mais aussi le sénateur Hernan Larrain et Alvaro Garcia Hurtado, pour leurs idées et le temps qu'ils nous ont accordé. Nous remercions Sergio Bitar, directeur du Global Trends and Future Scenarios Project for the Inter-American Dialogue, d'avoir organisé un dîner avec de grands experts en stratégie, dont Carlos Ominami de la Fundacion Chile 21 et le sénateur Guido Girardi Lavin, fondateur de l'initiative gouvernementale chilienne Challenges of the Future. Au Mexique, nous remercions l'ancien secrétaire des Affaires étrangères Jorge Castaneda, Alejandro Hope, Transparency International et d'autres groupes de conseil sur l'État de droit, Ilena Jinich Meckler et les étudiants de l'Institut technologique autonome de Mexico (ITAM) pour une remarquable table ronde, et Jorge Chabat et l'ambassade américaine pour avoir organisé une rencontre avec d'éminents économistes. De plus, le Center for Research for Development (CIDAC) de Mexico nous a fait l'honneur de mettre en place un atelier sur l'avenir de la région avec des experts venus de toute l'Amérique du Nord et centrale. Au Pérou, nous sommes reconnaissants envers le ministre des Affaires étrangères Ricardo Luna, Jose Ugaz de Transparency International, les leaders d'opinion tels que Roberto Abusada de l'Instituto Peruano de Economía, et les différents représentants de l'industrie, des médias et du monde universitaire que nous avons rencontrés, pour le temps qu'ils ont bien voulu nous accorder. Une session extraordinaire avec le futurologue Francisco Sagasti est également venue couronner notre séjour à Lima.

Au Canada, nous remercions le Bureau de l'évaluation internationale du bureau du Conseil privé et le Service canadien du renseignement de sécurité de leur soutien durable et de nous avoir facilité d'importants échanges avec des intellectuels et des dirigeants canadiens, ce qui nous a permis de vérifier nos résultats clés lors des dernières phases rédactionnelles.

Aux États-Unis, nous remercions le directeur du renseignement national James Clapper et sa directrice adjointe Stephanie O'Sullivan pour leurs encouragements, leur analyse stratégique, leur transparence et leurs différents points de vue qui ont permis d'enrichir notre travail. Nous avons eu la chance de pouvoir discuter avec d'anciens et actuels responsables du Conseil de sécurité nationale, du Département d'État et du département de le Défense, des planificateurs stratégiques et des experts grâce à qui nous avons pu rendre ces tendances mondiales plus pertinentes. Nous remercions en particulier le sous-secrétaire d'État aux affaires politiques Thomas Shannon et son équipe, les directeurs de la planification stratégique Jonathan Finer et David McKean, le directeur en chef de la planification stratégique au NSC Salman Ahmed, et le directeur de l'Office of Net Assessment au département de la Défense James Baker. Merci à l'actuel président du NIC Greg Treverton et à la vice-présidente Beth Sanner ainsi que les anciens présidents Chris Kojm, Tom Fingar, Joe Nye, et les anciens vice-présidents Joseph Gartin, David Gordon et Ellen Laipson pour leur bonne humeur, leurs conseils inestimables et leur aide précieuse. David, ses collègues d'Eurasia Group et Thomas Wright de Brookings se sont mis en quatre pour nous aider avec les dernières analyses économiques et géopolitiques et pour combler les trous aux endroits nécessaires. Mathew Burrows, ancien conseiller au NIC et principal auteur des rapports 2030, 2025 et 2020, nous a prodigué ses conseils critiques tout en continuant à les soutenir avec ses analyses démographiques. De même, Richard Cincotta, Banning Garrett et Barry Hughes nous ont fourni les contacts et les importantes leçons qu'ils avaient retenues des précédents rapports.

Trois remarquables penseurs : l'auteur de science-fiction David Brin, l'ancienne directrice de la CIA Carmen Medina et le professeur Steve Weber de Berkeley nous ont très vite aidés à aiguiser notre réflexion et à toucher des publics toujours plus variés au South by Southwest Interactive Festival à Austin, Texas. Peter Feaver de Duke et Will Inboden de l'université du Texas ont pris l'initiative de diriger une équipe d'universitaires afin de répertorier les hypothèses de planification américaines depuis 1945. Le professeur John Ikenberry de Princeton a organisé des ateliers sur des thèmes clés et apporté ses propres contributions au rapport, ses remarques et son aide tout au long du processus, tout comme ses confrères : Robert Art, Dale Copeland, Daniel Drezner, Martha Finnemore, Harold James, Robert Jervis, Jonathan Kirchner, Charles Kupchan, Jeff Legro, Mike Mastanduno, Kate McNamara, John Mearsheimer, Rajan Menon, John Owen, Barry Posen, Randy Schweller, Jack Snyder, William Wohlforth et Ali Wyne. Nous remercions également Casimir Yost de Georgetown, ancien directeur du Strategic Futures Group du NIC, pour avoir pris l'initiative de construire l'avenir des États-Unis, et Bruce Jones, pour avoir impliqué le NIC dans les ateliers sur les multilatéralismes à Brookings. Mark Sable, qui a relu de nombreuses ébauches, nous a fait part de ses suggestions ô combien utiles sur le style, le ton et l'argumentaire.

De même, nous sommes reconnaissants pour tous les ateliers organisés par Deborah Avant au Sié Chéou-Kang Center for International Security and Diplomacy à l'université de Denver, Sumit Ganguly à l'université d'Indiana, Steven Krasner à Stanford et Steve Weber à Berkeley. L'écrivaine Karen Armstrong, Valerie Hudson de l'université A&M du Texas, Eric Kauffman de l'université de Londres, Kathleen Kuehnast de l'Institut des États-Unis pour la paix et Hamid Khan de l'université de Caroline du Sud, entre autres, ont grandement aidé le NIC sur des sujets comme le genre ou la religion. Nick Evans et son équipe chez Strategic Business Insights nous ont apporté un important soutien sur les technologies clés et leurs implications. Nous remercions aussi le représentant démocrate de l'État de New York Steve Israel d'avoir organisé un débat au Baruch College. Nous avons également pu peaufiner notre réflexion grâce aux retours critiques des experts et du public à l'Atlantic Council, l'American Enterprise Institute, Brookings, la fondation Carnegie pour la paix internationale, l'université Columbia, au Council on Foreign Relations, au Center for Strategic and International Studies, à l'université de Georgetown, l'université George Washington, Harvard, la Heritage Foundation, l'université d'État d'Illinois ainsi que celle de Pennsylvanie, au Research Triangle de Caroline du Nord, au Stimson Center, à l'université méthodiste du Sud, au World Affairs Council de Dallas, à l'université de Stanford, l'université du Texas à Austin, l'université A&M du Texas, et dans les laboratoires nationaux d'Oak Ridge, Livermore et Sandia.

Ce rapport n'aurait pas pu voir le jour sans l'expertise et le soutien de Hannah Johnson et de ses collègues du SAIC ainsi que Leidos, qui nous ont aidés à organiser des ateliers, des simulations d'analyses et à créer des scénarios. De même, nous avons bénéficié des soutiens de Jim Harris, Greg Brown et bien d'autres chez Centra Technologies et au Bureau of Intelligence and Research du Département d'État. Différentes études commandées auprès de l'Atlantic Council, l'Economist Intelligence Unit, la RAND corporation, du Stimson Center et de Strategic Business Insights nous ont permis d'établir les prévisions de référence actuelles dans les domaines fonctionnels clés. Aussi, nous sommes reconnaissants envers les nombreuses contributions libres de nos collègues, nos confrères et du public, qui nous ont été communiquées directement ou sur notre page Tumblr. Nous remercions le Dr. Jeffrey Herbst et le Newseum de s'être associés au NIC.

Enfin, nous tenions à citer individuellement les personnes suivantes et les remercier pour leur contribution :

Clement Adibe, Bill Anderson, Anders Agerskov, Mark Bessinger, Richard Betts, Andrew Bishop, Phillip Bobbitt, Hayley Boesky, Hal Brands, Esther Brimmer, Shlomo Brom, Sarah Chayes, Erica Chenoweth, Gregory Chin, Ed Chow, Jack C. Chow, Thomas Christensen, Sean Cleary, Peter Clement, Keith Darden, James Dator, Jacquelyn Deal, Larry Diamond, Karen Donfried, Eric Edelman, Eran Etzion, Nick Evans, Darryl Faber, Mark Fitzpatrick, Jack Goldstone, Lawrence Gostin, Paul Heer, Francis Hoffman, Peter Huybers, Kim Jae-On, Joseph Jaworski, Kerri-Ann Jones, Rebecca Katz, John Kelmelis, Cho Khong, Andrew Krepinevich, David Laitin, Hardin Lang, Doutje Letting, Michael Levi, Marc Levy, Peter Lewis, Edward Luck, Anu Madgavkar, Elizabeth Malone, Thomas Mahnken, Katherine Marshall, Monty Marshall, Wojciech Maliszewski, Jessica

Mathews, Michael McElroy, Walter Russell Mead, Suerie Moon, Anne Marie Murphy, Kathleen Newland, John Parachini, Jonathan Paris, Tom Parris, Stewart Patrick, Minxin Pei, Robert Putnam, Ebhrahim Rahbari, Kumar Ramakrishna, Eugene Rumer, Tomas Ries, Paul Salem, Miriam Sapiro, Derek Scissors, Lee Schwartz, Peter Schwartz, Jim Shinn, Anne Marie Slaughter, Constanze Stelzenmüller, Teija Tiilikainen, Avi Tiomkin, Ashley Tellis, Ivan Arreguin-Toft, Andrew Trabulsi, Ben Valentino, Kristel Van Der Eist, Peter Wallensteen, Stephen Watts, Judith Williams, Kevin Young, Amy Zegart et Suisheng Zhao.

Annexes

Introduction

Le projet *Tendances mondiales* rassemble diverses recherches et études sur une variété de régions et sujets. Ces sources multiples doivent servir de fondations pour nous aider à dessiner un aperçu des risques stratégiques et opportunités mondiales dans les vingt prochaines années.

• La première partie « Les cinq prochaines années » est une présentation systémique des tendances dans chaque région du monde, se concentrant autour des principaux effets des changements sur cinq ans.

• La seconde partie, « Tendances mondiales clés » explore les principaux effets des changements sur vingt ans, organisé par domaines – par exemple démographique, économique, gouvernemental et sécuritaire – plutôt que par région.

Les cinq prochaines années par région

Les cinq prochaines années seront marquées partout dans le monde par une instabilité durable et d'importants ajustements politiques, économiques, sociaux et écologiques. Aussi différentes soient-elles, toutes les régions de la planète connaîtront des phénomènes d'urbanisation et de migration, mais également des tensions liées aux changements écologiques, technologiques et climatiques. De nombreux pays, riches ou pauvres, ne pérenniseront pas les progrès obtenus ces vingt dernières années (les accessions récentes à la classe moyenne notamment), ce qui soulignera les failles de leur gouvernance. Les nouvelles technologies de l'information amplifieront les différences d'inégalités, de mondialisation, de politique et de corruption, tandis que le sentiment d'humiliation et d'injustice déclenchera manifestations et violences. Ces changements seront alimentés par des mutations économiques structurelles : technologie et finance créant de la richesse sans emplois, la dette en augmentation pesant sur la croissance, etc. Le mécontentement poussera de nombreuses sociétés dans les bras de dirigeants populistes, xénophobes ou nationalistes. Des pays confrontés à des charges insupportables pourraient revoir sérieusement leurs systèmes de solidarité. La fragmentation de régions et d'États est envisageable, voire probable, si plusieurs puissances géopolitiques devaient émerger.

• **Tensions économiques** . La plus grande inconnue économique mondiale des cinq prochaines années tient à la croissance chinoise. Pékin parviendra-t-il à l'alimenter de même que l'investissement étranger ? Saura-t-il – s'il le fait jamais – mener la conversion tant attendue d'un modèle fondé sur les exportations et l'investissement à un modèle fondé sur la consommation ? La part de l'économie chinoise dans le PIB mondial est passée de 2 % en 1995 à 14 % en

2015. Elle a été le principal moteur de la croissance mondiale pendant plusieurs années. Une décélération brutale saperait celle de ses partenaires commerciaux et ralentirait le processus de réduction de la pauvreté. Confrontés à une telle crise, de nombreux États seraient contraints par leur opinion publique d'entreprendre des réformes favorables à l'emploi et à une croissance inclusive, ce qui pourrait compromettre leur contrôle et leur capacité à satisfaire leur électorat.

- **Tensions politiques** . Peu d'États sont prêts à entreprendre de telles réformes politiques et économiques et de nombreux pays sont tout simplement dans l'incapacité de résoudre leurs propres problèmes. Au Moyen-Orient et en Afrique du Nord, ces faiblesses conjuguées aux forces sociales et géopolitiques produiront (ou entretiendront) troubles et violence. À l'Ouest, la désillusion des peuples s'exprimera par la voix de populistes ou de réformistes appelant à s'attaquer aux déséquilibres de richesses et de pouvoir. En Amérique Latine, en Asie orientale et du Sud la colère contre la corruption, la criminalité ainsi que les tensions écologiques, sanitaires et urbaines alimenteront les mouvements sociaux, accentuant les pressions sur les États.

- **Tensions sociales.** La polarisation et les conflits sociaux (souvent liés à la religion, aux traditions culturelles ou au refus de l'uniformisation entraînée par la mondialisation) s'aggraveront du fait des progrès des moyens de communication. Les nouvelles technologies favoriseront la bipolarisation politique ; elles accorderont une meilleure visibilité et davantage d'influence aux mouvances extrémistes ou marginales. Les mouvements terroristes, transfrontaliers et fragmentés, continueront d'échanger idées et ressources dans les pays arabes, africains et asiatiques. Tous les pays demeureront exposés aux pandémies connues ou nouvelles, en particulier ceux qui n'ont pas les moyens de s'y préparer.

• **Tensions géopolitiques** . Les rivalités entre grandes puissances et les risques de conflits s'intensifieront au cours des cinq prochaines années, reflétant la désagrégation du système international actuel et les aspirations de la Russie et de la Chine à davantage de prestige et d'influence. Les acteurs étatiques ou non étatiques recourront à de nouvelles armes non conventionnelles telles que les cyberattaques et les réseaux sociaux pour peser sur les politiques et susciter des troubles. L'émergence de multiples centres de pouvoir rivaux est envisageable dans les cinq prochaines années si rien ne s'oppose aux agressions régionales et à la transgression des normes internationales.

• **Tensions écologiques** . Selon les scientifiques, 2016 a été l'année la plus chaude depuis le début des mesures en 1880 ; seize des dix-sept années les plus chaudes ont eu lieu après 2000. Si la prévision des températures sur une courte période est difficile à cause de la variabilité intrinsèque du climat, il est évident que la température mondiale de référence sur les cinq prochaines années sera plus élevée. Ce réchauffement aura des conséquences sur les tempêtes, la pluviométrie, la fonte des glaces, l'augmentation du niveau des mers et les conditions de vie des populations. Les effets se feront particulièrement sentir chez une part importante de la population mondiale concentrée dans les régions les plus vulnérables telles que les villes côtières ou les mégalopoles aux ressources en eau potable limitées.

Asie Orientale et Asie du Sud-Est

Cette partie du monde, culturellement et ethniquement la plus diverse et dont le poids économique est le plus susceptible de croître, occupera le centre de la scène aussi bien pour la coopération économique que pour les rivalités géopolitiques. En Chine, plusieurs facteurs accroissent l'incertitude politique : ralentissement économique, velléités de Pékin d'affirmer son hégémonie sur l'Asie, baisse de la population active due au vieillissement et concentration des pouvoirs dans les mains du président de la RPC Xi Jinping. Cette incertitude assombrit les perspectives de paix et de prospérité de la région. La Chine, très insérée dans l'économie mondiale, arrime certes la région économiquement, mais n'adopte que les normes et règles internationales qui l'intéressent et cherche à modifier les autres dans son intérêt. L'affirmation de sa souveraineté en Mer de Chine méridionale suscite des réactions chez ses voisins et attise en son sein un nationalisme susceptible de réduire sa marge de manœuvre. Ce jeu entre rivalités stratégiques, stabilité du régime et coopération économique affectera la plupart des interactions dans la zone, les puissances moyennes et les petits pays cherchant à se prémunir des prétentions chinoises sans sacrifier leurs liens économiques. Le risque d'une économie chinoise moins dynamique complique encore davantage la donne. Les mesures prises par les États-Unis et le Japon à l'égard de la Chine, comme celles des puissances émergentes comme l'Inde et l'Indonésie, affecteront également la manière dont les pays de la région évalueront risques et opportunités.

• Les nombreux et anciens **conflits territoriaux et maritimes** ne se régleront probablement pas à court terme ; ils entretiendront au contraire les tensions, suscitant les demandes d'assistance auprès des États-Unis et compliquant le rodage des institutions régionales et des mécanismes de règlements tels que l'Association des nations de l'Asie du Sud-Est (ASEAN). L'aggravation des tensions le long d'une des nombreuses lignes de faille de la région saperait la confiance économique, ralentissant l'investissement et la coopération économique dans la zone.

• **Pékin** pourrait estimer avoir une courte « fenêtre d'opportunité stratégique » pour affirmer davantage son influence régionale avant qu'une réaction plus vive à son essor ne se développe sous l'effet de l'intérêt stratégique accru des États-Unis pour la région, de l'évolution de la politique de défense du Japon, du nouveau gouvernement taïwanais et du regain identitaire dans l'île, du programme nucléaire de la Corée du Nord, et enfin de ses propres difficultés économiques. La perception de la Chine à l'étranger évoluera sans doute à l'aune du respect qu'elle voudra bien accorder aux règles internationales communément admises.

• De plus en plus autonome, le **Japon** prendra davantage de responsabilités internationales, renforçant à terme son implication dans les questions de sécurité régionale et mondiale et s'affirmant comme un puissant allié des États-Unis, à partir de ses solides relations économiques avec l'Asie du Sud-Est en particulier. L'incertitude grandissante suscitée par l'affirmation de la puissance chinoise incite l'archipel à lever les contraintes pesant sur sa politique de défense depuis l'après-guerre et à se doter des capacités d'une politique d'autodéfense collective.

• **L'Inde** s'investira davantage dans les questions économiques et de sécurité de la région, surtout si elle continue de se rapprocher du Japon. Comme le Japon et les États-Unis, elle est incitée à ce rééquilibrage par les ambitions d'une Chine indifférente à ses intérêts. Bien que la méfiance suscitée par le libre-échange en Occident limite les options, un partenariat du type PTP (Accord de partenariat transpacifique) incluant l'Inde pourrait transformer celle-ci en joker économique, intensifiant à terme ses échanges avec les États-Unis et d'autres grandes économies du Pacifique. Cela aiderait le sous-continent à mener ses réformes et à doper sa croissance, et affermirait son potentiel de locomotive économique régionale.

• **L'Indonésie** est le plus grand pays musulman du monde et abrite une des biodiversités les plus riches de la planète. Le pays pourrait de ce fait assumer un rôle mondial en offrant un ancrage à l'opposition de l'islam à l'influence des réseaux terroristes mondialisés ou en prenant la tête de la sauvegarde des dernières forêts vierges de la planète, quand bien même il reste confronté aux difficultés de gouvernance d'un archipel aussi étendu. Les feux de forêts contribuent à la pollution de l'atmosphère, à l'augmentation générale des émissions de CO∈2&in1;, ainsi qu'à celle du taux de mortalité par maladies respiratoires dans la région. En **Malaisie** , pays démocratique à majorité musulmane, un changement des politiques religieuses et ethniques pourrait avoir des répercussions sur les processus de démocratisation et de stabilité sociale de la zone et susciter une mobilisation anti-radicalisation. La Malaisie et l'Indonésie, à l'instar d'autres pays musulmans, sont confrontées à la montée d'un islam salafiste intolérant à l'égard du soufisme traditionnel, qui alimente les tensions au sein de leurs sociétés multi-ethniques et confessionnelles. La **Thaïlande** et les **Philippines** se débattent dans des problèmes de gouvernance qui débouchent sur une demande de dirigeants à poigne.

• D'importantes **mutations économiques et démographiques** ainsi que des **tensions urbaines** provoquées par la poursuite de l'exode rural affecteront les pays asiatiques, exigeant d'eux une réponse politique. Le vieillissement des populations et les maladies chroniques associées pèseront sur les systèmes de santé et les besoins de financement des États. Les inégalités économiques pourraient accroître la grogne sociale en Chine et ailleurs dans la zone, à mesure notamment que la concurrence low-cost se durcira dans la région et au-delà. Pékin devra soit répondre aux aspirations et exigences de classes moyennes et aisées en expansion, soit gérer leur déception.

• Le **changement climatique** (caractérisé par de fortes intempéries, des marées de tempête, des inondations et l'élévation du niveau des mers) affecte de manière disproportionnée les pays de cette partie du monde dont les populations se concentrent sur les côtes. Les tensions récurrentes diminueront la résilience aux événements météorologiques même modestes. Selon les sondages de Pew, le changement climatique arrive en tête des menaces pesant sur leur existence chez les Chinois, Malaisiens et Philippins, et parmi les trois premières chez les Indonésiens, Japonais et Coréens du Sud. Les sécheresses récentes au Cambodge, au Laos et en Thaïlande ont ravivé les craintes pour la sécurité alimentaire et la salubrité de l'eau. La coopération sur la gestion de l'eau sera cruciale dans cette zone très densément peuplée, alors que les différends sur les cours d'eau entre la Birmanie, le Cambodge, la Chine et le Laos s'ajoutent à la longue liste des litiges de la zone.

• Concernant la **santé publique** , plusieurs pays sont considérés comme des foyers de virus grippaux à potentiel pandémique. Le virus aviaire H5N1, hautement pathogène, est endémique chez la volaille en Chine, en Indonésie et au Vietnam, et provoque une mortalité élevée chez les êtres humains. Le virus H7N9, également hautement pathogène, affecte aussi la volaille chinoise ; le nombre de cas observés chez les êtres humains est en augmentation depuis 2013.

Profil géopolitique de la région pour les cinq ans à venir : si la Chine va... Tous les pays de la zone dépendent de la santé économique et politique de la Chine. Les prochaines années détermineront si Pékin parvient encore à augmenter le niveau de vie de sa population et le nombre de ses bénéficiaires, en menant les réformes structurelles qui la feront passer d'un modèle fondé sur les exportations à un modèle tiré par la consommation et les services, et en feront un acteur équilibré des échanges mondiaux, plutôt qu'un consommateur toujours plus avide de matières premières. Partenaire commercial, la Chine apparaît désormais comme un acteur important du développement des pays de la région. La plupart des opinions publiques d'Asie orientale, un grand nombre en Asie du Sud, Asie

Centrale et en Europe, voient d'un bon œil les investissements chinois, offrant à Pékin l'occasion d'augmenter son influence internationale. Cependant, tout manquement à ses promesses de partenariat économique (incarnées par la Banque asiatique d'investissement dans les infrastructures, AIIB, et la relance de la Route de la soie) pourrait faire douter de ses engagements et nuire à sa réputation, ainsi qu'à ses tentatives d'ouvrir ses régions centrales et occidentales à l'export. Le plus grand défi politique de Pékin sera, sans présager d'éventuels troubles sociaux et de l'évolution du Parti communiste chinois (PCC), sa capacité ou non à satisfaire une population de plus en plus active et autonome, qui attend qu'on lui rende des comptes et espère que mobilité sociale et croissance seront au rendez-vous. Un recours accru aux technologies de communication sophistiquées comme la télésurveillance et la répression des droits de l'homme témoignent par ailleurs d'une accentuation du contrôle social ainsi que d'un rejet réitéré du pluralisme et de toute alternative politique au PCC.

• **Les tensions ethniques et religieuses** mettront également Pékin au défi de s'accommoder d'un phénomène qu'il considère historiquement comme une menace à son autorité. Les populations chrétiennes et musulmanes chinoises, déjà conséquentes, devraient croître encore au cours des vingt prochaines années. L'État bride et surveille de près les activités musulmanes dans la province du Xinjian, ce qui exacerbe le ressentiment de la population. De même, les dizaines de milliers de chrétiens de l'« église souterraine » qui pratiquent leur culte à domicile sont souvent persécutés par les autorités. Le Tibet dont la démographie est la plus dynamique de Chine pourrait connaître des troubles comme par le passé.

• **Les questions de santé publique** pèseront dans les années à venir. La hausse des revenus rapproche les modes de vie des modèles de consommation occidentaux, ce qui entraîne une augmentation des maladies chroniques (obésité, cancers, maladies cardiovasculaires). L'augmentation attendue des maladies non transmissibles à cause d'individus adoptant par millions une mauvaise hygiène de vie (et du vieillissement rapide de la population) pèsera sur le système de santé public chinois et sur la capacité de l'État à investir dans les infrastructures de santé et la formation du personnel.

• **Les problèmes environnementaux** s'aggravent. Pékin aura des difficultés à fournir à ses citoyens de l'eau potable en quantité et qualité suffisante dans plusieurs régions. La dégradation d'importantes surfaces agricoles et de graves pollutions industrielles ont détérioré la qualité de l'air dans plusieurs villes et suscité des manifestations écologiques lorsque ces conditions sont devenues insupportables. Dans certaines régions, les cancers et autres maladies liées à l'environnement sont suffisamment graves pour que le diagnostic de la situation ne nécessite pas de méthodes sophistiquées.

Ces mises à l'épreuve surviendront en période de ralentissement de la croissance, de transformation structurelle de l'économie et d'atterrissage du boom immobilier financé à l'intérieur comme à l'étranger par la dette depuis la crise financière mondiale de 2008-2009. Parallèlement, les dirigeants chinois centralisent davantage le pouvoir et mènent une campagne anti-corruption qui, si elle est populaire auprès de l'opinion publique, leur a aliéné une partie des Chinois les plus riches. Cet arrière-plan économique déterminera si l'influence grandissante de la Chine en Asie et dans le monde redonnera vigueur et efficacité au système international ou débouchera sur des chocs économiques systémiques et une aggravation du risque de conflit régional.

• Une gestion réussie de ces difficultés rejaillirait sur **le comportement de la Chine à l'égard de ses voisins** . Une transition économique menée en douceur et une direction politique plus unie renforceraient la confiance de Pékin à l'égard du Japon, des Philippines et du Vietnam. De même que ces pays voudront défendre leur souveraineté territoriale, les entreprises, universités et citoyens étrangers compliqueront l'ajustement de la Chine en voulant se protéger des cyberattaques, des vols de propriété intellectuelle, du harcèlement administratif et des manipulations des marchés.

• Pékin gagnera en **respect et influence internationale** si ses nouvelles initiatives d'investissement multilatéral parviennent à stimuler l'emploi et l'activité à l'étranger comme sur son territoire. Mais ces investissements pourraient également produire l'effet inverse, notamment si sa proximité avec les régimes africains corrompus engendre un ressentiment semblable à celui que les États-Unis ont rencontré au Moyen-Orient.

• De même, Pékin gagnerait à prendre l'initiative d'aider la région à **contrôler ses émissions de gaz à effet de serre et à renforcer ses capacités d'adaptation** à l'élévation du niveau des mers, à la pollution, aux événements météorologiques extrêmes et à la perte de biodiversité. Les questions environnementales resteront une préoccupation majeure pour la qualité de vie, un débouché pour l'activisme de la société civile dans toute la zone et une opportunité de réactivité et d'innovation pour les États.

• L'effondrement de la population autochtone de l'Extrême-Orient russe et la désertification des villes russes orientales rendent naturels les appétits et intérêts chinois pour la région, avec le risque d'une augmentation des frictions. Les Chinois s'y installent déjà en grand nombre sous des prétextes, des activités et des visas divers.

• La manière dont Pékin usera de ses liens avec Islamabad et Pyongyang contre les menaces durables que représentent l'Afghanistan et le programme nucléaire nord-coréen aura un impact significatif sur la paix et la stabilité de l'Asie du Sud et du Nord-Est.

Autres considérations : La gestion des alliances et partenariats avec l'Asie orientale sera une priorité des États-Unis, les accords de libre-échange tels que le Partenariat trans-pacifique (PTP) permettant à une région trop dépendante de la Chine de se diversifier. Cependant, de nombreux participants à cet accord (de même que les élites économiques, les travailleurs et les dirigeants politiques de certains pays asiatiques) voient en la Chine davantage d'opportunités que de menaces et s'interrogent sur l'approche des États-Unis et leur engagement. Pour d'autres pays de la région, la taille de la Chine, son niveau de développement, ses besoins spécifiques en matières premières et équipements haut de gamme notamment, font d'elle un marché, une source d'investissement et un lieu de production que les États-Unis ne peuvent pas forcément égaler.

• **Les alliés et les partenaires des États-Unis** s'interrogent également sur l'avenir de la politique américaine de « rééquilibrage » de la région, étant donné les autres préoccupations internationales et intérieures de Washington et d'éventuelles contraintes budgétaires.

• En **Asie du Nord-Est** , Pékin, Tokyo et Séoul resteront économiquement interdépendants, chacun améliorant par ailleurs ses dispositifs de défense. Ils devront gérer fermement les risques concernant la sécurité et éviter d'entrer dans des logiques de dilemmes et d'escalades susceptibles de s'enclencher quand des mesures défensives sont interprétées à rebours.

• Enjeux historiques anciens et gesticulations politiques empêcheront probablement un véritable rapprochement à court terme entre le **Japon et la Corée du Sud** , malgré quelques progrès. Dépitée par la réticence de Pékin à recadrer la Corée du Nord, Séoul sera incitée à coopérer avec Tokyo et Washington, sans cesser de considérer la Chine comme un partenaire essentiel pour le tourisme, le commerce et les investissements. Le Japon, lui, poursuivra sa diplomatie active et son engagement dans la sécurité de la région et au-delà. Si globalement l'économie de l'archipel stagne, elle n'en reste pas moins la troisième du monde et, malgré le déclin démographique, continue d'apporter des progrès matériels à sa population vieillissante.

En **Asie du Sud-Est** , rivalités des puissances, luttes intestines, radicalisation religieuse et incertitudes politiques (bras de fer entre démocratisation et autoritarisme, notamment) auront pour toile de fond une interdépendance économique croissante. Une combinaison de ces facteurs pourrait faire courir à cette région ouverte, stable et en développement un risque de stagnation, d'autoritarisme et d'instabilité. Mais cette perspective est peu probable. Le nationalisme demeurera vigoureux mais ne devrait pas perturber à lui seul l'intégration économique de la zone.

• **L'Inde, l'Indonésie et le Vietnam** deviendront des acteurs beaucoup plus importants en Asie que dans le passé, en partie grâce à leur développement réussi, leurs échanges commerciaux en croissance rapide et une pyramide des âges favorable comparée à plusieurs de leurs concurrents. Leur intégration économique se poursuivra selon les objectifs de l'ASEAN (libéralisation des échanges, harmonisation et amélioration des procédures douanières), et avec le commerce des services, la libéralisation des marchés financiers et des investissements, et l'interconnexion des infrastructures.

• **Les questions de sécurité** pousseront à la course aux armements et à leur usage potentiel. La croissance se maintenant aux niveaux actuels, les pays alentour augmenteront leurs dépenses militaires, en partie pour des raisons domestiques, en partie pour se protéger de la Chine et des incertitudes concernant l'intérêt des États-Unis pour la région. Les différends maritimes en mer de Chine orientale et méridionale auront toujours cours. Enfin, les pays de l'ASEAN consacreront davantage de ressources à combattre le radicalisme islamique.

• Autoritaires ou démocratiques, les régimes de la région connaissent des **déficiences de gouvernance** . Les uns et les autres peineront encore à faire appliquer leurs politiques, à endiguer la corruption et à gérer des relations souvent conflictuelles entre le législateur national et les fonctionnaires locaux. La manière dont les États réussiront ou non à fournir les biens publics et à répondre à la demande croissante de meilleures conditions de vie déterminera fortement le niveau de stabilité de la zone.

RÉFLEXION SUR LE RÉÉQUILIBRAGE DE LA CHINE

La « reconversion » de l'économie chinoise fondée sur l'investissement et l'export en modèle reposant davantage sur la consommation intérieure demandera des années d'ajustements et affectera considérablement la vie quotidienne des Chinois comme les partenaires du pays à travers le monde. Pékin a longtemps stimulé la croissance en investissant à des niveaux inédits dans les infrastructures et les équipements (la plupart sous-utilisés ou défaillants) dans le cadre d'une politique désormais insoutenable, mais qu'il sera néanmoins difficile de remplacer rapidement par une politique de croissance tirée par la consommation.

• En 2015, l'investissement chinois représentait plus de 40 % du PIB, un niveau largement supérieur aux 30 % observés en moyenne dans les autres économies asiatiques en développement et à peine inférieur aux derniers sommets atteints. Un tel niveau est sans précédent dans les grandes économies en temps de paix.

• Même avec une croissance réelle de l'investissement limitée à 1 % par an (ce qui n'est pas arrivé depuis 1990, un an après les événements de la place Tienanmen), il faudrait que la consommation privée et publique croisse de 8 % par an pendant dix ans pour ramener le rapport consommation-investissement de la Chine au niveau de celui de ses voisins.

Si Pékin réussissait ce rééquilibrage, le changement bouleverserait néanmoins des schémas anciens.

• Davantage de consommation privée élargirait les opportunités des entreprises privées, plus réactives à la demande des consommateurs que leurs homologues publiques. Mais cela accentuerait également la pression sur Pékin pour développer le crédit à la consommation et procéder aux améliorations de l'État de droit et de la protection de la propriété intellectuelle auxquelles le pays se soustrait depuis longtemps.

• Tout aussi important, la réduction du rôle des entreprises publiques de l'industrie lourde dans l'économie affaiblirait l'un des principaux leviers de contrôle économique de l'État, ce pour quoi Pékin a montré peu d'empressement ces dernières années.

• La consommation privée stagne en Chine en raison d'un taux d'épargne des ménages très élevé, qui ne baissera pas à moins que le gouvernement ne renforce les filets de sécurité sociaux, notamment en matière de santé et de retraite. Ces augmentations viendraient cependant en concurrence des dépenses affectées à la modernisation des armées et à la sécurité intérieure.

Rééquilibrée, l'économie chinoise resterait indéniablement un acteur majeur de l'économie mondiale et se trouverait en meilleure posture pour une croissance à long terme. Mais elle deviendrait un partenaire commercial très différent tant pour la région que pour le reste du monde.

• La part des biens d'équipement (engins, machines-outils, etc.) et des matières premières comme le minerai de fer ou le cuivre (davantage utilisés dans les biens d'équipement que de consommation) dans les importations chinoises devrait baisser dans une économie moins orientée infrastructures et industrie lourde. Elle représentait 47 % des importations totales chinoises en 2015, soit 800 milliards de dollars environ, avec pour fournisseurs principaux l'Allemagne, le Japon et les grands exportateurs de matières premières.

• Un secteur de la consommation plus développé serait certainement synonyme d'importations plus importantes de biens de consommation et de produits agroalimentaires, catégories qui représentaient moins de 6 % des importations totales de la Chine en 2015, soit environ 90 milliards de dollars. Hormis la Chine, les principaux exportateurs dans ce domaine sont les États-Unis et l'Allemagne (biens de consommation), les États-Unis et les Pays-Bas (agroalimentaire), pays qui profiteraient sans doute le plus d'une forte croissance de la demande chinoise. Même si une économie chinoise tirée par la consommation suffirait en grande partie à ses propres besoins, la demande pour ces produits augmenterait dans le monde entier, profitant autant aux producteurs chinois que non chinois.

• L'effet du rééquilibrage sur les importations de biens intermédiaires (pièces détachées pour la production ou l'assemblage de biens destinés à l'export ou au marché intérieur) est moins net. Une part importante des biens de consommation désormais produits par la Chine conviendrait sans doute à un marché intérieur en forte croissance, même si la production à faible valeur ajoutée du pays sera sans doute de plus en plus concurrencée par d'autres pays, ailleurs en Asie, voire en Afrique.

Pékin dispose de ressources suffisantes pour adoucir la transition en s'appuyant sur les dépenses publiques directes et indirectes via les entreprises d'État pour soutenir la croissance en attendant que la stimulation de la consommation privée fasse effet. Le pouvoir a même les moyens de traîner encore les pieds pendant cinq ans. Mais plus elle se trouvera reportée, plus la transition (et les déséquilibres qui la rendent nécessaires) sera coûteuse et douloureuse. Les prochaines années, même avec une croissance déjà amoindrie, offriront sans nul doute à Pékin la meilleure fenêtre de tir.

• Au cours des vingt prochaines années, l'âge moyen en Chine passera de 37 à près de 46 ans et continuera d'augmenter rapidement tandis que la population active diminuera. Les âges de départ en retraite ont été fixés au début des années 1950, à une époque de faible espérance de vie. Le débat sur les réformes suit son cours, mais l'augmentation des dépenses de santé pour la population vieillissante constituera une charge supplémentaire.

CHINE

Projection démographique en 2035 :

1 408 316 000

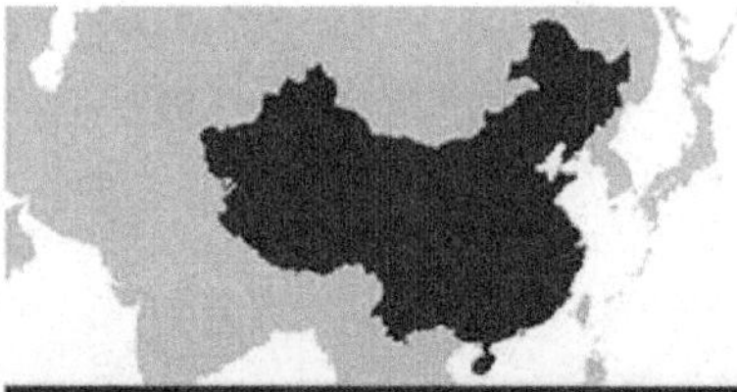

Pourcentage urbain

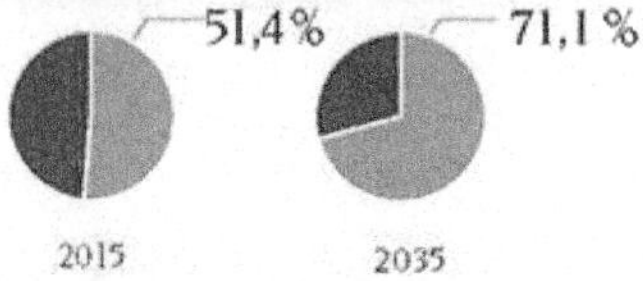

Religion, 2015[a]

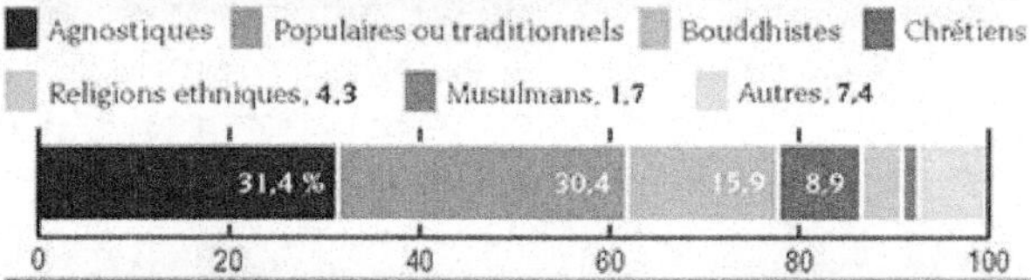

Alphabétisation des adultes, 2015

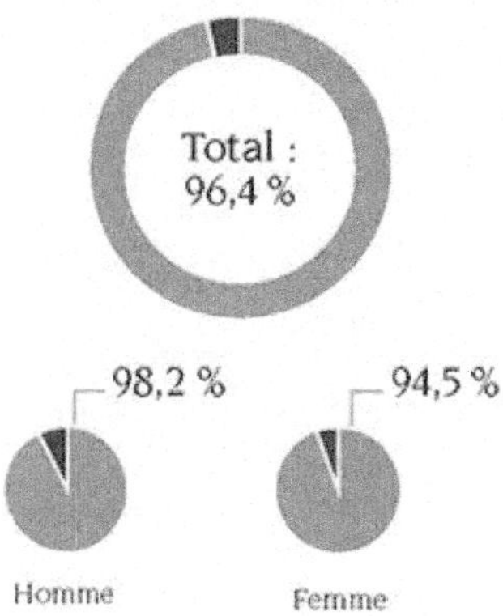

Éducation, 2015 et 2035

Années moyennes de scolarisation

	Homme 2015	Homme 2035	Femme 2015	Femme 2035
Années moyennes de scolarisation	9,2	9,6	8,9	9,6

Plus haut niveau d'étude

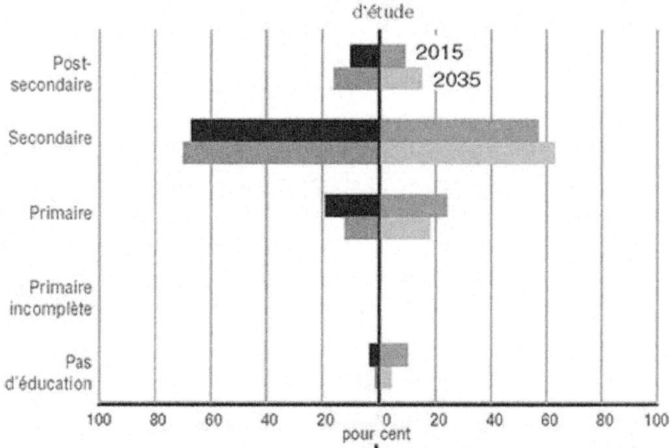

	2015	2035
Ratio sexe (hommes pour 100 femmes)	106,3	106,2
Âge moyen	37,0	45,7
Taux de fécondité[b]	1,6	1,7

Espérance de vie

	Homme 2015	Homme 2035	Femme 2015	Femme 2035
Espérance de vie	74,5	78,8	77,6	81,3

[a] Les estimations des affiliations religieuses sont basées sur les données de la World Religion Database et sont arrondies au dixième de pourcentage le plus proche.
[b] Le taux de fertilité est la projection du nombre moyen d'enfants par femme vivant jusqu'à la fin de ses années fertiles.

Note : les données démographiques sont présentées pour les pays estimés avoir la plus grande population de chaque région en 2035.

INDONÉSIE

Projection démographique en 2035 :

304 847 000

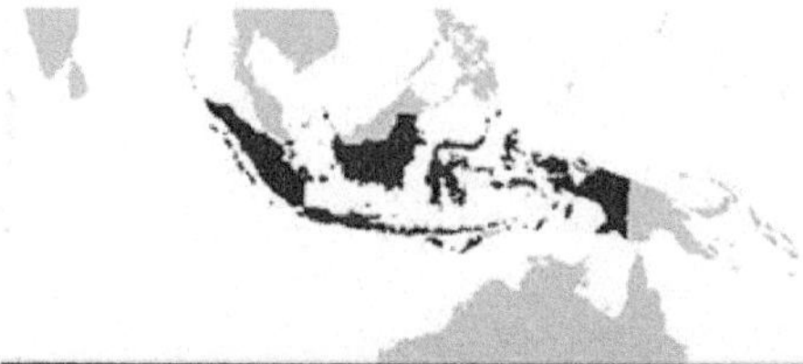

Pourcentage urbain

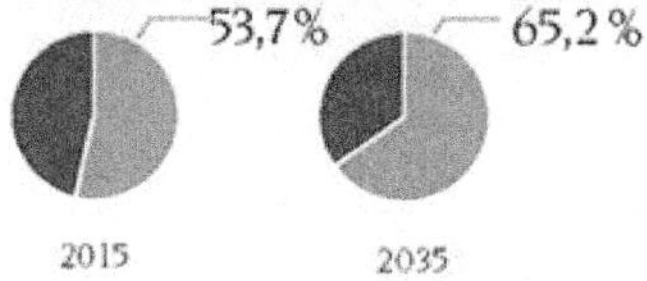

Religion, 2015[a]

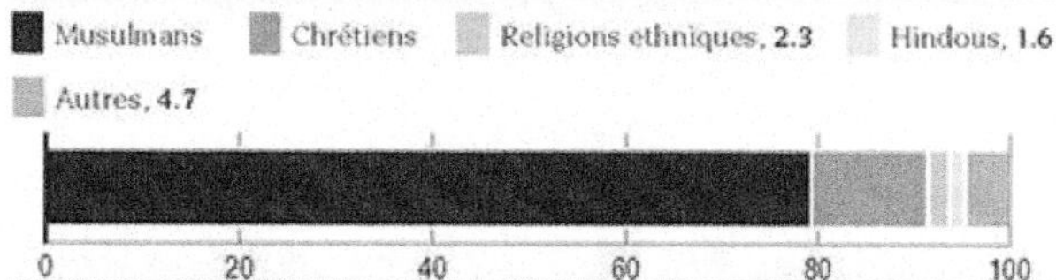

Alphabétisation des adultes, 2015

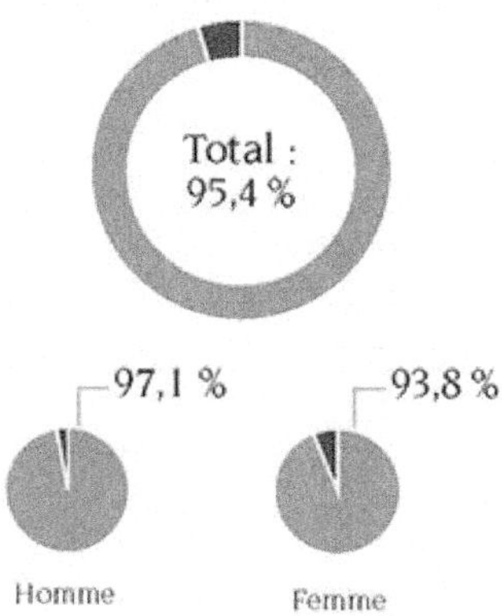

2015	2035

Ratio sexe (hommes pour 100 femmes)

2015	2035
101,4	99,8

Âge moyen

2015	2035
28,4	33,2

Taux de fécondité [b]

2015	2035
2,4	2,0

Éducation, 2015 et 2035

Années moyennes de scolarisation

	Homme 2015	Homme 2035	Femme 2015	Femme 2035
Années moyennes de scolarisation	10,3	11,6	10,4	11,7

Plus haut niveau d'étude

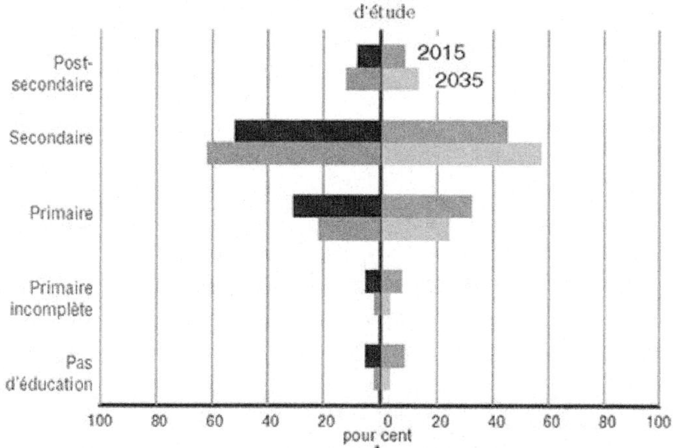

Espérance de vie

Homme 2015	Homme 2035	Femme 2015	Femme 2035
67,0	69,8	71,2	74,7

a Les estimations des affiliations religieuses sont basées sur les données de la World Religion Database et sont arrondies au dixième de pourcentage le plus proche.
b Le taux de fertilité est la projection du nombre moyen d'enfants par femme vivant jusqu'à la fin de ses années fertiles.

Note : les données démographiques sont présentées pour les pays estimés avoir la plus grande population de chaque région en 2035.

Asie du Sud

De profonds changements intérieurs et extérieurs détermineront la sécurité et la stabilité politique de la région au cours des cinq prochaines années. Le retrait planifié des troupes internationales d'Afghanistan, le rapprochement entre les États-Unis et l'Inde, les objectifs de développement de la Chine à l'Ouest dans le cadre de sa relance de la Route de la Soie, les percées de Daech et d'autres mouvements terroristes en Irak et au Levant auront chacun un impact sur la région. Celle-ci continuera d'affronter les difficultés engendrées par les troubles politiques (notamment au Pakistan qui lutte pour sa stabilité), l'extrémisme violent, les divisions religieuses, les carences de gouvernance, le terrorisme, les politiques identitaires, les préoccupations écologiques grandissantes, la faiblesse des systèmes de santé, l'inégalité des sexes et les pressions démographiques.

Ces facteurs retarderont certainement l'intégration économique et les réformes politiques dont la région a besoin pour capitaliser sur le développement réalisé au cours des décennies précédentes.

• Les États auront du mal à répondre **aux attentes des populations** renforcées par l'urgence des problèmes écologiques et urbains déjà aigus. La création de conditions qui permettraient davantage d'initiatives individuelles et locales et la lutte contre la corruption faciliteraient sans doute les progrès.

• Géopolitiquement, le principal espoir de la zone réside dans la capacité de l'Inde à mobiliser son **potentiel économique et humain** pour entraîner commerce et développement régional. Parallèlement, l'avenir incertain de l'Afghanistan, l'extrémisme et la violence au Pakistan, et le risque toujours présent d'une guerre entre l'Inde et le Pakistan sont sans doute les principaux obstacles à la libération du potentiel de la région.

Profil géopolitique de la région pour les cinq ans à venir : rivalité. En dépit de problèmes endémiques (extrémisme violent, tension entre les deux puissances nucléaires régionales, Pakistan et Inde), la physionomie générale de la zone est en train de changer avec l'ouverture économique de l'Iran après la levée des sanctions et le tournant occidental de la Chine. L'Inde devient également un facteur déterminant de la région alors que les forces géopolitiques commencent à lui redonner de l'importance en Asie ; de plus ce pays et les États-Unis n'auront jamais été aussi proches. New Delhi sera victime de son propre succès à mesure que la prospérité croissante du pays compliquera ses défis écologiques. Par exemple, fournir l'électricité aux 300 millions de citoyens qui n'y ont pas encore accès augmentera significativement l'empreinte carbone du pays et la pollution si l'énergie est produite par des centrales à gaz ou à charbon.

New Delhi renforcera ses coopérations dans le commerce régional et l'investissement dans les infrastructures avec le Bangladesh, la Birmanie, l'Iran, le Népal et le Sri Lanka. Ces coopérations favoriseront la stabilité et la prospérité de la zone, surtout si l'Inde s'adjoint le soutien des partis politiques de la région.

• **L'insécurité à la frontière afghano-pakistanaise** (porosité, troubles politiques, insurrections persistantes), la guerre en Afghanistan et la présence d'une trentaine de groupes extrémistes violents seront les principaux facteurs d'instabilité régionale. Le trafic de drogue représentera toujours une importante source de revenus pour les acteurs non étatiques, dont les groupes djihadistes présents en Afghanistan. La menace terroriste incarnée par des mouvements tels que le Lashkar-e-Toiba, le Tehrik-e-Taliban Pakistan, Al-Qaïda et ses affiliés, de même que l'expansion de Daesh et la sympathie exprimée pour des idéologies similaires resteront des facteurs importants d'insécurité dans la région.

• Une grande partie de l'Asie du Sud connaîtra une **augmentation massive de la population jeune** qui intensifiera la demande d'éducation et d'emplois. À elle seule l'Inde devra créer dix millions d'emplois par an dans les prochaines décennies pour accueillir les nouveaux arrivants sur le marché du travail. Le manque d'opportunités, faute d'éducation adéquate, conjugué aux discriminations sociales risque de favoriser la radicalisation d'une partie de cette jeunesse. En outre, la pratique largement répandue de la sélection prénatale du sexe contribue à la formation de cohortes de jeunes majoritairement masculines. Une menace potentielle pour la stabilité sociale sachant que de nombreux sociologues ont mis en évidence un lien entre violence et jeunes sans avenir.

• Dans l'incapacité de s'aligner sur le succès économique de l'Inde, **le Pakistan** empruntera d'autres voies pour maintenir un semblant d'équilibre. Il cherchera à maintenir un large éventail de partenaires étrangers auprès de qui obtenir aide économique et militaire, et à entretenir une dissuasion nucléaire crédible en développant son arsenal et ses vecteurs, y compris des armes nucléaires tactiques (dites de « champ de bataille ») et des capacités en mer. Le pays affrontera également de multiples menaces intérieures dans sa lutte contre le militantisme. Il verra les équipements utilisés dans ces opérations se dégrader, ses ressources financières diminuer et naître un débat sur les réformes nécessaires pour réduire l'espace des extrémismes. Si dans un proche avenir l'extrémisme violent ne menace pas l'existence du Pakistan, cela aura néanmoins des conséquences négatives pour la stabilité régionale.

Autres considérations : environnement, santé et urbanisation. Médiocrement administrés, les pays d'Asie du Sud sont mal préparés aux conséquences à court et moyen termes d'une urbanisation galopante. Une mégalopole se développe de New Delhi à Islamabad, avec pour seules ruptures les frontières politiques et quelques terrains imposés. Le sous-continent pourrait abriter trois des dix plus grandes villes du monde et dix des cinquante premières. Fournir les services adéquats à de telles populations serait déjà un immense défi pour n'importe quel pays et pourrait submerger les États aux ressources contingentées de la région. Mais les zones urbaines de cette ampleur créent aussi de nouvelles vulnérabilités sociales, politiques, écologiques et sanitaires. Elles ouvrent par exemple le champ à de nouveaux partis politiques et favorisent l'adhésion à des organisations religieuses à mesure que des groupes hétéroclites entrent en contact.

• **La pollution** augmente inévitablement avec le niveau de développement de l'Asie du Sud, créant les conditions atmosphériques nuisibles pour la santé et l'agriculture qui s'ajoutent au coût de la vie en ville. La région compte déjà 15 des 25 villes les plus polluées du monde et l'Inde 20 villes dont la qualité de l'air est pire que celle de Pékin. La gestion des déchets affectera également la qualité de vie ; de telles densités de population vivant dans la promiscuité et faiblement équipées en services peuvent aggraver les problèmes sanitaires et favoriser la propagation de maladies infectieuses.

• Si les mégalopoles contribuent souvent à la croissance économique, elles engendrent également de **fortes disparités entre riches et pauvres** qui favorisent l'élaboration de nouvelles identités, idéologies et mouvements. Les villes d'Asie du Sud abritent les plus grands bidonvilles du monde et une prise de conscience plus grande des inégalités qu'elles incarnent peut susciter des troubles sociaux. Les migrants des régions les plus pauvres arrivant sur des territoires plus riches en opportunités, la concurrence pour l'éducation, l'emploi, le logement et les ressources est susceptible d'alimenter les haines ethniques latentes comme cela a été le cas dans certaines parties de l'Inde.

• Les populations récemment urbanisées tendent également à être **plus religieuses** . Au Pakistan et au Bangladesh, les pressions de la vie urbaine pourraient renforcer les mouvements islamiques politiques. Le Jamaat-e-Islami, le groupe islamique le plus ancien et le plus profondément ancré dans les deux pays, est un mouvement essentiellement urbain. En Inde, l'*hindutva* , le nationalisme hindou, est également un phénomène largement urbain. Shiv Sena, le parti hindouiste le plus radical, dirige Mumbaï, la capitale commerciale du pays, depuis plus de quarante ans. L'Inde étant susceptible de devenir le plus grand pays musulman du monde devant l'Indonésie d'ici 2050, la défiance religieuse pourrait remettre en question sa stabilité. La crainte du terrorisme et la perte identitaire ressentie par les hindous chez eux ont contribué à l'essor de l'*hindutva* , accompagné parfois d'attentats et de manifestations violentes. Le Bharatiya Janata Party (BJP), plus grand parti indien, incite de plus en plus l'État à insérer cette idéologie dans les politiques publiques, ce qui aggrave les tensions au sein de la vaste minorité musulmane, ainsi qu'avec le Pakistan et le Bangladesh majoritairement musulmans.

Le changement climatique se manifestera dans la région par une hausse des températures dangereuse pour la santé et la sécurité alimentaire. L'augmentation des concentrations en gaz à effet de serre et les pollutions par aérosols modifieront les régimes pluviométriques. La moitié environ de la population mondiale vit dans des zones touchées par les moussons d'Asie du Sud. Le moindre écart à la normale dans l'intensité et la régularité des précipitations a des répercussions sur l'agriculture. Production agricole, disponibilité en eau, production hydroélectrique et stabilité du réseau de distribution seraient fortement réduites par le retard des moussons. Inversement, l'augmentation des précipitations, au Bangladesh par exemple, aggraverait les inondations, avec une incidence sur les migrations.

• **Le changement climatique** accélérerait également la fonte des glaciers du Pamir qui alimentent le réseau fluvial du nord de l'Inde et du Pakistan. Les marées de tempêtes tropicales ajoutées à une hausse même faible du niveau de la mer réduiraient encore la surface terrestre déjà raréfiée du Bangladesh, polluant les ressources en eau potable et chassant les habitants vers l'Inde et la Birmanie, aggravant ainsi les conflits ethniques de la zone.

• L'Inde et le Pakistan sont également exposés à un éventail **d'événements météorologiques extrêmes** tels que les inondations catastrophiques qui ont dévasté le Pakistan en 2010, des moussons inattendues qui ont diminué les stocks alimentaires et des vagues de chaleur qui en 2015 ont fait plus de mille victimes au Pakistan et plus de 2 500 en Inde. Un changement du régime des moussons qui amplifierait les épisodes de ces dernières années (des crues centennales à répétition) pourrait submerger les barrages du Pakistan qui peinent déjà à retenir les eaux de crues déversées des montagnes ravinées par la déforestation. La disparition progressive des Maldives et de plusieurs îles du Pacifique accentuera, quant à elle, la prise de conscience des risques à long terme de la hausse du niveau des océans.

• **L'altération des écosystèmes aquatiques** sous l'effet d'une modification des régimes pluviométriques engendrera des épidémies de maladies mortelles propagées par l'eau (malaria, choléra, polio, etc.). Marées de tempête et inondations exposeront des millions d'habitants aux eaux contaminées par les déchets et à quantité de pathologies. Cela, en termes de santé publique, rend indispensable le financement d'infrastructures d'eau plus modernes et résistantes.

INDE

Projection démographique en 2035 :

1 585 350 000

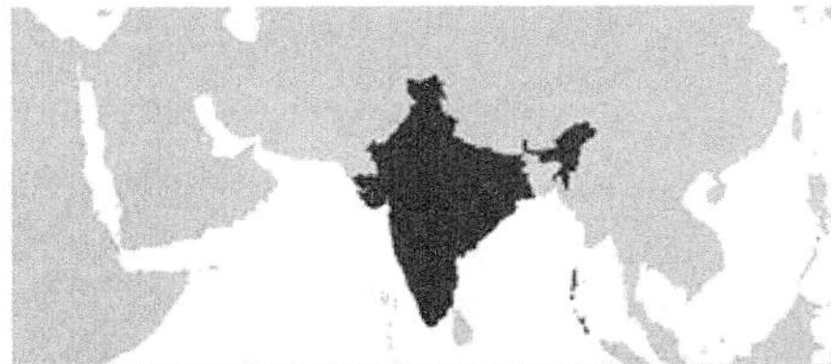

Pourcentage urbain

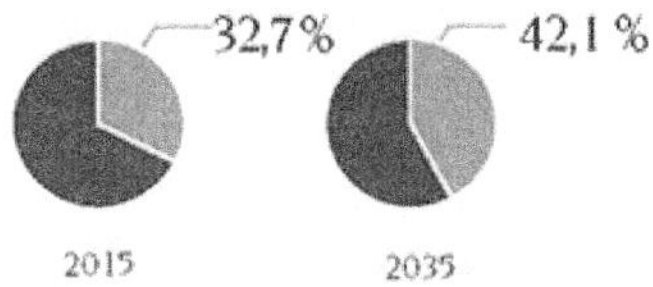

Religion, 2015[a]

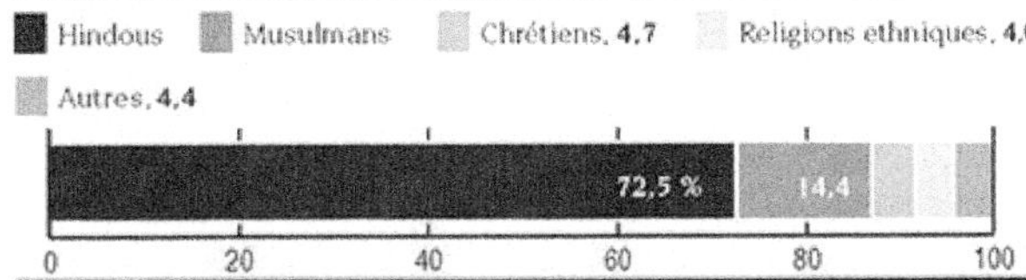

Alphabétisation des adultes, 2015

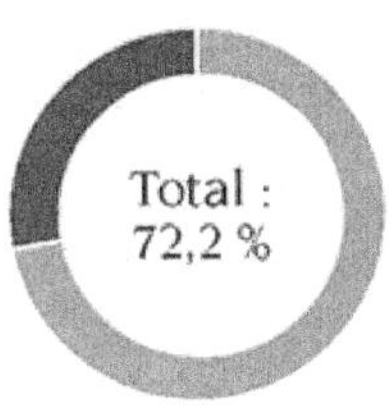

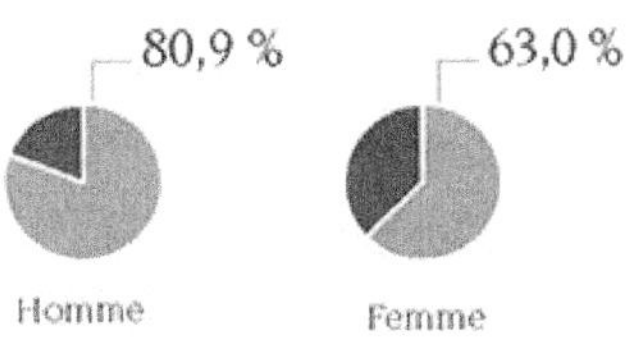

Éducation, 2015 et 2035

Homme | Femme

Années moyennes de scolarisation

Homme 2015	Homme 2035	Femme 2015	Femme 2035
8,7	9,9	7,4	9,5

Plus haut niveau d'étude

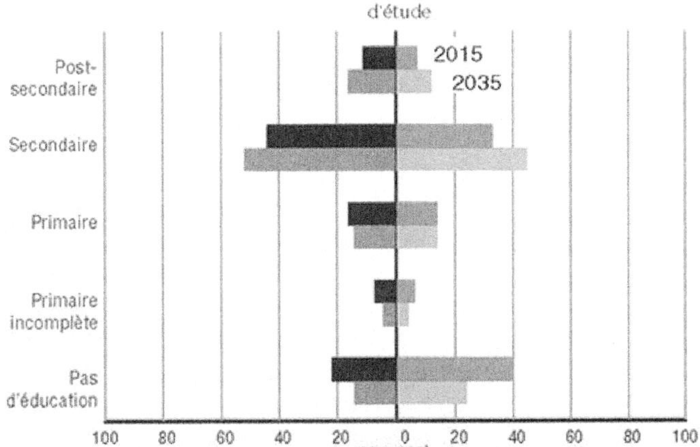

2015	2035

Ratio sexe (hommes pour 100 femmes)

2015	2035
107,6	106,6

Âge moyen

2015	2035
26,6	32,8

Taux de fécondité [b]

2015	2035
2,4	2,0

Espérance de vie

Homme 2015	Homme 2035	Femme 2015	Femme 2035
66,9	71,7	69,8	75,3

a Les estimations des affiliations religieuses sont basées sur les données de la World Religion Database et sont arrondies au dixième de pourcentage le plus proche.
b Le taux de fertilité est la projection du nombre moyen d'enfants par femme vivant jusqu'à la fin de ses années fertiles.

Note : les données démographiques sont présentées pour les pays estimés avoir la plus grande population de chaque région en 2035.

Moyen-Orient et Afrique du Nord

Au cours des cinq prochaines années, la région sera marquée par des crises politiques, les revendications des populations augmentant face à des élites inamovibles et déconnectées de leurs populations. Guerres civiles et par procuration se poursuivront dans plusieurs États défaillants. Les conflits au sein des groupes religieux et politiques sont probables dès lors que la faiblesse des cours énergétiques mine les institutions. Ces conflits attiseraient les rivalités de puissance entre l'Iran, l'Arabie Saoudite, la Turquie, Israël et peut-être l'Égypte, et entraîneraient la Chine, la Russie ainsi que les États-Unis. Les difficultés socio-économiques empireront. Les tensions héritées des régimes autoritaires et répressifs pourraient raviver les revendications d'une meilleure représentation chez certains groupes ethniques, les Kurdes notamment.

• La stimulation de la croissance et la création de conditions politiques et d'opportunités économiques emportant l'**adhésion de la jeunesse en âge de travailler** sont les principaux défis à relever dans cette zone. Pour autant, si cela ne se fait pas en cohérence avec les croyances traditionnelles et ne valorise pas le potentiel des jeunes, le défaut de respect et de justice continuera de nourrir désespoir et maltraitance. À l'extrême, l'atteinte à la dignité débouchera sur une radicalisation religieuse, d'autant qu'elle va souvent de pair avec la sécularisation éprouvée dans le monde arabe à travers la mondialisation, les politiques publiques occidentales et les réseaux sociaux que les croyants traditionalistes estiment offensants.

Les troubles de ces dernières années ont interrompu une période de réduction significative de la pauvreté et d'affranchissement des individus. Depuis 1987, la misère a progressivement reculé partout dans la région et notamment en Algérie, Jordanie, Maroc et Égypte où la part de la population vivant sous le seuil de pauvreté est passée de

12 à 2 % entre 1981 et 2005. Depuis, les troubles ont sans conteste ralenti sinon renversé ce processus. L'Iran a également réduit la pauvreté, élargi ses classes moyennes et augmenté les taux d'alphabétisation depuis 1979. Sans assistance, des pays moins explosifs mais qui, comme le Liban et la Jordanie notamment, abritent un grand nombre de réfugiés, verront aussi cette tendance à l'amélioration se retourner, l'afflux de réfugiés submergeant les systèmes de santé et grevant des ressources budgétaires déjà limitées. Par ailleurs, la faiblesse des cours du pétrole comprime les budgets des pays du Golfe, limitant leur capacité de sauver les pays stratégiques tels l'Égypte et l'aide qu'ils sont susceptibles d'apporter à d'autres.

• Les révolutions et contre-révolutions en Égypte, les guerres civiles en Irak, Libye, Syrie et au Yémen, le conflit israélo-palestinien n'ont pas permis une dynamique de croissance endogène dans la région, ces troubles ayant annihilé toute tentative sérieuse de relance économique et politique.

• La gestion traditionnelle de la grogne sociale par des subventions et autres versements en cash, financés par la rente pétrolière et l'aide internationale, fonctionne moins bien. Les cours du pétrole sont largement inférieurs à leurs niveaux d'avant 2014 et sans réelle perspective de remontée. Après une décennie de capitaux excédentaires (dont une partie a bénéficié aux États non pétroliers sous forme d'aide), d'investissements élevés et de transferts de fonds, la région connaîtra un net déficit de capitaux. Les riches pétromonarchies du Conseil de coopération du Golfe (GCC) puiseront dans leurs réserves pour soutenir la demande intérieure mais auront moins à partager. Les producteurs moyens comme l'Algérie et l'Irak peinant à acheter la paix sociale, le risque de répression des dissidences se renforcera. L'Égypte, la Jordanie, le Liban privés des largesses du Golfe verront leurs conditions économiques empirer et le risque d'instabilité s'accroître. Pays ni arabes, ni pétroliers, Israël et la Turquie pourraient échapper à ces tensions, mais leur économie et leurs liens avec la région sont insuffisants pour tirer la croissance.

L'incapacité des États à répondre à la demande de sécurité, d'éducation et d'emplois de leurs populations offrira un terrain favorable à la **radicalisation violente** . Le soutien aux groupes religieux totalitaires risque de gagner en popularité, amoindrissant la tolérance séculaire envers les minorités et préparant le terrain à une tentative violente d'homogénéiser la région. Mais les agissements des extrémistes sont également susceptibles de discréditer l'islam radical et d'inciter davantage de citoyens à soutenir les institutions publiques.

• La pression exercée sur les institutions de la région par les conflits prolongés, les guerres civiles et les changements de régime en Syrie, Libye, Irak, Yémen, et la baisse des revenus du pétrole a engendré un **dépérissement de la gouvernance globale et des services publics** . Entre 2004 et 2014, les États ont vu leurs notes baisser dans les domaines clés des Indicateurs de gouvernance de la Banque mondiale : participation et responsabilisation, instabilité politique et violence, primauté du droit, efficacité des pouvoirs publics, lutte contre la corruption.

• Compte tenu des **carences des institutions centrales** , individus et tribus, organisés et mobilisés à un niveau infranational, prendront une place plus importante dans le débat public. La création de conseils locaux et municipaux en Syrie et en Libye, pays ravagés par la guerre, indique peut-être une tendance.

Profil géopolitique de la région pour les cinq ans à venir : contagion et rivalité. Violences à grande échelle, guerres civiles, vides institutionnels et crises humanitaires risquant de se prolonger plusieurs années, la perspective d'une progression vers un accord-cadre de sécurité sera, au mieux, limitée. Cette partie du monde sera transformée par des acteurs étatiques et non étatiques en quête d'avantages politiques et stratégiques au service de leur religion, mais qui s'efforcent aussi de modifier le comportement et l'opinion des croyants à plus grande échelle.

- **L'intensité de la violence** au Levant et dans la péninsule arabique risque de fragmenter davantage la région (en créant des conditions politiques et économiques différentes dans le Golfe, au Levant et au Maghreb) et de gagner l'Afrique subsaharienne, l'Europe, l'Asie centrale du Sud et de l'Est via les mouvements islamiques radicaux transfrontaliers.

- La région est particulièrement **exposée au stress hydrique** et aux tensions locales, nationales et transnationales résultant des problèmes d'accès à l'eau potable. Les pays les plus riches disposant d'usines de désalinisation pourraient également voir leur existence menacée si ces usines se trouvaient détruites.

Les maux de la région ayant peu de chance d'être jugulés, les crises humanitaires et les persécutions des civils iront en augmentant, minant toujours davantage le droit international en matière de droits de l'homme et de conflits internationaux. La publicité bruyante donnée à ces principes par l'Occident, sans qu'il les concrétise suffisamment, l'affaiblit davantage aux yeux des opinions publiques arabes. Les États-Unis n'étant plus perçus comme un partenaire fiable (priorité donnée à l'Asie, refus de soutenir Hosni Moubarak et d'autres dirigeants arabes en 2011), le terrain s'est ouvert à une concurrence géopolitique de la Russie, voire de la Chine, tandis que les États arabes manifestent leur prudence à l'égard des engagements de Washington. Les conflits persistant, les réfugiés continueront d'affluer, même si certains devront trouver d'autres destinations qu'une Europe de moins en moins hospitalière.

L'Iran, l'Arabie Saoudite, la Turquie éventuellement, conserveront puissance et influence relativement à leurs voisins gagnés par l'instabilité. Mais ces pays s'opposeront sur de nombreux sujets, tandis que les difficultés intérieures entraveront les ambitions régionales de certains. La montée en puissance de l'Iran, son dispositif nucléaire et son agressivité continueront d'inquiéter Israël, l'Arabie Saoudite et les monarchies du Golfe. Ces inquiétudes sont avivées par la rivalité religieuse et conflictuelle entre l'Iran et l'Arabie

Saoudite, propagée à travers toute la région par une rhétorique déshumanisante et des accusations mutuelles d'hérésie.

• Les risques d'instabilité en **Égypte, Algérie et Arabie Saoudite** se renforceront certainement à long terme, surtout si les cours du pétrole restent bas. Riyad a lancé un train de réformes, modestes sur le plan social et politique, plus ambitieuses en économie. Ces efforts pourraient être payés d'emplois pour les jeunes, mais risquent de survenir trop tard pour satisfaire les attentes de la population. Leur objectif sera en outre très difficile à atteindre, s'agissant de faire de l'Arabie Saoudite une alternative low-cost aux émergents asiatiques et aux exportateurs africains et un concurrent aux pays développés dans les services. Enfin, l'incertitude pèse sur leur pérennité faute de visibilité sur la succession du roi Salmane.

• La demande pour **les ressources énergétiques** , dans les pays asiatiques notamment, assurera à la région l'attention de la communauté internationale et son engagement, mais les puissances étrangères n'auront ni la volonté, ni les moyens de « régler » ses nombreux problèmes. Certaines seront entraînées dans ses conflits au risque de les prolonger.

• **Israël, l'Arabie Saoudite** et certaines **monarchies du Golfe** s'inquiètent que l'Iran consacre une partie des fonds prévus par le compromis de Vienne sur le contrôle de son programme nucléaire (JCPOA) au financement d'activités déstabilisantes pour la région. À plus long terme, ils continueront de craindre le comportement de Téhéran à mesure que les restrictions bridant ses activités nucléaires seront levées. Les relations entre la Perse et ses voisins se durciront si l'Iran utilise ses ressources financières et militaires excédentaires pour affirmer agressivement ses intérêts dans la région, ou si ses voisins craignent la reprise de ses activités nucléaires militaires.

• La reprise du **jeu des grandes puissances** avec le retour de la Russie dans la région, un objectif poursuivi par Vladimir Poutine depuis son accession au pouvoir en 2000, influencera aussi fortement les dynamiques locales. Le soutien des armées et du renseignement russes à Damas pourrait indiquer une ouverture prochaine à d'autres alliés de l'ancienne l'URSS comme l'Irak et l'Égypte.

Autres considérations . La pression économique et démographique qui s'est manifestée au cours des « Printemps arabes » ne diminuera probablement pas, et pourrait même s'aggraver si la prolongation des troubles entraîne un important exode des cerveaux. Le chômage des jeunes (problème appelé à durer compte tenu de la pyramide des âges) et une économie peu diversifiée entraveront davantage la croissance, l'amélioration des conditions de vie et l'intégration de la plupart des pays à l'économie mondiale. Les risques de crises écologiques (sécheresse, températures extrêmes et pollution) demeureront élevés. Les ressources en eau potable et terres arables déjà très contingentées se raréfieront davantage sous l'effet de l'urbanisation, de la croissance démographique et du changement climatique. Une meilleure gestion et la levée des sanctions ont relancé la croissance en Iran, mais il n'est pas certain que l'amélioration économique entraîne des réformes politiques.

• L'avènement d'une **génération perdue d'enfants marqués par la guerre** , privés d'éducation et de soins, fournira sans doute de nouveaux candidats à la radicalisation. L'instabilité endémique détériorera la condition des femmes : en témoigne déjà ces dernières années la hausse des agressions et persécutions. Une croissance faible et l'absence de perspective d'emplois alimenteront l'extrémisme identitaire. La jeunesse arabe interrogée en 2016 par l'agence Burson-Marsteller pour sa huitième enquête annuelle a massivement rejeté l'avènement d'un « État islamique » autoproclamé (Daech), tout en soulignant que le manque d'activité était le principal agent de recrutement de ce groupe.

• Au regard de cette dynamique, un **intérêt renouvelé pour le sort de la Cisjordanie et la bande de Gaza** galvaniserait les populations arabes. La guerre civile en Syrie et l'essor de Daech à la une des médias ont réactivé les mouvements de réfugiés palestiniens et l'inquiétude face à l'insuffisance de l'aide financière à la Palestine. Selon des études locales, les habitants de Gaza auraient encore besoin de 3,9 milliards de dollars d'aide à la reconstruction suite à la guerre entre le Hamas et Israël en 2014. Leur sort touche l'ensemble des populations arabes. Selon un sondage conduit en 2011 par le Centre arabe de recherches et d'études politiques, plus de 80 % des 16 000 interrogés ont affirmé que la question palestinienne était une cause arabe et pas seulement palestinienne.

Les risques de **crises environnementales** , comme les sécheresses, les températures extrêmes et la pollution, resteront élevés. Les ressources terrestres et hydriques sont déjà à un niveau critique et s'aggraveront probablement avec l'urbanisation et les effets du changement climatique.

• Au **Yémen** , 80 % de la population n'a plus accès à l'eau potable à cause des **zones de conflit, du prix de l'eau et des infrastructures endommagées** . L'eau stockée dans de mauvaises conditions est susceptible d'être contaminée et de favoriser le développement des moustiques, de la malaria, de la dengue et du choléra.

• En **Jordanie** , l'afflux de réfugiés **syriens** a contraint les pouvoirs publics à pomper davantage des nappes phréatiques déjà sérieusement entamées. **L'Égypte** rencontrera des difficultés d'approvisionnement liées aux aménagements réalisés en amont du Nil, notamment lorsque l'Éthiopie commencera à remplir le réservoir du barrage de la Grande Renaissance.

• L'indice de pollution des villes de la région, en **Iran et Arabie Saoudite** notamment, est l'un des plus dramatiques de la planète.

Les problèmes de **santé publique** s'aggraveront. En Égypte, le virus hautement pathogène de la grippe aviaire est désormais endémique et présente des risques pour les êtres humains. Depuis 2012, l'Arabie Saoudite est aux prises avec le coronavirus du syndrome respiratoire du Moyen-Orient (MERS-CoV) qu'une mutation éventuelle rendrait encore plus contagieux. Une nouvelle apparition plus étendue et mal traitée engendrerait de l'instabilité.

En dépit de toutes ces tensions, un scénario positif, bien qu'à faible probabilité, pourrait prendre tournure si, les marchés pétroliers se resserrant, les prix remontaient. L'Iran et l'Arabie Saoudite, moins tentés par une concurrence à somme nulle pour accroître leurs parts de marché, baisseraient d'un ton leur rhétorique religieuse. De meilleures relations bilatérales désamorceraient peut-être leurs guerres par procuration et faciliteraient une stabilisation de la région. Ce qui créerait les conditions d'une alternative populaire, intéressante et constructive aux régimes autoritaires ou à Daech et à l'extrémisme islamique. Un authentique débat public et un développement économique en accord avec les normes culturelles et religieuses seraient susceptibles de canaliser les frustrations à l'origine des soulèvements arabes de 2011.

ÉGYPTE

Projection démographique en 2035 :

125 589 000

Pourcentage urbain

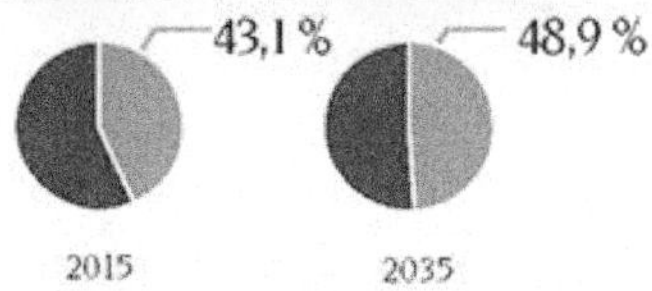

Religion, 2015[a]

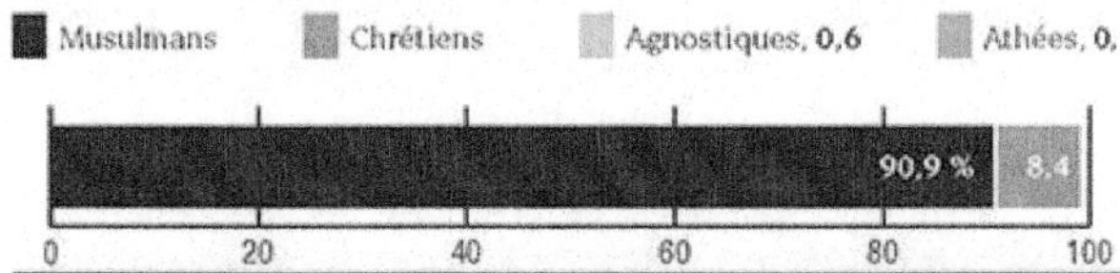

Alphabétisation des adultes, 2015

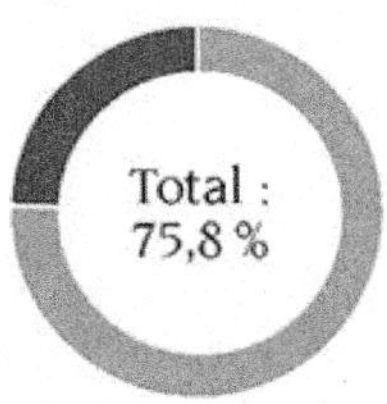

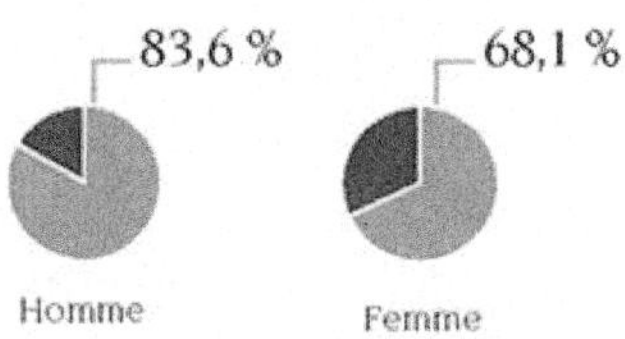

Éducation, 2015 et 2035

Années moyennes de scolarisation

Homme 2015	Homme 2035	Femme 2015	Femme 2035
11,1	12,7	11,0	12,7

Plus haut niveau d'étude

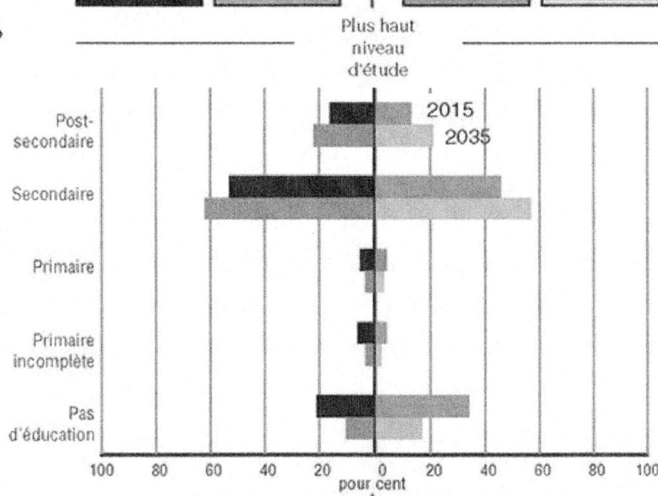

	2015	2035
Ratio sexe (hommes pour 100 femmes)	102,1	101,8
Âge moyen	24,7	27,2
Taux de fécondité [b]	3,3	2,6

Espérance de vie

Homme 2015	Homme 2035	Femme 2015	Femme 2035
69,2	72,5	73,6	77,1

a Les estimations des affiliations religieuses sont basées sur les données de la World Religion Database et sont arrondies au dixième de pourcentage le plus proche.
b Le taux de fertilité est la projection du nombre moyen d'enfants par femme vivant jusqu'à la fin de ses années fertiles.

Note : les données démographiques sont présentées pour les pays estimés avoir la plus grande population de chaque région en 2035.

Afrique subsaharienne

Au cours des cinq années à venir, l'Afrique subsaharienne deviendra plus peuplée, plus jeune, urbaine, formée et connectée. Les prévisions de croissance démographique y sont les plus élevées au monde. En l'absence de perspective de changement rapide des inégalités de genre qui stimulent la natalité, la surpopulation à elle seule grèvera les ressources en eau et nourriture, les systèmes de santé, l'éducation et les infrastructures urbaines. Là où la croissance économique est insuffisante pour contenir les habitants, ces conditions accentueront les flux migratoires. Une population jeune, urbaine et connectée pourrait dès lors devenir le moteur du dynamisme économique et politique, en dépit du déclin des tendances géopolitiques et économiques qui ont alimenté les bonnes performances de la décennie passée. Parallèlement, une population jeune, urbaine et formée en augmentation renforcera les tendances actuelles à la religiosité et la contestation nourries par le mécontentement à l'égard de la corruption, la hausse de l'inflation, un taux de chômage élevé et une mauvaise administration. Dans ces conditions, des problèmes de sécurité complexes surgiront, les tensions ethniques s'aggraveront et l'extrémisme religieux (islam radical et fondamentalisme chrétien notamment) se propagera davantage.

La région devrait souffrir d'une croissance et de création d'emplois insuffisantes, ce qui compliquera la gouvernance et dépassera les capacités de la plupart des États, très rarement dotés des politiques, des infrastructures ou de la main-d'œuvre qualifiée pour bénéficier du « dividende démographique » de la croissance obtenu par l'augmentation de la population active. La demande de matières premières de la Chine (aubaine des exportateurs africains ces dernières années) baissera avec le ralentissement de sa croissance. L'aide internationale pourrait diminuer si la faiblesse des économies développées persiste et que l'augmentation des crises humanitaires ailleurs monopolise les donateurs.

• **Mobilisation, urbanisation et religiosité.** Compte tenu du développement de la démocratie (le continent compte désormais plus de gouvernements démocratiquement élus que durant la période des indépendances au début des années 1960), les Africains auront davantage recours aux manifestations et au militantisme politique pour définir les politiques publiques et mener le changement social. Certains experts soulignent cependant l'arrêt voire le recul du processus démocratique ; la majorité de ces jeunes démocraties sont des États faibles, corrompus et profondément divisés (le Soudan du Sud étant un nouvel exemple). L'approfondissement de la démocratie à moyen et long terme dépendra de la capacité des associations de la société civile, toujours plus nombreuses, à contester les résultats des élections, les politiques impopulaires, le zèle des services de sécurité, les atteintes aux droits de l'homme et les amendements constitutionnels indésirables. La croissance de la population urbaine est à cet égard déterminante pour la démocratisation car la grande majorité des membres de ces associations vivront en ville.

• L'urbanisation rapide pèsera également sur les infrastructures, ce qui, conjugué à une corruption de plus en plus manifeste, alimentera le mécontentement populaire contre l'incapacité des pouvoirs publics à fournir des services efficaces. Les citadins les plus récents tendant à être plus pratiquants que leurs prédécesseurs, l'urbanisation renforcera la religiosité, avec le risque de déclencher des conflits à tonalité religieuse. L'urbanisation, enfin, est susceptible d'accroître la participation aux institutions, pouvant amplifier les tensions entre partis politiques, comme devenir un moteur de construction nationale facilitant l'assemblage de la mosaïque ethnique et religieuse de l'Afrique. Ces trajectoires opposées soulignent l'importance du soutien à apporter aux efforts intérieurs de bonne gouvernance par le truchement d'institutions régionales ou infrarégionales telles que l'Union africaine, la Communauté économique des États de l'Afrique de l'Ouest (CEDAO), la Communauté d'Afrique de l'Est et la Communauté de développement d'Afrique australe.

Des problèmes de sécurité complexes. Bien que des efforts significatifs aient été réalisés pour combattre les menées destructrices d'Al-Shabaab, Boko Haram, Daech, Ansar al-Charia et Al-Qaïda au Maghreb islamique (AQMI), les États africains resteront confrontés aux menaces asymétriques posées par des groupes extrémistes et rebelles. De nombreuses armées nationales ou régionales manqueront très certainement des ressources financières, du personnel et de la formation pour relever de tels défis, d'autant que, grâce à la porosité des frontières, terroristes et rebelles peuvent aisément s'équiper en armes et matériels auprès de réseaux internationaux. Les pays africains continueront de fournir des troupes aux opérations internationales ou régionales de maintien de la paix. Mais certaines de ces opérations bien intentionnées sont utilisées comme mécanismes ad hoc pour répondre à des problèmes de sécurité complexes. Une tâche insurmontable sous des mandats qui brouillent les frontières entre opération de maintien de la paix, stabilisation, contre-guérilla, contre-terrorisme, prévention des atrocités et construction nationale. Certains pays contributeurs de troupes continueront probablement d'utiliser les missions multilatérales de maintien de la paix pour financer et entraîner leurs armées. Mais la reconnaissance récente que des troupes de maintien de la paix commettent parfois des atrocités pourrait fragiliser certains engagements multilatéraux.

• **Radicalisation.** La majeure partie de la région ne cédera pas aux idéologies violentes et radicales, mais ceux qui rejoignent ces mouvements sont de plus en plus capables de semer les troubles et de diffuser largement leurs instructions, grâce notamment aux médias sociaux. Les groupes radicaux promettant rémunération en cash et opposition concrète au pouvoir sauront séduire certains individus privés de représentation. En République centrafricaine, par exemple, les milices chrétiennes ont expulsé des dizaines de milliers de musulmans de chez eux à la faveur des luttes pour le pouvoir entre opposants. La qualité de la réponse des États à ces défis sera déterminante. Comme on l'a vu en Afrique de l'Est et de l'Ouest, les réponses militaires et extrajudiciaires ne feront que compliquer et aggraver les problèmes. Mesures de désescalade, amélioration des services de renseignement, transparence judiciaire, décentralisation, police de proximité et développement, création d'emplois et de services civiques pour la jeunesse asséchant les viviers de recrutement des groupes extrémistes devraient fournir de meilleurs résultats.

• **Ralentissement de la demande** . Plusieurs économies africaines demeureront exposées aux fluctuations des prix des matières premières et de la demande chinoise et européenne. La plupart des exportateurs africains ne sont pas assez diversifiés pour supporter un effondrement des prix de matières premières. Pour autant, certains pays non producteurs bénéficient de cette baisse. Après quinze ans de croissance sans précédent, l'économie africaine n'a crû que de 3,8 % en 2015, un ralentissement dû en grande partie à la faiblesse, entre autres, de la demande chinoise pour le cuivre, le pétrole et le gaz. Le Nigeria et l'Angola, les deux plus grands exportateurs de pétrole de la zone, représentant un cinquième de sa population, ont été sévèrement touchés. Il leur faudrait des années pour développer d'autres sources de revenus. Cet effort exigerait une réduction de leurs dépenses, qui pourrait affecter l'éducation et autres programmes indispensables à la bonne insertion de leur jeunesse dans l'économie mondiale.

• **Risques écologiques et sanitaires** . Les savanes, forêts, prairies, déserts d'Afrique, ses ressources en eau potable, ses millions d'habitants et ses innombrables écosystèmes sont directement menacés par le changement climatique naturel ou provoqué par l'homme. Dépassant pour la plupart les frontières et les capacités des États, ces problèmes requièrent un traitement multinational coordonné. Mais les pays déstabilisés ne considéreront sans doute pas l'environnement et les risques sanitaires comme leurs priorités principales.

• **Pression des populations et des cheptels, disparition des terres arables** conjugués au cycle récurrent de sécheresses et d'inondations accéléreront l'érosion des sols et du couvert végétal. L'Afrique subsaharienne est la région du monde la plus menacée par la désertification. La déforestation, en progression deux fois plus vite que dans le reste du monde, a un impact négatif sur les milieux naturels, la qualité des sols et de l'eau, en Afrique centrale en particulier. Entre 75 et 250 millions de personnes seront confrontées au manque d'eau, ce qui entraînera des migrations. Les incendies non maîtrisés, la cuisine au bois et au charbon, l'industrialisation et l'usage généralisé de l'essence au plomb polluent gravement l'atmosphère, tandis que le traitement des déchets laisse à désirer partout.

• En dépit des grands progrès de sensibilisation des opinions publiques aux **menaces humaines sur la faune et la flore** (éléphants et rhinocéros notamment), les énormes profits tirés du trafic illégal des espèces rapprochent celles-ci de l'extinction. La pêche commerciale et illégale épuise rapidement les riches zones poissonneuses des côtes d'Afrique de l'Ouest. L'élevage intensif de cochons et de volailles favorise l'apparition de zones dangereuses pour les économies et les populations d'Afrique et parfois du reste du monde.

Ces tendances auront un impact politique très différent dans les 49 pays de la région. Certains iront vers davantage de décentralisation tandis que d'autres connaîtront autoritarisme et centralisation à la rwandaise. Plus intéressés par leur survie politique que par les réformes économiques et politiques à mener, la plupart des dirigeants se contenteront de gérer les affaires courantes. Entre les dirigeants qui choisiront le statu quo au risque de l'instabilité et ceux qui passeront le témoin à la génération suivante, sans doute mieux équipée pour gérer les mutations engendrées par la technologie et le développement, la transition politique générationnelle que plusieurs pays connaîtront dans les cinq prochaines années sera un indicateur éloquent de la sécurité et stabilité futures. Ces transitions pourraient également jouer sur les divisions ethniques et augmenter le risque de conflits.

• **L'investissement dans le capital humain (femmes et jeunes en particulier)** et les institutions favorisant le développement humain et l'innovation sera décisif pour l'avenir de la région. L'élargissement des classes moyennes, l'augmentation spectaculaire de l'espérance de vie au cours des vingt dernières années, le dynamisme de la société civile, la diffusion des institutions et de l'esprit démocratique et la baisse de la prévalence du sida témoignent du potentiel positif de l'Afrique.

Profil géopolitique de la région pour les cinq ans à venir : concurrence des modèles de gouvernance . L'Afrique subsaharienne demeurera un terrain d'expérimentations et d'influence pour les États, entreprises, ONG et individus soucieux d'améliorer les conditions du développement du continent et d'accéder à ses marchés. La plupart des gouvernements resteront focalisés sur leurs problèmes intérieurs, s'efforçant de consolider les acquis des quinze dernières années et de résister aux vents géopolitiques et économiques contraires qui les menacent. Les flux migratoires continueront d'être alimentés, faute de perspective d'emplois suffisante dans un contexte de ralentissement de la croissance mondiale, de pression écologique sur les zones rurales et d'augmentation rapide des populations urbaines. L'activité antiterroriste et sécuritaire se renforcera avec l'expansion de l'islam militant et de l'extrémisme chrétien à certaines villes et enclaves régionales.

La région pourrait devenir le théâtre de rivalités géopolitiques et de concurrence autour des ressources selon les choix de gouvernance que feront les dirigeants. L'essor de la religiosité dans plusieurs zones pourrait susciter une opposition aux normes et institutions libérales, exprimant les doutes soulevés par le libéralisme international et le ressentiment à l'égard d'un Occident qui imposerait sa morale à l'Afrique.

• La **faiblesse des institutions officielles** dans plusieurs États laisse à penser que l'oscillation entre politiques démocratiques et autoritaires se perpétuera, surtout si l'aide internationale décroît au risque d'une instabilité politique à grande échelle. Un retrait américain et européen du continent serait très inquiétant compte tenu de l'expansion relative de l'influence chinoise. Le rôle de Pékin dans la région demeure cependant incertain. L'intérêt de la Chine pour les ressources africaines et sa santé économique en ont fait un pourvoyeur important de financement des infrastructures. Les investissements conséquents des entreprises chinoises ont contribué au prestige du pays sur le continent. Mais le récent ralentissement de la demande de matières premières et la mauvaise réputation des employeurs chinois pourraient l'affaiblir. La Russie n'a pas été un acteur important depuis la chute de l'Union soviétique et n'aura sans doute ni le désir, ni les capacités de le devenir. L'Europe sera sans doute contrainte budgétairement mais pourrait trouver dans une augmentation de l'aide une manière économique de réduire les flux migratoires.

- **L'agenda international des droits de l'homme** perdra sans doute en intensité, les calculs réalistes refroidissant les élans normatifs de l'Europe et de l'Amérique du Nord. Les dirigeants africains estimeront toujours la Cour pénale internationale biaisée à leur encontre et pourraient exprimer davantage leur rejet de l'institution.

- La production d'électricité et les technologies post-industrielles (telle l'impression 3D, qui pourrait rendre inutiles certaines grandes usines), promettant d'importantes retombées, attireront l'intérêt prononcé des investisseurs public et privé. Les investissements dans les infrastructures de base seront décisifs pour la croissance. Bien gérés, ils offriront des rendements élevés compte tenu du potentiel de croissance élevé de l'Afrique relativement aux autres régions. Cette perspective rend le continent attractif pour les investisseurs étrangers avec le potentiel d'accroître sa bonne fortune économique et politique.

Autres considérations . L'Afrique connaîtra la croissance démographique la plus élevée du monde au cours des cinq ans à venir. Les taux de fécondité ont diminué moins vite que prévu, passant de 5,54 enfants par femme en 1995 à 4,56 en 2015. Diminution globale qui refléterait le succès relatif des Objectifs du millénaire pour le développement de l'ONU en matière d'éducation et de santé des femmes. La zone centrale du continent demeurera l'une des plus jeunes du monde et la plus exposée au risque de violences et d'instabilité si activités et gouvernance se révèlent insuffisantes.

• **Les conditions pour le développement** , qui s'étaient fortement améliorées au cours des quinze dernières années, stagneront voire se détérioreront si le continent ne parvient pas à juguler la corruption et à développer des capacités locales de politique publique et économique. Les problèmes les plus pressants restent ceux engendrés par la pauvreté endémique. À 60 ans, l'espérance de vie à la naissance a accompli un bond considérable en vingt ans, mais demeure toujours la plus faible du monde. Le manque d'infrastructures, d'eau potable, d'assainissement et de santé augmente le risque de propagation de parasites intestinaux et d'épidémies de type Ebola. En dépit de progrès notables dans la lutte contre le sida obtenus grâce à l'aide internationale, 19 millions d'Africains vivent avec le virus, le nombre le plus élevé au monde. D'autres indicateurs témoignent également de la fragilité du continent. Les taux de mortalité maternelle ont récemment diminué mais restent élevés, tandis que la santé des enfants de moins de cinq ans a empiré. En 2015, 5,9 millions d'entre eux sont morts, soit un rythme de 16 000 par jour. 83 % des décès étaient dus à des infections, des complications néonatales ou des problèmes de nutrition.

• **Les progrès réalisés dans la lutte contre le sida** et l'arrêt de la propagation du virus Ebola en Afrique de l'Ouest soulignent les avancées supplémentaires potentielles procurées par des partenariats entre les États et la communauté internationale. L'Afrique subsaharienne est devenue le premier laboratoire mondial de tests des stratégies de santé vu le nombre d'institutions menant plusieurs fronts pathogènes. Ces initiatives impliquent des douzaines d'États, d'ONG et d'agences internationales et touchent des millions d'Africains. Gérer efficacement ces réseaux sera un test de premier ordre pour la gouvernance des États africains et leurs partenaires.

• **L'Afrique donnera le tempo mondial de l'exode rural.** Certaines villes cherchent déjà à limiter les migrations vers les zones urbaines, invoquant des infrastructures et des capacités d'accueil insuffisantes. D'autres voient plutôt les bénéfices potentiels de l'urbanisation. La tendance se poursuivra au même rythme élevé. Accra, Ibadan et Lagos, par exemple, ont formé un corridor urbain connectant le commerce entre les trois villes dans le but de créer des opportunités de croissance et d'emplois. D'ici 2020, Lagos (14 millions d'habitants) et Kinshasa (12 millions) auront dépassé Le Caire tant en habitants qu'en embouteillages. Dans plusieurs pays, de petits marchés sont en passe de devenir des villes. Le Nigeria, par exemple, aura bientôt cent villes de plus de 200 000 habitants.

NIGERIA

Projection démographique en 2035 :

293 965 000

Pourcentage urbain

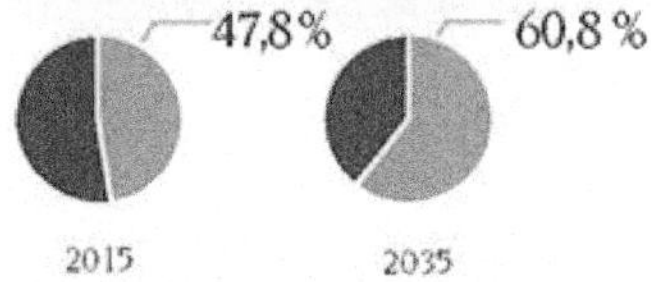

Religion, 2015[a]

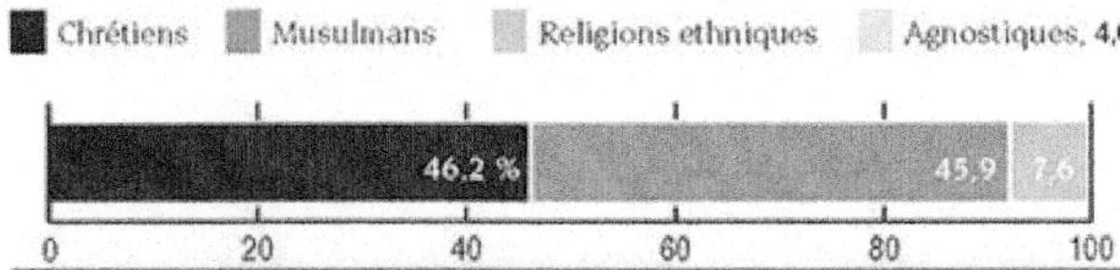

Alphabétisation des adultes, 2015

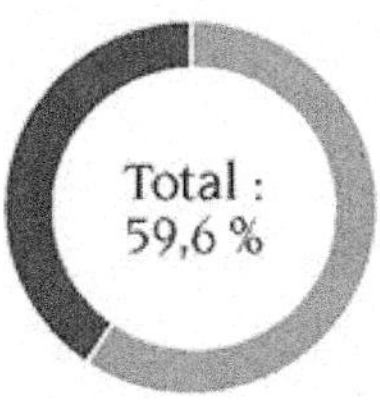

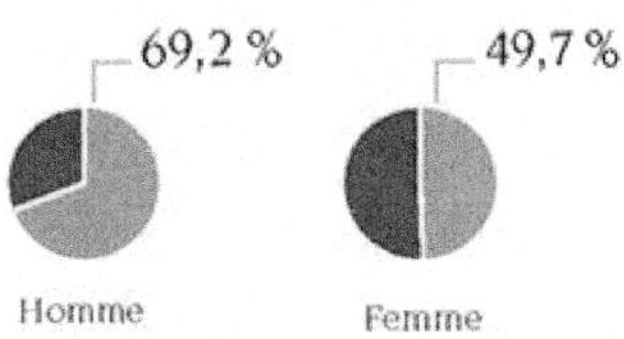

Éducation, 2015 et 2035

Années moyennes de scolarisation

	Homme 2015	Homme 2035	Femme 2015	Femme 2035
Années moyennes de scolarisation	7,6	11,1	7,3	10,9

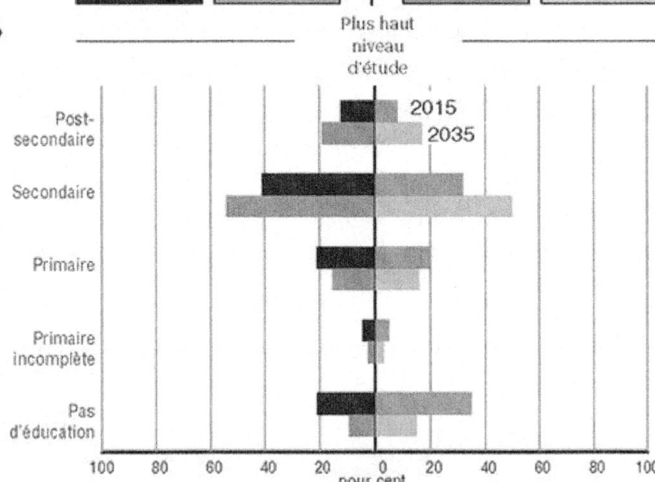

	2015	2035
Ratio sexe (hommes pour 100 femmes)	103,8	104,4
Âge moyen	17,9	20,0
Taux de fécondité [b]	5,6	4,3

Espérance de vie

Homme 2015	Homme 2035	Femme 2015	Femme 2035
52,7	58,2	53,4	59,6

a Les estimations des affiliations religieuses sont basées sur les données de la World Religion Database et sont arrondies au dixième de pourcentage le plus proche.
b Le taux de fertilité est la projection du nombre moyen d'enfants par femme vivant jusqu'à la fin de ses années fertiles.

Note : les données démographiques sont présentées pour les pays estimés avoir la plus grande population de chaque région en 2035.

Russie et Eurasie

La Russie continuera à restaurer son statut de grande puissance par la modernisation de ses armées, des engagements extérieurs visant à étendre son influence et limiter celle de l'Occident, des exhibitions d'armes nucléaires et un nationalisme exacerbé. Moscou craint pour sa sécurité et agira dès qu'elle jugera nécessaire de protéger ses intérêts, comme en Ukraine, ou pour affermir son influence, comme en Syrie. Cette politique a permis à Vladimir Poutine de conserver le soutien de sa population en dépit des difficultés et des sanctions économiques. Il usera encore de la coercition et du contrôle de l'information pour étouffer les oppositions. Moscou utilisera également sa rhétorique anti-occidentale (ainsi que sa doctrine nationaliste évoquant la force morale et impériale du peuple russe) pour pallier la faiblesse intérieure du pays et promouvoir ses intérêts.

L'idéologie du Kremlin, sa politique, ses organes, ainsi que son contrôle de l'économie rencontrent le soutien du peuple et des élites, en dépit d'une répression sévère de la société civile et des minorités.

• Ce **mélange d'autoritarisme, de corruption et de nationalisme** représente une alternative au libéralisme occidental qui plaît à plusieurs des autocrates et révisionnistes encore en place dans le monde. Aux yeux de Moscou, le libéralisme est synonyme de désordre et de décadence morale. Les mouvements pro-démocratiques et les expériences électorales constituent des complots pour affaiblir l'ordre traditionnel et l'État russe. Pour contrer ces tentatives occidentales, Moscou s'accommodera à court terme de l'essor de la Chine, mais finira par renâcler à l'idée de devenir un partenaire de second ordre, en contradiction avec son image de grande puissance.

Le sentiment d'insécurité de la Russie, sa déception et sa défiance à l'égard de l'ordre libéral mondial s'ancrent dans l'élargissement simultané de l'OTAN et de l'Union européenne à la fin de la guerre froide, qui ont motivé ses interventions extérieures. Moscou poursuivra probablement sa tactique militaire de « zone grise » qui brouille délibérément les notions de guerre et de paix. Ses récentes interventions diverses (Géorgie, Ukraine, Syrie) et son soutien aux partis populistes d'extrême-droite européens soulèvent cependant trois questions importantes :

Quels principes issus de l'ordre international du XXe siècle la Russie compte-t-elle soutenir au XXIe ?

Jusqu'où la Russie ira-t-elle dans sa promotion d'un « monde russe », jouant la centralité de la civilisation russe et le rejet des valeurs libérales occidentales ?

Quelle remise en cause des frontières actuelles de l'Eurasie la Russie posera-t-elle en défendant ce qu'elle considère être sa sphère d'influence ?

Profil géopolitique de la région pour les cinq ans à venir : révisionnisme encore et toujours. L'agressivité de la politique étrangère russe sera source de grande volatilité. Moscou cherchera certainement à créer de nouvelles zones tampons à ses frontières, jusque dans l'Arctique, et à protéger des États autoritaires amis, à sa périphérie essentiellement. Cette pugnacité durcira le sentiment anti-russe en Baltique et dans certains pays de l'Est, aggravant ainsi le risque de conflit. Moscou coopérera sur la scène internationale dans la mesure où cela servira son influence géopolitique et favorisera les avancées sur les sujets qui l'intéresseront, comme la non-prolifération nucléaire, tout en remettant en cause les normes et règles qu'elle jugera contraires à ses intérêts. Le pouvoir estime n'avoir qu'un strapontin s'agissant des règles de l'économie mondiale et agira de sorte à affaiblir l'influence américaine et européenne en la matière, même si son économie en berne reste une source de faiblesse stratégique. Moscou testera la détermination de l'OTAN et de l'Europe afin de saper la crédibilité de l'Occident. Elle tentera d'exploiter les divisions entre le nord et le sud de l'Europe et de creuser un fossé entre le vieux continent et les États-Unis.

• **Poutine continuera de donner la priorité aux dépenses militaires** et de modernisation des forces, l'accent étant mis sur la dissuasion stratégique, même en cas de stagnation ou de récession.

• **La Russie réagira aux mesures de dissuasion de l'OTAN** et à l'augmentation de sa présence militaire, même temporaire, en Baltique et en Europe centrale. Elle restera très sourcilleuse des engagements américains dans ces régions qu'elle estime faire partie de sa sphère d'influence légitime.

• **Les opérations cybernétiques russes** représenteront certainement une menace en hausse pour l'Ouest à mesure que la Russie voudra réduire sa dépendance à la technologie occidentale et améliorer ses capacités militaires asymétriques et indirectes.

• Étant donné la centralité des États-Unis dans les affaires mondiales, la Russie continuera de consacrer efforts et ressources à **l'infléchissement des politiques américaines** en sa faveur.

Si Moscou trébuche à ses jeux tactiques, son influence géopolitique s'affaiblira et le pays souffrira d'instabilité. Mais, quoi qu'il en soit, les perspectives économiques négatives (baisse des prix du pétrole, sanctions occidentales, stagnation de la productivité, faible démographie, fuite régulière des cerveaux, problèmes migratoires, incapacité à se diversifier vers les secteurs high-tech) réduiront les ambitions du pays à long terme. Mais les réformes économiques et politiques, remèdes usuels pour ce type de problèmes, ne sont pas à l'ordre du jour de la Russie de Poutine.

• Une stature affaiblie se traduirait par **davantage d'agressivité** à l'international, même si **l'aggravation des contraintes économiques** et le désir d'éviter une trop grande prise de risque pourraient tempérer la politique étrangère de Vladimir Poutine sinon ses ambitions.

• Néanmoins, **la population russe fait preuve de résistance** face aux difficultés et pourrait ne pas abandonner son président. Tant que le Kremlin saura entretenir la foi du peuple dans la grandeur de la Russie, la révolution sera tenue à distance.

Autres considérations : l'Eurasie. Comme la Russie, plusieurs États eurasiens privilégient le contrôle plutôt que la réforme et souffrent de mauvaises performances économiques et de corruption. Ils sont également très exposés à l'influence russe (versements de subsides, propagande, liens militaires et culturels). Cette dépendance ajoutée à des institutions politiques fragiles, une corruption élevée et la répression de l'opinion publique pose le risque d'effondrements semblables à celui de l'Ukraine. Dans ce contexte, trois évolutions potentiellement transformatrices s'imposeront dans les cinq ans à venir :

- **L'implication plus forte de la Chine dans la région** manifestée par ses investissements, le développement d'infrastructures et la réactivation de la Route de la Soie à travers l'Asie centrale mettront à l'épreuve la capacité de la Russie à accepter les ambitions de puissance chinoises. Les intérêts chinois sont pour l'essentiel de nature économique, mais pourraient prendre une tournure politique et sécuritaire si Pékin est confronté localement à davantage d'extrémisme. Ayant peu à offrir (en dépit de son Union économique eurasiatique) sinon des matières premières, des technologies militaires et des emplois de migrants, la Russie voudra resserrer l'intégration politique et militaire de la région, au risque de mécontenter les États.

- **La résolution du conflit avec l'Ukraine** aura des répercussions régionales. Une Ukraine tournée vers l'Occident, qui réduirait la corruption systémique qui la gangrène depuis son indépendance en 1991 et appliquerait des réformes générant au moins un peu de croissance, servirait de contre-exemple puissant à la Russie actuelle. En revanche, si l'intervention russe dans le Donbass devait faire échouer l'Ukraine politiquement et économiquement, les régimes autoritaires de la région pourraient s'en trouver renforcés et leur volonté de suivre une trajectoire occidentale affaiblie.

• La Russie continuera à **vouloir déstabiliser tout gouvernement ukrainien** qui chercherait à s'intégrer à l'Occident via l'Union européenne ou l'OTAN. Elle fera feu de tout bois pour entretenir les vecteurs anti-occidentaux des pays de la région, des avantages financiers accordés aux États amis aux interventions militaires, en passant par le soutien aux partis politiques et de vigoureuses campagnes de désinformation.

• Les **transitions gouvernementales au Kazakhstan et en Ouzbékistan** , zones de stabilité en Asie centrale, seront surveillées par Moscou. Elles ne devraient pas vraiment modifier les régimes de ces pays, mais des querelles prolongées au sein des élites pourraient augmenter les risques de crises déstabilisantes ouvrant un espace que les islamistes extrémistes seraient tentés d'exploiter.

RUSSIE

Projection démographique en 2035 :

135 674 000

Pourcentage urbain

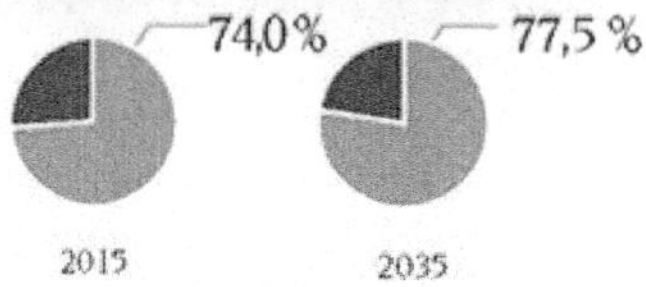

Religion, 2015[a]

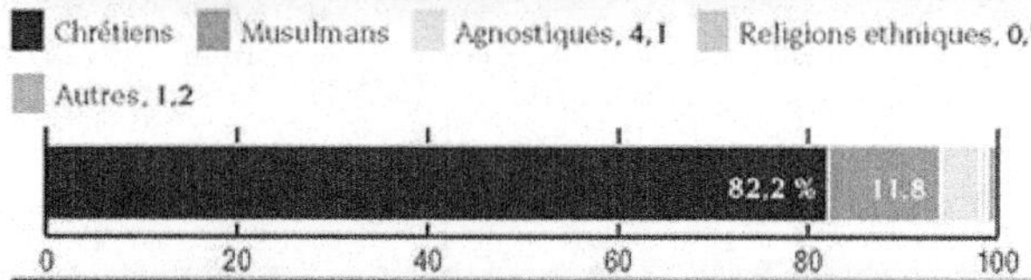

Alphabétisation des adultes, 2015

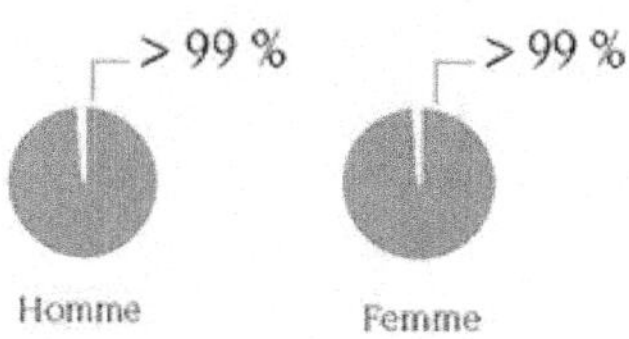

Éducation, 2015 et 2035

Années moyennes de scolarisation

	Homme 2015	Homme 2035	Femme 2015	Femme 2035
Années moyennes de scolarisation	10,7	11,9	11,0	12,2

Plus haut niveau d'étude

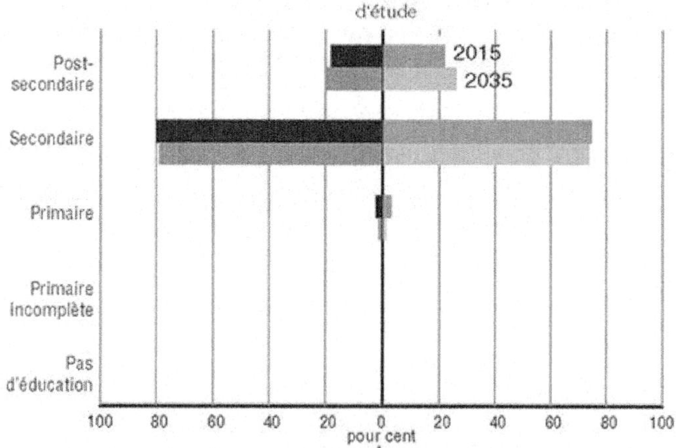

	2015	2035
Ratio sexe (hommes pour 100 femmes)	86,8	85,9
Âge moyen	38,7	43,6
Taux de fécondité [b]	1,7	1,8

Espérance de vie

Homme 2015	Homme 2035	Femme 2015	Femme 2035
64,5	67,1	75,8	77,8

a Les estimations des affiliations religieuses sont basées sur les données de la World Religion Database et sont arrondies au dixième de pourcentage le plus proche.
b Le taux de fertilité est la projection du nombre moyen d'enfants par femme vivant jusqu'à la fin de ses années fertiles.

Note : les données démographiques sont présentées pour les pays estimés avoir la plus grande population de chaque région en 2035.

Europe

Au cours des cinq ans à venir, le vieux continent se débattra avec le possible détricotage du projet européen, tandis que son organisation sociale issue de l'après-guerre sera accablée par les flux migratoires intenses en provenance de sa périphérie instable et souvent menaçante, et l'accroissement des inégalités sous la pression économique exercée par la mondialisation. L'armature institutionnelle de l'Europe (Union européenne, zone euro, OTAN) lui a permis de conserver son influence sur la scène internationale malgré la baisse de sa part dans le PIB et la population mondiale. Mais sa crise existentielle, illustrée notamment par le Brexit, devrait se poursuivre au moins quelques années.

Bien que l'Union ait apporté prospérité, sécurité économique et paix à ses membres, l'absence d'unité fiscale en face de la monnaie unique a eu pour effet d'endetter lourdement les États les plus pauvres de la zone euro et de réduire leurs perspectives de croissance depuis la crise financière de 2008. De plus, l'Union n'a pas su créer de sentiment de destin partagé chez ses citoyens, les exposant à la résurgence des nationalismes en période économique difficile.

• **L'avenir de l'Union européenne et de la zone euro** . Partis politiques, dirigeants nationaux et fonctionnaires européens ne s'accorderont toujours pas sur les fonctions et pouvoirs de l'Union, ni sur le bon sens d'une politique mettant l'accent en zone euro sur la discipline budgétaire et l'équilibre des comptes courants sans donner aux États davantage de marges de manœuvre pour stimuler la croissance, ni même de solutions paneuropéennes pour pallier les différences de développement et les difficultés du secteur bancaire. Compte tenu de ces politiques contraintes en dépit d'une croissance faible, l'Union et les États membres verront le soutien des opinions s'affaiblir, surtout s'ils ne parviennent pas à traiter efficacement terrorisme et flux migratoires.

• **Une périphérie menaçante** . Le danger d'une Russie plus agressive, les menaces que font peser l'extrémisme islamique et les retombées des crises du Moyen-Orient et d'Afrique inquiéteront davantage les opinions publiques sans pour autant qu'elles soutiennent une réponse commune. La Russie menace directement l'Europe par sa propagande, la désinformation et le financement des partis anti-européens et anti-américains, tandis que Daech inspire et arme des combattants étrangers dont certains sont rentrés en Europe.

• **Des pressions démographiques** . La périphérie instable continuera de pousser réfugiés et migrants vers l'Europe, grevant la capacité de réaction de l'Union et des États, exacerbant les tensions entre eux et alimentant l'adhésion aux partis et groupes xénophobes. Parallèlement, le vieillissement des populations augmentera le besoin de main-d'œuvre. Mais institutions européennes et États voudront limiter les flux migratoires et améliorer l'intégration des immigrés et de leurs enfants.

• **Des États affaiblis** . L'une des pierres angulaires sur lesquelles l'Europe d'après-guerre s'est construite a été le contrat, accepté par les populations, de l'ordre économique libéral et mondial en échange des protections sociales de l'État-providence. Ce marché promouvait la stabilité en termes de croissance économique et de démocratie représentative. L'augmentation de la volatilité des électorats au cours des trente dernières années et la faiblesse de la reprise depuis la crise financière de 2008 ont mis à mal ce contrat. De nouveaux partis populistes, à droite comme à gauche, se nourrissent du mécontentement populaire contre la croissance faible, la diminution des prestations sociales et l'immigration, et de la diminution de l'écart idéologique entre gauche et droite.

Profil géopolitique de la région au cours des cinq ans à venir : incertaine unité. La stature mondiale de l'Europe résidait dans son unité, ses capacités opérationnelles et la cohérence de ses objectifs et vision géopolitique partagés entre ses membres, notamment par la France, l'Allemagne et le Royaume-Uni. La nécessité de reconfigurer les relations européennes à la suite de la décision britannique de quitter l'Union pourrait amoindrir le statut de la région dans le monde et affaiblir la coopération transatlantique. Nous nous attendons à davantage d'agressivité de la part de la Russie et à des tentatives délibérées de fragmenter le projet européen. Quoique peu probables, la restauration de la domination russe à Kiev ou la déstabilisation des Pays baltes porteraient atteinte à la crédibilité de l'Union européenne et de l'OTAN.

• **La politique étrangère de plus en plus autonome et multidirectionnelle de la Turquie** ainsi que les pulsions non démocratiques du pays s'ajouteront, à moyen terme du moins, aux forces de désintégration s'exerçant sur l'Europe, menaçant la cohérence de l'OTAN et la coopération UE-OTAN.

• L'idée que l'Europe incarne la paix, la tolérance, la démocratie et la diversité culturelle et qu'elle n'échapperait aux divisions belliqueuses qui ont affligé son histoire que par l'unité ont été au cœur du projet européen. La volonté de la majorité des États membres d'empêcher le détricotage du projet européen a été une des raisons du maintien à tout prix de la Grèce dans la zone euro en 2015. **Plusieurs problèmes compromettent l'avenir de l'Union européenne :** le processus du Brexit et ses répercussions sur le continent, l'incapacité des principaux États à entreprendre les réformes nécessaires, celle de l'Union à relancer la croissance sur le continent et à coordonner les politiques à l'égard des réfugiés, la virulence du nativisme chez certains États membres récents. Ces tensions sont susceptibles d'entraîner une rupture brutale qui aggraverait le déclin économique et les dérives anti-démocratiques.

Autres considérations. Des opportunités de nouvelle gouvernance pourraient se profiler au cours des cinq ans à venir. Le Brexit pourrait inciter l'Union à reconfigurer les relations avec ses membres et les peuples. L'Europe prospérerait si le Brexit conduisait les fonctionnaires de l'Union et les chefs de gouvernement à promouvoir des politiques démontrant les bénéfices de la coopération et si les dirigeants européens trouvaient une sortie amiable pour le Royaume-Uni permettant à Londres de continuer à travailler main dans la main avec ses partenaires continentaux sur les questions internationales. En dépit du mécontentement populaire à l'égard du processus de décision de l'Union, les dirigeants européens restent meilleurs que leurs homologues dans le reste du monde dans la recherche de terrains communs et l'édification de politiques communes. Ils conservent la faculté de bâtir une Union plus efficace, respectant davantage la sensibilité des populations en matière d'identité nationale et de processus décisionnel. Par ailleurs, les démocraties bien institutionnalisées du continent disposent des structures et contrôles capables de limiter les effets des dirigeants populistes ou extrémistes.

• Malgré les **évolutions anti-démocratiques** en Hongrie et en Pologne, les pare-feu institutionnels ont amorti l'impact des partis populistes ou nativistes d'extrême-droite entrés au gouvernement de démocraties plus établies telles que l'Autriche ou la Finlande. Les systèmes de contrôle de légalité introduits dans une bonne partie de l'Europe après la Seconde Guerre mondiale sont encore incomplets dans les démocraties plus récentes. Mais même en Hongrie des dispositions officielles ont été repoussées lorsqu'elles outrepassaient les normes admises.

• **La France et l'Allemagne** restent engagées à travailler ensemble malgré leurs points de vue différents et leurs préférences de politiques publiques, comme en a témoigné la collaboration très étroite entre la chancelière allemande Angela Merkel et le président français François Hollande lors du sauvetage de la Grèce, de la politique de l'Union vis- à-vis de l'Ukraine et de la lutte contre le terrorisme.

• Il reste à voir si Angela Merkel, qui a orchestré la réaction de l'Europe à la plupart des crises des dix dernières années, retrouvera la popularité perdue faute d'avoir su, en Allemagne comme en Europe, gagner des soutiens en faveur d'un meilleur accueil des réfugiés syriens. Si certains pays européens sont gênés par la place prise par l'Allemagne, il est difficile de voir un autre dirigeant aussi capable de négocier les intérêts et réactions du continent.

ALLEMAGNE

Projection démographique en 2035 :

78 403 000

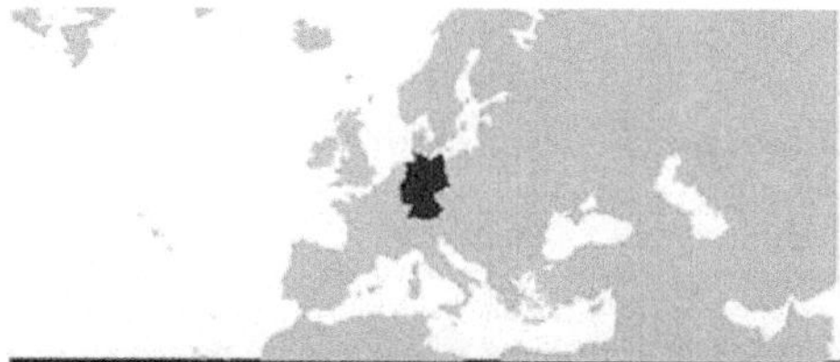

Pourcentage urbain

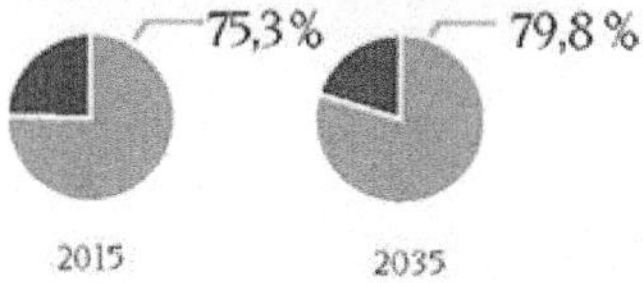

Religion, 2015[a]

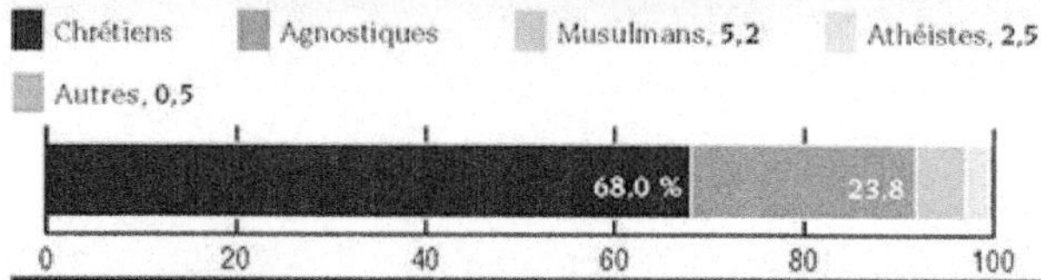

Alphabétisation des adultes, 2015

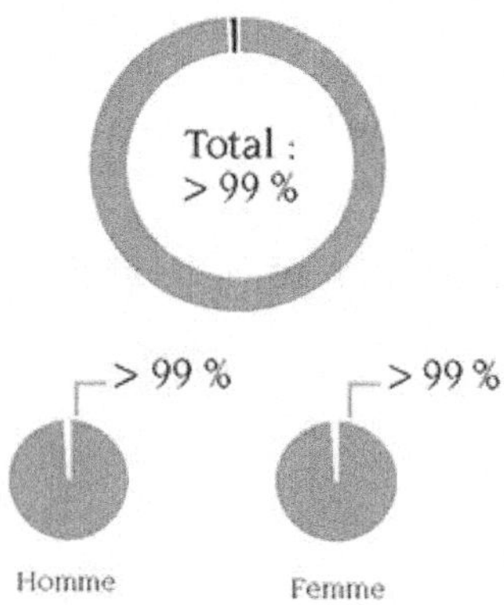

Éducation, 2015 et 2035

Années moyennes de scolarisation

	Homme 2015	Homme 2035	Femme 2015	Femme 2035
Années moyennes de scolarisation	14,4	14,8	14,0	15,1

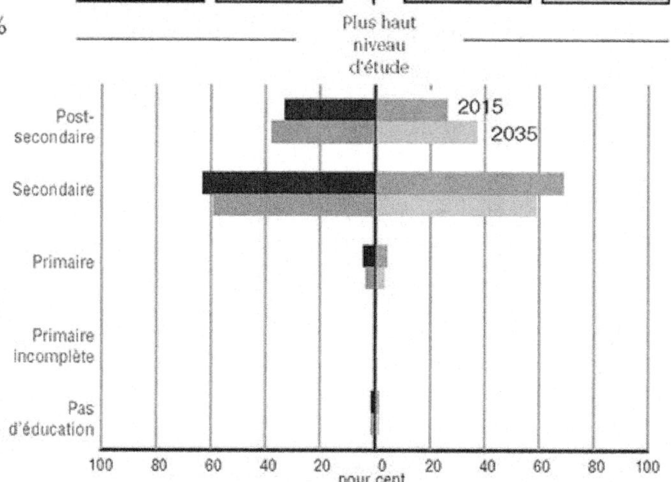

	2015	2035
Ratio sexe (hommes pour 100 femmes)	96,6	98,0
Âge moyen	46,2	49,6
Taux de fécondité[b]	1,4	1,6

Espérance de vie

	Homme 2015	Homme 2035	Femme 2015	Femme 2035
Espérance de vie	78,7	82,8	83,4	86,1

a Les estimations des affiliations religieuses sont basées sur les données de la World Religion Database et sont arrondies au dixième de pourcentage le plus proche.
b Le taux de fertilité est la projection du nombre moyen d'enfants par femme vivant jusqu'à la fin de ses années fertiles.

Note : les données démographiques sont présentées pour les pays estimés avoir la plus grande population de chaque région en 2035.

Amérique du Nord

Pressions politiques et sociales mettront le continent davantage à l'épreuve au cours des cinq prochaines années. Surtout si la mollesse de la croissance ne permet pas de générer suffisamment de prospérité. Des États-Unis à la République dominicaine, les économies sont dans des situations et des dynamiques très variées, mais tous les États rencontrent de plus en plus de difficultés à répondre à la demande croissante de stabilité économique et sociale de leurs populations quand les contraintes budgétaires et l'endettement limitent les marges de manœuvre. Les frustrations se multiplient partout car l'incertitude liée aux changements économiques et sociaux grandit tandis que la confiance dans les gouvernements diminue.

La santé de **l'économie américaine** donnera le tempo de la région étant donné sa taille et l'étroitesse de ses liens. La reprise après la crise financière de 2008 a été plus lente et difficile que lors des précédentes récessions. La plupart des prévisions annoncent une croissance modeste dans les années à venir et sans doute insuffisante pour entraîner l'ensemble de la zone. Les économistes sont cependant divisés sur la durée de la reprise. Se fondant sur des moyennes historiques, certains préviennent qu'après sept ans de croissance la récession est imminente, tandis que d'autres font remarquer que des périodes d'expansion ont été plus longues (jusqu'à dix ans) au cours des dernières décennies. Dès que la récession sera là, elle se propagera dans toute la zone en réduisant la demande américaine et les flux monétaires des migrants vers le Sud.

• Même dans un pays mieux diversifié comme le Mexique, **ces flux en provenance des États-Unis** représentent encore 2 % environ du PIB. Ils pèsent jusqu'à 20 % dans une économie comme celle d'Haïti.

L'Amérique centrale serait particulièrement exposée, ces flux représentant 10 à 20 % du PIB du Guatemala, du Salvador, du Honduras et du Nicaragua.

• Un repli américain fermerait également davantage **la soupape de sécurité traditionnelle des individus désespérés** en quête de travail aux États-Unis. De même, la santé économique du pays affecte directement le rythme de croissance du Canada du fait de l'importance des échanges bilatéraux.

L'impact des réformes économiques et sociales du **Mexique** en serait également amoindri. Le président Peña Nieto a engagé la transformation de plusieurs secteurs clés (pétrole, communications, finance, éducation) pour améliorer la compétitivité du pays. Mais la croissance n'a pas encore vraiment décollé tandis que l'humeur populaire tourne aigre sur fond d'accusations de corruption, de violence endémique, de peso affaibli et de crises intérieures comme la disparition de 43 étudiants lors d'une manifestation à Mexico en 2014. Des réformes de fond, comme l'ouverture du secteur pétrolier à l'investissement étranger, peuvent mettre du temps à porter leurs fruits. Mais les manifestations pourraient prendre de l'ampleur si dans les années à venir les déceptions étaient plus visibles que les retombées positives.

• Aux élections présidentielles de 2018, Peña Nieto étant limité à un seul mandat, les électeurs pourraient donner leurs faveurs à une gauche encline à revenir sur les accords commerciaux et les réformes si celles-ci ne réduisent pas les inégalités flagrantes du pays.

• Enfin, le succès ou l'échec de ces réformes d'ampleur pourrait jouer sur l'empressement des pays voisins à prendre un semblable risque politique.

Le protectionnisme, s'il s'ancrait davantage, aux États-Unis et au Mexique notamment, remettrait en jeu l'avenir du commerce dans la région. La campagne américaine a mis en question l'avenir du Partenariat transpacifique (PTP), tandis que l'un des principaux candidats de gauche aux prochaines élections mexicaines a attribué les destructions d'emplois mexicains à l'ALENA. En revanche, l'Accord de libre-échange d'Amérique centrale (ALEAC) entre les États-Unis, l'Amérique centrale et la République dominicaine a suscité moins de polémiques du fait de son ambition plus modeste.

• L'opinion publique en matière de libre-échange varie beaucoup d'un bout à l'autre de la région. Les sondages montrent une grande inquiétude aux États-Unis (selon la manière dont la question est posée), tandis qu'une courte majorité de Mexicains soutiennent l'ALENA. C'est également le cas d'une grande majorité de Canadiens, bien que ceux-ci semblent moins convaincus par les avantages du PTP.

• Dans ce climat, une récession inciterait certains dirigeants politiques à durcir leur ligne commerciale afin de rassurer l'opinion, même si, selon la majorité des économistes, technologie et robotisation ont été et resteront des facteurs plus importants de destruction d'emplois et de stagnation des salaires.

La question migratoire et touristique dans les Caraïbes, l'Amérique centrale et au Mexique devrait peser davantage, même si les flux de travailleurs ont diminué depuis la crise financière de 2008 à cause de la récession, du contrôle renforcé aux frontières américaines, des meilleures perspectives d'emploi et des changements démographique au Mexique. Si le terrorisme flambe aux États-Unis et au Canada, les limitations à la circulation des personnes dues à de nouvelles restrictions aux frontières auraient des conséquences politiques, économiques et sociales.

• **Les violents discours anti-immigration** durant la campagne électorale américaine ont suscité des aigreurs au Mexique, qui pourraient se refléter dans le scrutin de 2018. De plus, en cas de restrictions aux frontières américaines, le pays risque de faire de même à ses frontières sud pour décourager ses voisins de tenter le passage.

• **La propagation du virus Zika** pourrait de son côté décourager le tourisme. Ce secteur représente 5 % du PIB des Caraïbes, 7 % environ de celui du Mexique et un nombre significatifs d'emplois dans les États américains méridionaux tels que la Floride.

Pour des raisons différentes, la violence et l'ordre social seront des préoccupations majeures dans plusieurs États de la zone. Le trafic de drogue en est l'un des vecteurs. La violence est particulièrement prégnante dans le nord de l'Amérique centrale où les gangs et le crime organisé ont sapé les structures de gouvernance de base.

• Les perspectives d'amélioration seront faibles tant que les États seront en incapacité de lutter contre le narcoterrorisme ou de fournir les biens communs que sont l'éducation, la santé, les infrastructures, l'égalité des genres et la primauté du droit.

• Le Salvador, le Guatemala et le Honduras comptent parmi les pays les plus violents au monde, en témoignent leurs taux élevés d'homicides de femmes. Ce phénomène a notamment contribué à l'émigration d'enfants isolés ces dernières années.

• Si l'économie et la gouvernance ont accompli des progrès notables dans certaines parties du Mexique, d'autres régions connaissent toujours pauvreté endémique, corruption et impunité qui entretiennent un niveau élevé de violence et de tension sociale.

• Un peu partout, des organisations civiques qui militent pour une meilleure gouvernance peuvent engendrer des tensions sociales par leurs révélations sur la corruption des élites et leur mauvaise gestion, comme cela a été le cas en août 2015 au Guatemala, où des manifestations géantes ont provoqué la chute du président et du vice-président. Comme au Honduras et au Mexique, la plupart de ces mobilisations sont pacifiques mais pourraient dégénérer si le mécontentement augmente ou que les pouvoirs publics usent de la manière forte pour les réprimer.

Profil géopolitique de la région pour les cinq ans à venir : les États-Unis à la loupe. Tous les regards seront rivés sur la nouvelle administration américaine, à l'affût du moindre changement dans l'exercice du leadership mondial des États-Unis. Les observateurs étrangers se demandent en effet si Washington a la volonté et les moyens de continuer à jouer son rôle dans les affaires du monde, compte tenu de son engagement prolongé en Afghanistan et en Irak, de l'extrême polarisation politique et d'une campagne électorale centrée sur les affaires intérieures.

• Si les déclarations sur le commerce ont attiré le plus d'attention, les alliés des États-Unis voudront également s'assurer que Washington honorera ses engagements en matière de sécurité en cas de mouvements agressifs de la part de la Chine et de la Russie ; ses adversaires évalueront leurs marges de manœuvres. La sécurité de la région pourrait devenir plus préoccupante si les tensions économiques et politiques dans des pays clés tels que Mexico ou Cuba déclenchaient des manifestations déstabilisantes conduisant à des changements de régime ou à des poussées migratoires.

Autres considérations. La canalisation des pressions populaires en faveur de changements politiques et économiques sera cruciale pour la région. Les nouveaux moyens de communication facilitent la pression citoyenne sur les élites, la mobilisation des initiatives non gouvernementales et la comparaison des performances respectives des États. Mais les réponses risquent de ne pas être à la hauteur des attentes.

• La capacité des médias sociaux et autres réseaux de mobilisation en ligne à entraîner des changements sociaux et politiques significatifs n'est pas avérée, ou, du moins, varie selon les pays. Les élites du Mexique et d'Amérique centrale, par exemple, sont beaucoup plus conscientes du risque posé par les inégalités flagrantes, mais de nombreux observateurs doutent de leur empressement à renoncer à leurs avantages pour engager des réformes en faveur de la concurrence, de l'éducation, des infrastructures et des prestations sociales.

• Parallèlement, de nombreuses ONG s'organisent pour exiger de meilleurs services publics, quitte parfois à les offrir elles-mêmes. Mais le déploiement de ces initiatives à l'échelle des défis à relever reste souvent difficile. De plus, l'action des pouvoirs publics locaux et nationaux présente de tels écarts d'un pays à l'autre que les expérimentations menées peuvent aussi bien mobiliser en faveur d'approches plus efficaces que souligner les risques posés par une gouvernance défaillante.

Dans ce contexte, les électeurs pourraient choisir **des politiques davantage à leur image** s'ils estiment que les partis et administrations traditionnelles ne répondent pas à leurs attentes. La diffusion des technologies de l'information a permis à des minorités ethniques de mettre en évidence des inégalités et injustices structurelles. Ce sujet sensible continuera sans doute de susciter des mouvements alternatifs ou d'opposition.

• Des citoyens dotés des compétences et ressources pour travailler ailleurs pourraient **voter avec leurs pieds** , accroissant la fuite des cerveaux au Mexique et en Amérique centrale à un moment où ces pays ont le plus besoin de talents pour muscler leurs économies et procédures politiques.

• Enfin, **des citoyens mécontents pourraient vouloir manifester leur colère dans la rue** s'ils estiment que leurs conditions de vie empirent sans perspective d'amélioration. Les électeurs pourront faire usage de leur bulletin de vote. La multiplication ces dernières années des manifestations de grande ampleur à travers le monde signale aux élites qu'elles ne devraient pas miser sur la résignation des peuples.

ÉTATS-UNIS

Projection démographique en 2035 :

365 266 000

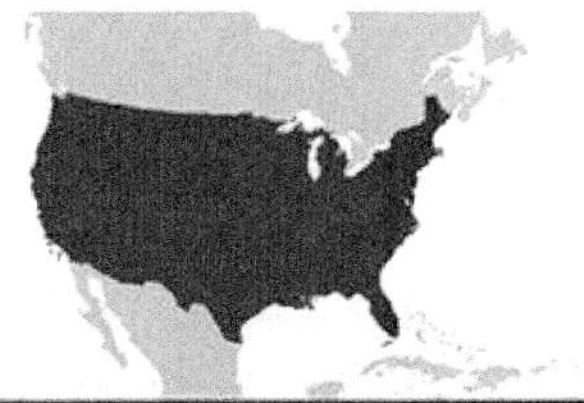

Pourcentage urbain

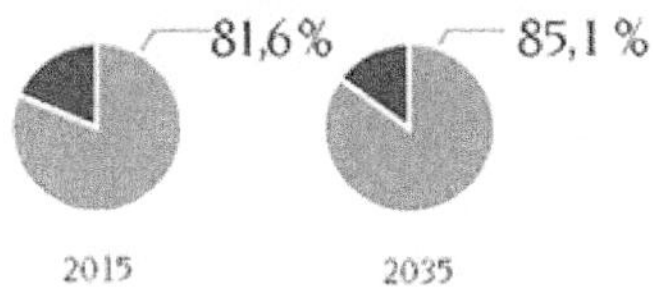

Religion, 2015[a]

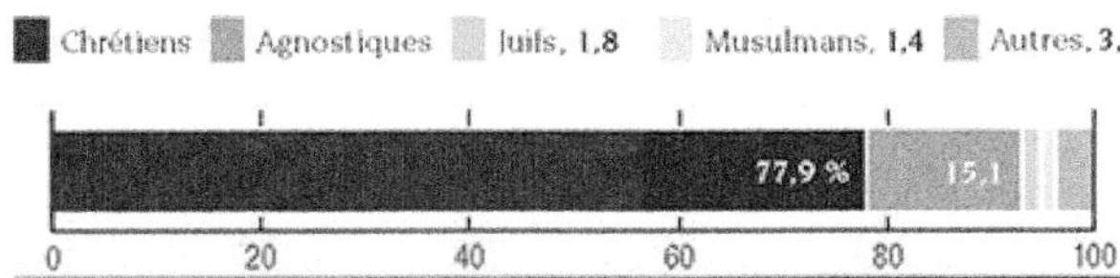

Alphabétisation des adultes, 2015

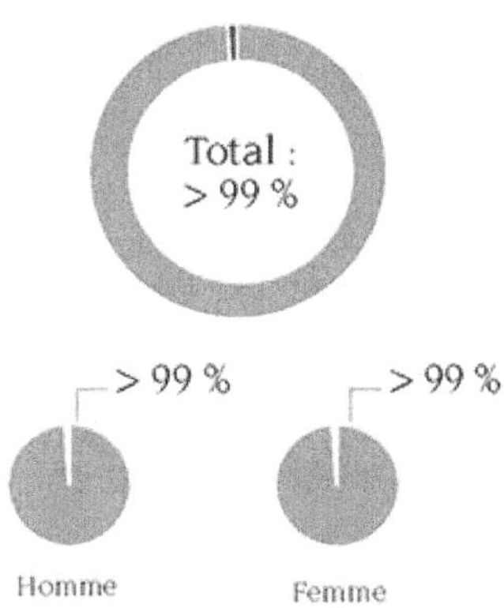

	2015	2035
Ratio sexe (hommes pour 100 femmes)	98,3	98,3
Âge moyen	38,0	40,8
Taux de fécondité [b]	1,9	1,9

Éducation, 2015 et 2035

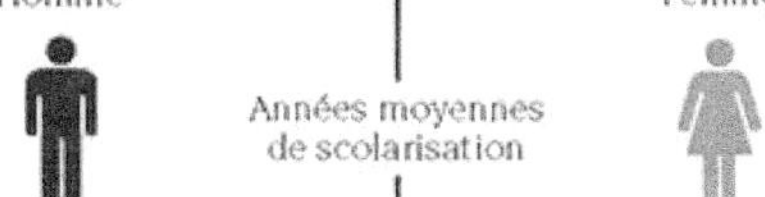

Années moyennes de scolarisation

	Homme 2015	Homme 2035	Femme 2015	Femme 2035
Années moyennes de scolarisation	13,1	13,5	13,5	13,9

Plus haut niveau d'étude

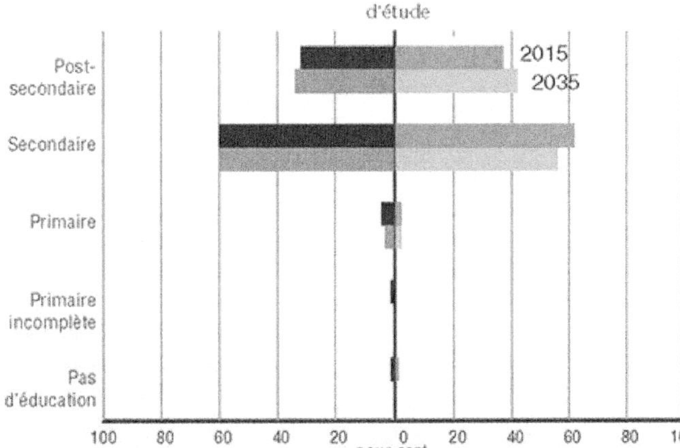

Espérance de vie

Homme 2015	Homme 2035	Femme 2015	Femme 2035
76,9	80,4	81,6	83,9

a Les estimations des affiliations religieuses sont basées sur les données de la World Religion Database et sont arrondies au dixième de pourcentage le plus proche.
b Le taux de fertilité est la projection du nombre moyen d'enfants par femme vivant jusqu'à la fin de ses années fertiles.

Note : les données démographiques sont présentées pour les pays estimés avoir la plus grande population de chaque région en 2035.

Amérique du Sud

Ces cinq prochaines années, le mécontentement populaire à l'égard des économies mal gérées, de la corruption généralisée, d'une croissance faible due à la baisse de la demande chinoise en matières premières, et des tensions sociales générées par les travailleurs pauvres et les nouveaux accédants aux classes moyennes, multipliera les changements de régime en Amérique du Sud. Cet environnement compromettra également les progrès importants réalisés par le continent dans la lutte contre la pauvreté et les inégalités.

- Une vague de non-reconduction des sortants est en train de **renverser la tendance à gauche** qui a marqué la dernière décennie. On retiendra notamment les défaites de la gauche aux élections présidentielles d'Argentine en 2015, aux législatives du Venezuela la même année et la destitution de la présidente du Brésil, Dilma Rousseff, en 2016. Certains sortants menacés de non reconduction cherchent néanmoins à se maintenir au pouvoir, ce qui pourrait ouvrir une période d'intenses rivalités politiques et conduire à un recul de la démocratie dans certains pays.

Paradoxalement, ce sont certains des récents succès de la gauche qui augmentent **l'attrait des doctrines pro-marché** (primauté du droit et management économique et social, notamment). Pauvreté et inégalités ont considérablement reculé en Amérique latine ces douze dernières années grâce à la hausse des salaires, une meilleure scolarisation et l'augmentation du travail des femmes. Entre 2003 et 2013, la part de personnes vivant sous le seuil de pauvreté est descendue de 41,3 % à 24,3 %. de la population. Sur la même période, celle des classes moyennes (revenus compris entre 10 et 50 dollars) a augmenté de 21,3 à 35 %.

• Mais selon une étude de l'ONU, la pauvreté a de nouveau augmenté de 168 à 175 millions de personnes entre 2014 et 2015, à cause de la récession provoquée notamment par la chute brutale du prix des matières premières qui ont perdu 40 % depuis leur sommet de 2011. La faiblesse de la croissance devrait grever les budgets et comprimer des taux d'intérêts déjà bas.

• L'essor du mouvement évangélique au Brésil (un cinquième de la population environ), et ailleurs dans une moindre mesure, suscitera de **nouvelles forces politiques promouvant moins de régulation et d'état de droit** , idées qui ont la faveur des classes populaires. Certains travailleurs pauvres ou membres récents des classes moyennes, productifs et émancipés, rechignent à l'idée de payer cotisations et impôts en faveur d'individus qu'ils perçoivent comme paresseux ou corrompus. Les évangélistes brésiliens, d'abord alliés de la gauche, ont adopté un programme plus conservateur sur des sujets comme l'avortement, tout en mettant l'accent sur l'éducation pour répondre aux attentes de leurs fidèles des classes moyennes et pauvres. Au printemps 2016, le parti évangélique *Bible block* a contribué à la destitution de Dilma Rousseff sur fond d'accusations de corruption. Les mêmes torts étant reprochés à plusieurs dirigeants évangéliques, leur prestige pourrait s'en voirdiminué.

La criminalité et la corruption pèseront sans doute lourd au passif des dirigeants sortants auxquels l'opinion publique reproche la faiblesse des perspectives d'emploi, tandis que le trafic de drogue et le crime organisé dirigé contre le Nord devraient prospérer. Ces évolutions susciteront des tensions sécuritaires et un mécontentement qui pourraient conduire au renversement des régimes perçus comme inefficaces face au crime et aux pots-de-vin, voire les facilitant.

• L'Amérique latine est **l'une des régions les plus violentes du monde** . Selon l'ONU, près d'un tiers des homicides y sont perpétrés, le Brésil et le Venezuela ayant les taux les plus élevés au monde.

• La criminalité restera en tête des préoccupations des opinions publiques, qui la considèrent comme l'un des problèmes les plus sérieux de leur pays. Le ralentissement de la croissance aidant, l'économie devrait cependant revenir au devant de la scène. Les pays qui subissent la présence de grands réseaux de trafic de drogue pourraient connaître un regain de violence ainsi qu'une érosion de la qualité de leurs institutions et de l'autorité et légitimité de leur gouvernement.

L'absence généralisée de réformes structurelles concernant l'éducation, la santé, les infrastructures, la productivité ou la fiscalisation de l'économie informelle laisse augurer un vacillement du continent quand la conjoncture mondiale se détériorera et que la concurrence pour l'investissement étranger s'intensifiera. À cet égard, la fin de la guerre civile en Colombie offre une fenêtre de développement qui pourrait stimuler la croissance.

• Des travailleurs pauvres et des gens de la classe moyenne, encore inexpérimentés mais venant d'accéder à plus de pouvoir, **se hérisseront contre les taxes de sécurité sociale** pour ceux perçus comme feignants ou corrompus.

• L'aggravation de la **pression économique et humanitaire au Venezuela** pourrait inciter son président, Nicolas Maduro, à davantage de répression. Mais la loyauté des armées ne lui est pas acquise. Une crise humanitaire susciterait une vague de réfugiés chez les voisins, voire aux États-Unis. Un effondrement du pays discréditerait davantage la décennie de gouvernements de gauche sur le continent, accroissant la demande d'amélioration des économies.

• Les systèmes de santé du continent sont **une source importante de légitimité politique et de construction nationale** , plus qu'ailleurs dans le monde. Le vieillissement des populations en menace l'équilibre, tandis que les dépenses de santé obéreront la croissance. La menace latente du virus Zika et de la dengue ajoute à la pression sur les populations les plus pauvres.

Profil géopolitique de la région pour les cinq ans à venir : économie politique. Le poids géopolitique de l'Amérique Latine sur l'échiquier mondial sera marginal dans les prochaines années. Mais comme l'Afrique, le continent sud-américain subira l'essentiel de la chute de la demande chinoise en matières premières, la dépression des cours du pétrole, ainsi que l'urgence des problèmes écologiques et climatiques. Certains pays dépendants des matières premières, en difficulté, demanderont assistance au FMI et s'ouvriront au libre-échange pour promouvoir croissance et emploi. Comme l'Argentine, le Brésil cherchera sans doute à améliorer et augmenter les échanges intra-régionaux.

• Nous pensons que la voix du Brésil et celle d'autres pays pèseront encore en matière de **politique internationale sur le changement climatique** , surtout si les citoyens considèrent de plus en plus l'environnement autrement que sous l'angle financier. Les États côtiers du Pacifique sont très exposés au phénomène El Niño dont les modèles climatiques prédisent qu'il ira en s'aggravant. Modifiant les régimes pluviométriques, il provoque selon les régions pluies diluviennes, inondations ou sécheresses. En 2015-2016, sa manifestation (un record selon certaines mesures), a offert au Brésil sa pire sécheresse en un siècle, affectant les réserves d'eau de São Paulo, la production hydroélectrique et la transmission du virus Zika. Par ailleurs, les émissions de gaz à effet de serre resteront élevées compte tenu de la demande de voitures des classes moyennes et de la conviction du secteur énergétique brésilien qu'une reforestation vigoureuse contrebalancera les émissions de CO∈2&in1;.

• La Bolivie, l'Équateur et le Venezuela, derniers pays de l'Alliance bolivarienne des peuples de notre Amérique (ALBA) restés à gauche, **continueront de solliciter le soutien de Pékin et Moscou** . La Chine a prêté en abondance pour soutenir les dirigeants en place, avec des effets économiques mitigés, notamment au Venezuela. Depuis, Pékin a réduit ses largesses et s'aligne davantage sur les critères de la Banque Mondiale, que les pays de l'ALBA auront du mal à respecter. Le Venezuela risque l'effondrement économique et une grande instabilité hors changement de régime et réforme économique ambitieuse, deux conditions qui pourraient être insuffisantes sans aide étrangère conséquente.

• Les risques de déstabilisation majeure au Venezuela, l'explosion de la production de coca en Colombie alimentant la criminalité en Amérique centrale et au Mexique et l'enracinement du trafic de drogue et du crime organisé **augmentent les menaces pour la sécurité du continent** . La montée des trafics dans plusieurs pays, la violence et l'affaiblissement des institutions sous l'effet de la corruption deviendront de plus en plus préoccupants. Les États d'Amérique latine plaideront pour la légalisation des drogues auprès des États-Unis et pays développés.

Autres considérations. Le virage à droite du continent pourrait être freiné ou stoppé par les scandales de corruption au sein des régimes conservateurs. L'échec des gouvernements de droite ou de gauche à réduire les écarts socio-économiques durant le retournement de conjoncture est également à surveiller. Ces échecs pourraient conduire à une plus grande polarisation des sociétés où clivages sociaux, idéologiques, ethniques se renforceraient mutuellement. Ces inégalités pourraient alimenter l'essor de mouvements afro-latinos dans certains pays.

L'épidémie de Zika, qui a commencé au Brésil en 2015 et a été déclarée urgence de santé publique de portée internationale par l'Organisation mondiale de la santé, s'est propagée sur tout le continent, avec des foyers à Puerto Rico et dans le Sud-Est des États-Unis. Le virus perturbant parfois le développement neurologique du fœtus durant la grossesse, l'épidémie pourrait bouleverser le comportement des femmes. La peur de donner naissance à un enfant microcéphale (aggravée par les inconnues sur la propagation du virus) a déjà modifié le quotidien des familles, leurs déplacements et leurs projets. Si le Zika devient endémique, ses répercussions iront en s'intensifiant à mesure que les pouvoirs publics combattront l'épidémie et ses effets sur les générations.

BRÉSIL

Projection démographique en 2035 :

233 006 000

Pourcentage urbain

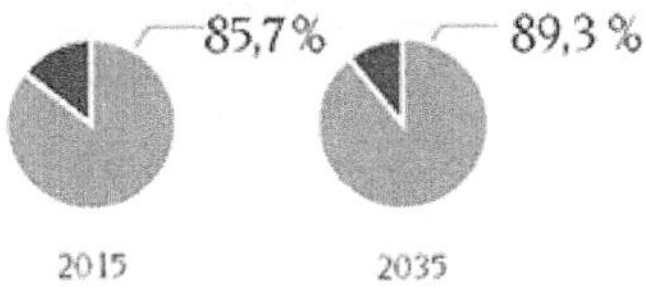

Religion, 2015[a]

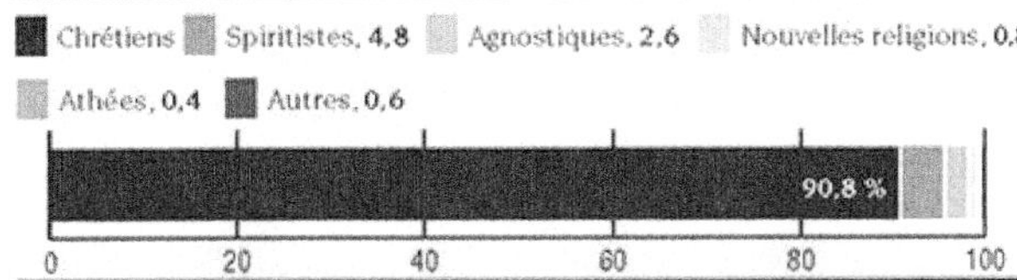

Alphabétisation des adultes, 2015

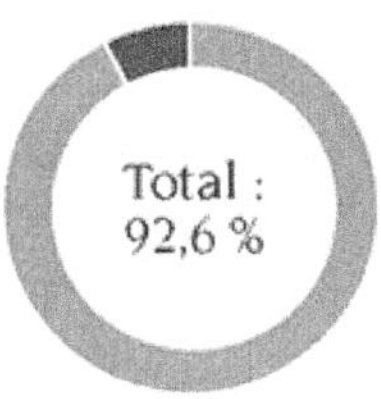

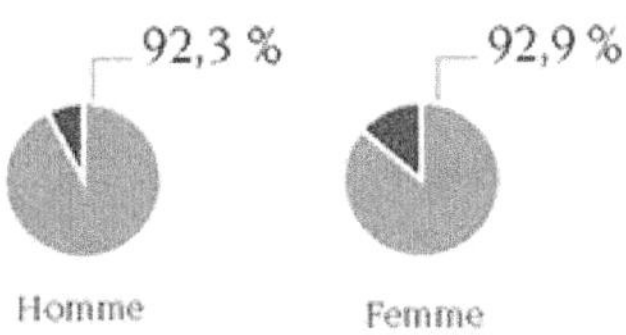

Éducation, 2015 et 2035

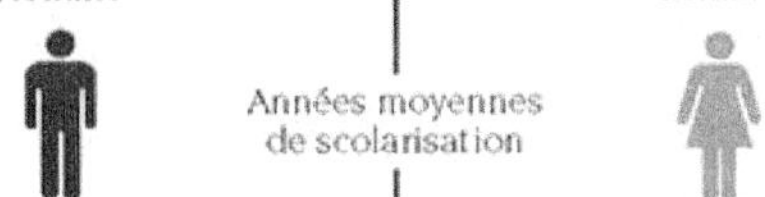

Homme 2015	Homme 2035	Femme 2015	Femme 2035
8,7	10,0	9,3	10,5

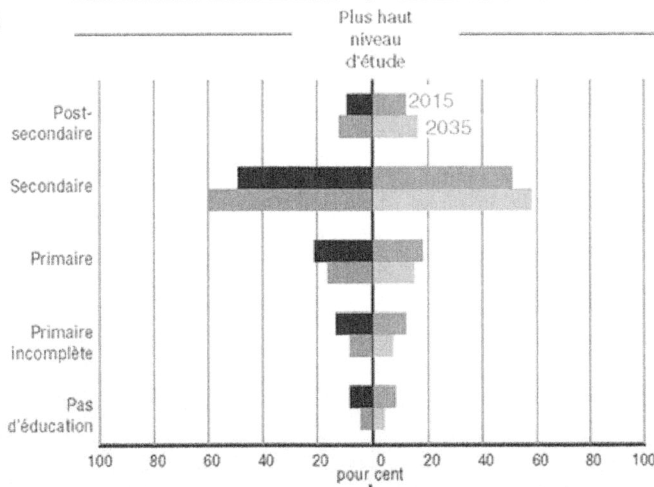

	2015	2035
Ratio sexe (hommes pour 100 femmes)	96,7	95,7
Âge moyen	31,3	39,3
Taux de fécondité [b]	1,8	1,7

Espérance de vie

Homme 2015	Homme 2035	Femme 2015	Femme 2035
71,0	76,5	78,5	82,6

a Les estimations des affiliations religieuses sont basées sur les données de la World Religion Database et sont arrondies au dixième de pourcentage le plus proche.
b Le taux de fertilité est la projection du nombre moyen d'enfants par femme vivant jusqu'à la fin de ses années fertiles.

Note : les données démographiques sont présentées pour les pays estimés avoir la plus grande population de chaque région en 2035.

Arctique et Antarctique

Les changements écologiques de l'Arctique affecteront le climat mondial et modifieront l'accès à des routes stratégiques. Se réchauffant deux fois plus vite que le reste de la planète, le pôle Nord restera le fournisseur d'images spectaculaires devenues les indicateurs avancés du changement climatique, telles les vidéos de la fonte des glaciers et les photos de mammifères affamés sur la banquise amincie. D'autres transformations à l'œuvre sont également capitales : acidification accélérée de l'océan Arctique, diminution de la réflectivité des sols qui renvoie la chaleur du soleil dans l'espace, changements écologiques liés aux températures qui affectent microbes et mammifères. Au-delà de la transformation physique modifiant les conditions de vie des quatre millions d'habitants de la région, les liens se confirment entre l'élévation des températures arctiques et les événements météorologiques extrêmes surgissant aux latitudes moyennes comme les canicules en Russie, les hivers plus rigoureux en Europe et la variabilité élevée des moussons d'été en Inde.

• **Navigation.** Les étés sans glaces se feront encore attendre une dizaine d'années, mais des mers de plus en plus navigables accroissent l'enjeu économique et sécuritaire de la région. La fonte des glaces ouvre la perspective de liaisons commerciales considérablement raccourcies entre les grands blocs – exportations chinoises, coréennes et japonaises vers l'Europe et les États-Unis, par exemple. Mais un Arctique plus ouvert apportera également son lot d'obstacles et de calamités, surtout quand l'imprévisibilité de la banquise, du vent et du brouillard aggrave des conditions de navigation déjà extrêmes. Au cours des cinq ans à venir, les tentatives de passage se multiplieront plus vite que l'amélioration des infrastructures indispensables à une activité régulière (relais de communication navire-terre, quais de transbordement, stations de ravitaillement, suivi des navires). Les forces navales étant en général les seuls actifs souverains équipés pour opérer dans un tel environnement, elles assurent une présence militaire qui dépasse les seules missions de sauvetage en mer et autres incidents.

• **Ressources naturelles.** Mais ce ne sont pas les dangers de la mer et des icebergs qui refroidiront les appétits commerciaux ou souverains pour les énormes ressources de l'Arctique. La plus grande réserve de pétrole inexplorée (évaluée à 90 milliards de barils, 518 000 milliards de m^3 de gaz et 44 milliards de barils de gaz naturel liquide) aiguisera toujours l'intérêt des pétroliers offshore, même sans perspective de rentabilité à court terme, sauf remontée rapide et inattendue des cours. Ces tentatives ont fait l'objet de critiques virulentes. De même, faute de routes et d'infrastructures ferroviaires, la prospection minière restera largement théorique. Le réchauffement des eaux attire la pêche industrielle, mais le changement climatique et l'acidification de l'océan auront des effets imprévisibles sur les stocks de poissons de la région.

Le réchauffement de l'Antarctique a été freiné par la taille et la profondeur de l'océan Austral, à la formidable inertie thermique comparée aux continents entourant l'Arctique. De même, la calotte glaciaire et ses kilomètres d'épaisseur réagissent moins vite que les quelques mètres de banquise flottante de l'Arctique.

• Mais la dislocation rapide de la barrière de Larsen en 2002 et le recul des glaciers de l'Île du Pin et de Thwaites témoignent de la vitesse avec laquelle les glaces aux franges de l'Antarctique peuvent disparaître sous l'effet du réchauffement des océans et de l'atmosphère.

• Les scientifiques ont récemment repéré une faille en voie d'élargissement rapide sur la barrière glaciaire Larsen C, la quatrième plus importante de la région. Elle pourrait libérer un iceberg tabulaire de la taille du Delaware. Autrefois prévue à l'horizon de 50 ans, la dislocation de Larsen C est désormais envisagée dans les cinq ans.

• La fonte des calottes et le recul des glaciers qui expose l'inlandsis de l'Antarctique à l'océan vont accélérer la hausse du niveau des mers. À lui seul, l'Antarctique occidental a le potentiel de le relever de plus de trois mètres dans le monde. Quant à savoir si cette élévation se produira sur plusieurs millénaires, siècles ou plus vite encore, la question reste ouverte.

Au-delà de son rôle dans les scénarios apocalyptiques de montée des eaux, l'Antarctique demeure une zone géopolitique cruciale. Le traité sur l'Antarctique de 1959 (qui gelait les revendications territoriales des douze premiers États signataires et sanctuarisait le continent à des fins scientifiques) reste sans doute la plus belle réussite diplomatique internationale de l'histoire moderne. Mais un regain d'activité de la Chine et de la Russie sur le continent réveillerait les soupçons de violation du traité en Australie, Nouvelle-Zélande et Norvège, par exemple.

• Les activités controversées dans l'océan Austral, comme la chasse à la baleine des Japonais ou la pêche du krill des Chinois, continueront de créer des incidents diplomatiques au sein du système antarctique.

Profil géopolitique des régions pour les cinq prochaines années : possibilités de coopération. L'Antarctique et l'Arctique, en particulier, figurent en bonne place des stratégies de sécurité nationale. La fonte des calottes glaciaires augmente les perspectives économiques et les préoccupations écologiques. Les conditions météorologiques difficiles et les échéances économiques à long terme ont jusqu'ici incité les États riverains de l'Arctique à coopérer. Mais les rivalités entre pays de la zone et les autres risquent de s'exacerber autour de l'accès aux voies navigables et aux ressources. La faiblesse durable des cours du pétrole diminuerait cependant l'attractivité du pétrole arctique.

• La Russie affichera toujours sa présence militaire le long de sa côte nord-est afin d'améliorer le périmètre de défense et de contrôle de sa zone économique exclusive (ZEE). Elle cherchera également à obtenir de la communauté internationale l'extension de sa souveraineté terrestre et de sa zone exclusive, ainsi que le droit d'y contrôler le trafic maritime. Si les relations entre la Russie et l'Occident se dégradent, Moscou pourrait se retirer des mécanismes et organisations internationales régulant l'Arctique et agir unilatéralement pour protéger ses intérêts.

• Le **Conseil de l'Arctique** , constitué de huit États riverains ayant souveraineté sur la zone (Canada, Danemark via le Groenland, Finlande, Islande, Norvège, Russie, Suède et États-Unis), continue de prendre de l'importance. Les membres du Conseil travaillent à définir leurs frontières territoriales selon les termes de la Convention des Nations unies sur le droit de la mer qu'ils ont tous ratifiée à l'exception des États-Unis. Depuis sa création en 1996, le Conseil a accordé le statut de participants permanents à six associations de peuples autochtones de la région et celui d'observateurs permanents à la Chine, la France, l'Allemagne, l'Inde, l'Italie, les Pays-Bas, la Pologne, Singapour, la Corée du Sud, l'Espagne et le Royaume-Uni. L'arrivée d'observateurs situés à des milliers de kilomètres de la région témoigne de l'intérêt international qu'elle suscite, même si la charte du Conseil exclut les questions de défense.

Autres considérations : la volonté d'indépendance du Groenland. L'ancienne colonie danoise s'est progressivement émancipée depuis la loi d'autonomie interne de 1979 ; une majorité d'habitants est en faveur de l'indépendance. Plusieurs dirigeants politiques militent pour qu'elle soit effective au 300e anniversaire de la colonisation en 2021. Mais la dépendance de Nuuk (la capitale) aux subventions danoises et la baisse des prix du pétrole ont refroidi ces velléités à court terme. Les 57 000 habitants auront néanmoins davantage voix au chapitre sur l'utilisation des immenses ressources minérales de la plus grande île du monde, également transformée à grande vitesse par le changement climatique.

L'Espace

L'ESPACE

Autrefois domaine exclusif des super puissances, l'espace héberge désormais une variété d'acteurs dont le nombre devrait encore augmenter au cours des cinq prochaines années. Même si 13 seulement des 70 agences spatiales nationales disposent de capacités de lancement, plusieurs États collaborent à un large éventail d'activités spatiales : gestion de satellites, envoi d'astronautes à la Station spatiale internationale à bord de vaisseaux russes ou chinois, par exemple. Les missions sont de plus en plus internationales et multisectorielles, conférant peut-être aux participants un sentiment de propriété collective de l'espace inédit depuis des années.

• **Exploration multinationale.** Plusieurs États contribuent désormais à la recherche sur notre système solaire. En lançant Mars Orbiter Mission (MOM) en 2014, l'Inde a été le premier pays à réussir du premier coup la mise en orbite d'une sonde autour de Mars. La même année, après dix ans de voyage, Rosetta, la sonde de l'Agence spatiale européenne, atteignait la comète 67P/Tchourioumov-Guérassimenko et, prouesse humaine historique, y déposait l'atterrisseur Philae. En 2015, les États-Unis permettaient à la sonde Dawn d'aller explorer les planètes naines Vesta et Cérès ; grâce à la sonde New Horizons, ils ont offert au monde les photos du premier survol de Pluton. On compte parmi les missions prévues ou en cours dans les cinq ans à venir : l'exploration de l'astéroïde Ryugu par une sonde japonaise, un alunissage chinois sur la face cachée de la Lune, l'exploration conjointe de Mercure par le Japon et l'Europe, l'envoi d'une sonde des Émirats arabes unis en orbite de Mars et le déploiement du télescope spatial américain James-Webb qui pourrait révolutionner plusieurs pans de l'astronomie.

• **Commercialisation.** L'espace n'est plus la chasse gardée des États. Attirées par le vide créé par la diminution des budgets publics et la perspective de retombées financières, plusieurs entreprises privées, telles Space-X, Blue Origin et Virgin Galactic, pourraient bientôt envoyer des humains dans l'espace. Planetary Resources envisage l'exploration minière d'astéroïdes, tandis que Bigelow Aerospace promet de déployer des modules gonflables habitables. Si l'horizon de concrétisation de ces projets est à des dizaines d'années d'ici, les cinq ans à venir verront les premiers tests de faisabilité de voyages privés dans l'espace.

• **Nouveaux systèmes de positionnement par satellites (GNSS).** Le système européen Galileo, qui devrait être entièrement déployé en 2020, améliorera considérablement les services de géolocalisation par une plus grande précision et une couverture plus large à plus haute altitude. Le système européen rejoindra les GPS américain, GLONASS russe, Beidou chinois et les réseaux régionaux indiens et japonais. Les appareils capables de traiter simultanément les signaux émis par les différentes constellations de GNSS offriront de nouveaux services (précision accrue, positionnement intérieur et en profondeur, antibrouillage) aux quatre milliards d'individus dans le monde qui utilisent la géolocalisation par satellites.

• **Débris spatiaux.** Plus de 500 000 débris gravitant autour de la Terre, certains à plus de 28 000 km/h, sont sous surveillance. Des millions de pièces trop petites pour être suivies représentent cependant un danger pour les satellites et autres engins. Une initiative internationale sera sans doute bientôt nécessaire pour identifier et financer la neutralisation des débris les plus dangereux pour le développement mondial de la conquête de l'espace.

• **Militarisation de l'espace.** De plus en plus encombré, l'espace est également de plus en plus revendiqué. La valeur stratégique et commerciale inestimable des équipements spatiaux promet une rivalité accrue des États pour sa conquête (accès, usage et contrôle). Le déploiement de technologies conçues expressément pour paralyser ou détruire les satellites pourrait accroître les tensions mondiales. La question est de savoir si les puissances spatiales – Chine, Russie et États-Unis notamment – sauront s'entendre dans ce domaine autour d'un code de conduite.

Tendances mondiales clés

Changement de la population par régions 2015-2035
La population mondiale augmentera probablement de 20 % entre 2015 et 2035, d'après les projections des Nations unies. Cependant, cette augmentation ne sera pas homogène. La population africaine (avec un revenu moyen par habitant de seulement 5 000 $, malgré un certain nombre d'économies dynamiques) augmentera de presque trois cinquièmes. En comparaison, la population européenne diminuera sans l'apport conséquent de migrants d'autres régions.

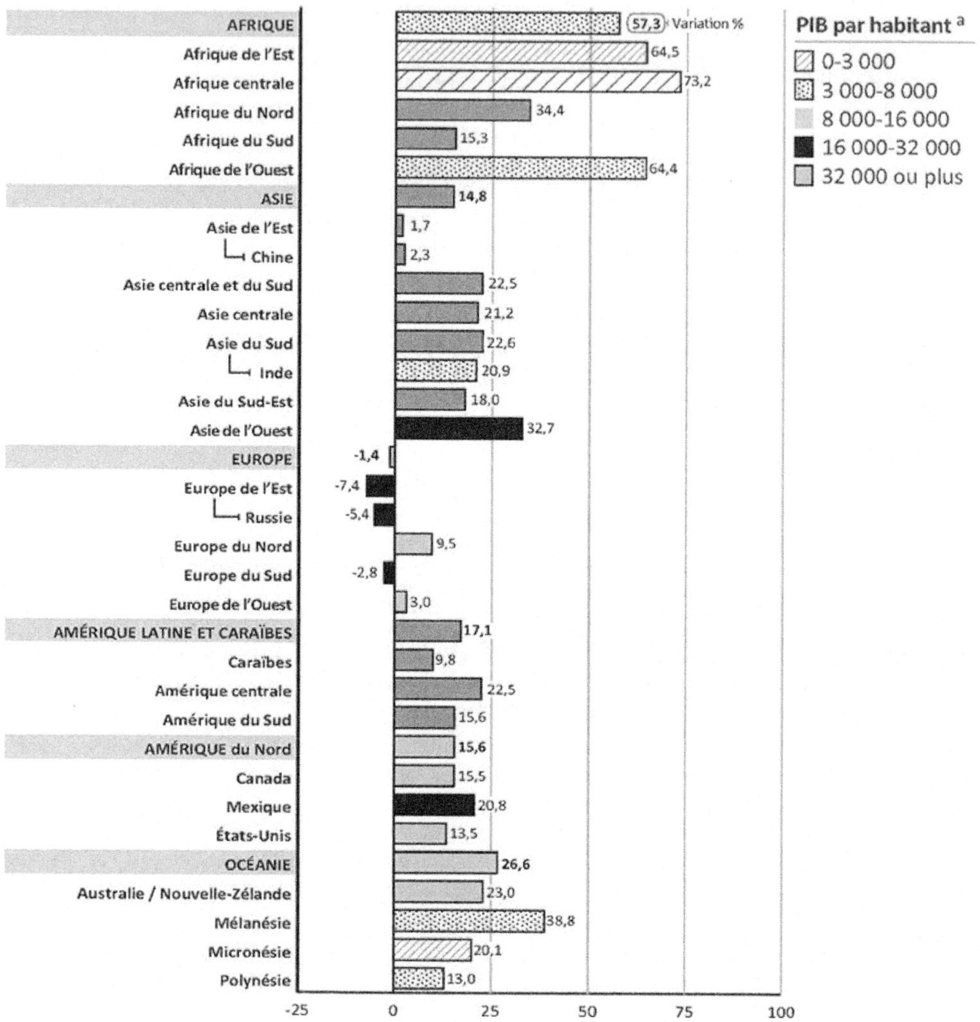

a PIB par habitant pour 2015 en dollars avec parité de pouvoir d'achat.

Sources : données démographiques de l'ONU (projections moyennes) ; Fonds monétaire international.

Les gens...

En 2035, la population mondiale sera plus nombreuse, plus âgée et plus urbanisée qu'aujourd'hui. Mais ces évolutions seront inégales selon les régions. Tandis que l'on observera une croissance rapide dans les pays aux économies prometteuses mais encore en voie de développement, la plupart des pays développés connaîtront eux une phase de stagnation, voire de baisse de leur population. Ces tendances vont mettre au défi les premiers de fournir infrastructures et emplois à leur population croissante et vont pousser les derniers à se servir des nouvelles technologies pour compenser leur besoin de main-d'œuvre et à intégrer peu à peu dans leur population les migrants issus de pays en voie de développement et en quête de meilleures conditions de vie.

• D'ici 2035, la population mondiale **augmentera de près de 20 %, atteignant 8,8 milliards d'individus** , tandis que l'âge moyen global passera de 30 ans en 2015 à 34 ans.

• D'ici là, plus de **trois cinquièmes de la population mondiale vivront probablement en zone urbaine** , environ 7 % de plus qu'en 2016.

Changements de la pyramide des âges de pays clés, 2015-35

États sélectionnés

Pyramide des âges (âge moyen)	PROJECTIONS 2015				PROJECTIONS 2035			
JEUNES (≤ 25 ans)	Niger	14,8	Kenya	18,9	Niger	15,7	Afghanistan	24,3
	Ouganda	15,9	Irak	19,3	Ouganda	18,9	Éthiopie	24,3
	R. D. du Congo	16,9	Yémen	19,3	R. D. du Congo	19,4	Yémen	24,5
	Afghanistan	17,5	Pakistan	22,5	Nigeria	20,0		
	Nigéria	17,9	Égypte	24,7	Irak	21,9		
	Éthiopie	18,6			Kenya	22,6		
INTERMÉDIAIRES (de 26 à 35 ans)	Afrique du Sud	25,7	Turquie	29,8	Pakistan	26,8	Venezuela	33,6
	Inde	26,6	Israël	30,3	Égypte	27,2	Mexique	35,1
	Mexique	27,4	Viêt Nam	30,4	Afrique du Sud	30,2		
	Venezuela	27,4	Tunisie	31,2	Israël	32,5		
	Indonésie	28,4	Brésil	31,3	Inde	32,8		
	Iran	29,5			Indonésie	33,2		
ADULTES (de 36 à 45 ans)	Chine	37,0	Canada	40,6	Turquie	37,0	Nouv.-Zélande	41,0
	Australie	37,5	Corée du Sud	40,6	Tunisie	38,0	Royaume-Uni	42,7
	Nouv.-Zélande	38,0	Cuba	41,2	Viêt Nam	39,0	France	43,3
	États-Unis	38,0	France	41,2	Brésil	39,3	Russie	43,6
	Russie	38,7	Espagne	43,2	Australie	40,6	Canada	44,4
	Pologne	39,6			États-Unis	40,8	Chine	45,7
	Royaume-Uni	40,0			Iran	40,9		
SENIORS (> 46 ans)	Allemagne	46,2			Cuba	48,0	Japon	52,4
	Japon	46,5			Pologne	48,2		
					Corée du Sud	49,4		
					Allemagne	49,6		
					Espagne	51,5		

Source : Division démographique de l'ONU, perspectives de population mondiale, révision de 2015 (données d'âge moyen).

Domaines d'inquiétude

Il est fort probable que cinq tendances démographiques engendrent instabilité et frictions politiques au sein et entre les États durant les deux prochaines décennies : les pays « jeunes » ; les migrations de masse entre États et entre régions ; les transitions démographiques ;

le vieillissement de la population ; l'écart de croissance entre la majorité et la minorité de la population. Les dynamiques de chacune de ces tendances sont détaillées ci-dessous, avec des exemples de régions ou d'États dans lesquels les chiffres seront sûrement les plus significatifs au cours des cinq et vingt prochaines années.

Les pays « jeunes » . On remarque que les pays dont la pyramide des âges est structurellement jeune rejoignent ceux qui ont été les plus vulnérables aux violences politiques perpétrées soit par le gouvernement, soit par des acteurs non étatiques. La plupart sont dirigés par des gouvernements corrompus, trop désorganisés pour répondre aux exigences d'un taux de fertilité élevé et d'une urbanisation extrêmement rapide. Ils manquent généralement de moyens fiscaux pour planifier et gérer une population de jeunes adultes sans emploi et contribuant à l'instabilité.

• Les violences politiques prolongées et les dysfonctionnements institutionnels que subissent ces États jeunes risquent d'entraîner l'intervention de puissances régionales et extra-régionales, comme ce fut le cas ces 40 dernières années.

• Dans les zones regroupant de nombreux États jeunes et dont les gouvernements sont incapables de contenir ou de réprimer les insurrections, les violences traversent souvent les frontières de l'État d'origine pour s'étendre dans la région et au-delà.

Le Centre de Programmes Internationaux du Bureau du Recensement des États-Unis (USCB-IPC) et la Division de la Population des Nations Unies prévoient que les États les plus jeunes aujourd'hui – la région du Sahel en Afrique ; l'Afrique équatoriale ; l'Irak et la Syrie ; le Yémen ; la Somalie et l'Afghanistan-Pakistan – persisteront dans cette tendance durant les cinq prochaines années et jusqu'en 2035 probablement.

• Selon les estimations de l'ONU, **l'Égypte sortira de la catégorie jeune** d'ici 2030 et le **Pakistan** l'imitera d'ici 2035, le **Yémen** s'approchant des mêmes résultats pour 2040. Cependant, l'expérience a montré que les prédictions de croissance de ces trois pays se sont révélées plus optimistes que la réalité, et ce schéma pourrait se reproduire.

La migration de masse . Les États jeunes et déchirés par les conflits et les crises ont souvent provoqué ces dernières décennies des flux migratoires massifs. Or il semble que ces tendances se prolongent jusqu'en 2035, générant des tensions politiques permanentes dans les pays d'accueil et des troubles temporaires des flux habituels d'immigrés et de touristes. Ces nouveaux flux de migrants en provenance d'États jeunes et instables vont nécessairement susciter des inquiétudes au sein des États d'accueil. Les répercussions seront à la fois financières, sociales et politiques.

• Les flux prévisibles de migrants économiques posent des problèmes aux États d'origine comme aux États d'accueil. Les pays d'origine des migrants doivent surmonter la perte de leurs travailleurs les plus prometteurs et les plus qualifiés. Quant aux pays d'accueil, outre les coûts d'intégration mentionnés ci-dessus, ils doivent faire face à l'arrivée massive et désordonnée des migrants aux frontières. En effet, les postes frontières sont submergés de migrants légitimes et illégitimes qu'il est nécessaire de contrôler. Mais ces pays d'accueil sont aussi confrontés à la formation de nombreux couloirs illégaux qui servent autant au trafic de migrants économiques qu'à l'infiltration de terroristes.

Dans les cinq prochaines années, les États situés « en première ligne », et a priori relativement stables, qui bordent les zones de conflits au Moyen-Orient – dont la Turquie, le Liban et la Jordanie, certains pays d'Europe centrale et du sud – devront gérer de telles tensions. L'UNHCR annonce que **le nombre de camps de réfugiés « de longue durée »** – actuellement de 32 avec une durée moyenne de 26 ans – **a largement augmenté** depuis le début des années 1990. Ces « colonies temporaires » situées « en première ligne » sont vouées à devenir des villes permanentes privées toutefois d'infrastructures, d'activités économiques diversifiées et d'institutions gouvernementales planifiées et dirigées.

• Durant les 20 prochaines années, sans croissance ni développement suffisant pour maintenir une stabilité, **la région très jeune du Sahel pourrait générer des flux** affectant l'Algérie, le Ghana, le Kenya, le Maroc, le Sénégal et la Tunisie. Par ailleurs, les conflits qui agitent actuellement l'Afrique équatoriale centrale augmenteront l'afflux des migrants vers le Botswana, le Kenya, l'Afrique du Sud et la Tanzanie. L'Iran devra quant à lui absorber davantage de migrants si les conflits en Irak/Syrie et en Afghanistan/Pakistan ne se résolvent pas.

Les populations en âge de travailler . Quels sont les États que l'on qualifie de « fenêtres d'opportunité démographique » ? Ce sont ceux dont une part relativement importante de leur population est en âge de travailler et qui connaissent en général simultanément une meilleure santé des mères et des enfants, une amélioration de l'éducation des enfants, un ralentissement de l'offre de main-d'œuvre et, dans certains cas, une augmentation de l'épargne ou de la richesse pour soutenir la croissance économique. La Chine et la Corée du Sud, qui ont récemment quitté cette fenêtre, ont vigoureusement étendu leur capital humain, ont créé des secteurs technologiques productifs, ont transformé leurs villes en centres d'impulsion à la fois habitables et fonctionnels, ont amassé une richesse privée et publique.

• Depuis les années 1970, les « fenêtres d'opportunité démographique » sont liées au **développement et à la stabilité des démocraties libérales** . Ce fut le cas du Brésil, du Chili, de la Corée du Sud et de Taïwan, à la fin des années 1980 et dans les années 1990, et plus récemment de la Tunisie. Ce modèle suggère que, dans les années à venir, un ou davantage des plus importants pays actuellement en phase intermédiaire – l'Algérie, la Colombie, l'Équateur, le Maroc, la Birmanie ou le Venezuela – pourraient accomplir leur transition vers une plus grande démocratie.

• Les taux de natalité encore forts et persistants des États jeunes indiquent que peu de pays africains à forte croissance passeront dans la catégorie intermédiaire au cours des cinq prochaines années. En revanche, des grappes d'États jeunes en Asie – dont les cinq anciennes républiques soviétiques d'Asie centrale – et en Amérique latine effectueront la transition, et seront probablement les foyers de croissance économique des prochaines années.

La population vieillissante des pays développés . Les projections de l'USCB-IPC et de l'ONU suggèrent que, d'ici 2035, les pays « âgés », ne comprenant pour l'instant que le Japon et l'Allemagne, seront plus nombreux. Ils incluront des États d'Europe centrale, de l'Est et du Sud, la plupart des pays d'Asie orientale, Cuba, et éventuellement la Chine. Ces États devront adapter – tout en maintenant – les cadres institutionnels établis pendant leur phase structurellement favorable, à savoir la sécurité sociale, la démocratie libérale et le capitalisme, afin de se montrer à la hauteur des défis inhérents à leur entrée dans la phase « senior ».

• Dans toutes les régions, l**e déclin du recrutement militaire** obligera les gouvernements à réduire leurs armées, à les adapter à des technologies plus sophistiquées, à avoir recours à des mercenaires et à envisager de plus grandes alliances militaires.

Les gouvernements des États « seniors » essayent déjà de s'adapter. Le déclin de la population en âge de travailler en Europe, au Japon et en Corée du Sud a conduit les gouvernements à stimuler la productivité individuelle des travailleurs. D'où l'apparition de nouveaux concepts de travail : les bureaux décentralisés et fonctionnant en réseaux, les robots et la possibilité de bénéficier de formations tout au long de la vie. Afin d'accroître la main-d'œuvre, ces pays mettent en œuvre des solutions pour capter la force de travail des femmes et des groupes sous-représentés. Ils subventionnent des centres de garde d'enfants, encouragent l'activité à mi-temps des seniors et rehaussent l'âge du départ en retraite pour faire travailler les gens plus longtemps et réduire ainsi le nombre de personnes âgées dépendantes.

• En Europe, les gouvernements vont devoir s'atteler durant les cinq prochaines années à **repousser l'âge des départs en retraite** et à libéraliser les règles du marché du travail. Ils se heurteront très probablement à une grande résistance. Tandis que l'immigration était autrefois perçue comme un supplétif pour soutenir l'État-providence, elle est à présent considérée comme une solution « inenvisageable » pour les politiques. Les États « vieillissants » d'Asie orientale, où les aides sont moins généreuses qu'en Europe, seront peut-être plus enclins à se plier aux réformes de retraite et de santé, mais il leur faudra assurer néanmoins un certain niveau de vie à leur population.

• Les pays aux gouvernements **politiquement incapables de contrôler les retraites et les aides liées à la santé** vont faire face à des choix fiscaux difficiles. Peut-être réduiront-ils le budget de l'éducation ou d'autres financements destinés aux jeunes dont le nombre aura diminué, affaiblissant encore davantage leur croissance économique. Les efforts pour passer de retraites gérées par l'État et d'un système de répartition financé par les employeurs à des programmes basés sur les économies personnelles vont certes atténuer les pressions économiques des gouvernements mais risquent **d'affaiblir les retraites individuelles.** Celles-ci devront faire face à la volatilité des marchés financiers, menant à terme à des demandes d'intervention gouvernementale pour régler des situations de crise économique.

La différence de croissance entre la majorité et la minorité . Dans les États multi-ethniques, les fossés entre les différents taux de croissance de la population accentuent les disparités sociales et politiques. S'opposeront ainsi un groupe majoritaire souvent mieux éduqué, plus prospère et urbanisé et des minorités ethniques et religieuses conservant généralement un fort taux de natalité ou dont la croissance démographique augmente avec l'immigration. En limitant la participation politique et économique ainsi que les opportunités d'éducation de ces groupes minoritaires – et en encourageant leur ségrégation résidentielle – les pays augmentent l'écart de croissance démographique et de prospérité. Ils aggravent les tensions et ce que les démographes politiques qualifient de *« dilemme sécuritaire démographique des minorités »* .

• Ces écarts de croissance deviennent souvent des **instruments de rhétorique politique** – des deux côtés – avec une exacerbation des différences. Ces divergences ont un impact intergénérationnel dans la mesure où elles créent des changements visibles dans la composition ethnique des populations en âge d'aller à l'école et dont l'éducation, subventionnée par la majorité imposable, peut être mise en péril si elle devient la cible de politiciens hostiles.

• Sur le plan politique, ces nouvelles compositions ethniques vont avoir de très fortes répercussions dans les démocraties électorales durant les vingt prochaines années. Cela sera d'autant plus vrai si les dirigeants issus du groupe dominant essayent de contrer leur perte de pouvoir électoral. On observe actuellement de telles mutations en Israël où la majorité, composée de juifs laïques ou traditionnellement religieux, va décliner dans l'électorat au cours des deux décennies à venir tandis que vont croître rapidement les populations des juifs ultra-orthodoxes, des juifs du Parti national religieux et des Israélo-Palestiniens.

• De la même manière, au sud-est de la Turquie, **la croissance rapide de la population kurde pourrait lui permettre de gagner du pouvoir électoral** en se développant et en s'organisant de façon plus efficace. Des changements sont également en cours dans les Andes centrales, où les populations indigènes constituent une part grandissante de l'électorat.

L'urbanisation continue . Depuis dix ans et pour la première fois, la population urbaine mondiale a dépassé la population rurale. Elle continue de croître ces dernières années pour des raisons naturelles et à cause des migrations tandis que la population rurale stagne. L'urbanisation façonnera les dynamiques sociales et politiques mondiales mais ses effets seront probablement inégaux. Tout dépendra de la capacité des États à gérer les contraintes politiques, économiques et sociales de cette soudaine croissance urbaine.

Avec une planification adéquate, l'urbanisation fournit le cadre, la main-d'œuvre et l'impulsion pour une croissance durable. Elle permet également aux gouvernements, aux entreprises et aux individus de réduire les coûts de transaction, elle assure des infrastructures publiques et des services plus efficaces, ainsi que la diffusion d'un plus grand savoir. D'après certaines estimations, les « mégarégions » du monde – ces réseaux de métropoles partageant le même système environnemental et topographique, des infrastructures, des liens économiques, des accords et une planification territoriale – représentent 66 % de l'activité économique mondiale et constituent le vivier de 85 % des innovations technologiques et scientifiques. Les villes et les centres urbains mal administrés, au contraire, sont des incubateurs de pauvreté, d'inégalités, de crimes, de pollution et de maladies. Les décisions à court terme concernant des infrastructures pour développer des mégalopoles détermineront leur perméabilité aux crises et aux changements climatiques.

• L'essor de **l'urbanisation engendre de nouveaux mouvements sociaux et politiques** . Ce phénomène augmente les tensions sociales et cause des carences d'infrastructures. Si, en plus, la croissance économique et les mesures environnementales sont insuffisantes, on assistera à une hausse de la pauvreté et de la dégradation des conditions de vie. De tels problèmes ont donné lieu à des revendications sociales, réclamant une meilleure redistribution des richesses. Naturellement, ces protestations exacerbent l'instabilité régionale.

• Même si le développement urbain est efficace, **les zones urbaines représenteront un défi pour les gouvernements** . En Europe par exemple, il faudra trouver les financements nécessaires pour des infrastructures adéquates, des transports, de l'énergie, de l'eau potable, de l'air respirable, un système alimentaire stable et des services de santé.

L'ÉMERGENCE D'UN DÉSÉQUILIBRE DES SEXES

Durant les 20 prochaines années, l'amélioration de l'éducation des femmes, l'accès à la contraception et une plus grande égalité des sexes sur le marché du travail vont réduire le taux de natalité. Notons toutefois que ces chiffres seront en partie contrebalancés par la baisse de la mortalité infantile due aux avancées biotechnologiques. Le ratio hommes/femmes des enfants nés dans les pays du Moyen-Orient, de l'Asie de l'Est et du Sud continuera probablement à augmenter. Ces dernières décennies, le ratio des sexes penchait en faveur des hommes dans une série de pays tels que l'Albanie, l'Arménie, l'Azerbaïdjan, la Chine, la Géorgie, l'Inde, le Monténégro, la Corée du Sud et le Vietnam où les avortements sélectifs, les infanticides et la maltraitance des filles étaient courants.

• Les 20 prochaines années, **une grande partie de la Chine et de l'Inde enregistreront 10 à 20 % de plus d'hommes que de femmes.** Ces deux pays constatent déjà qu'un nombre significatif de leurs hommes n'auront aucune perspective de mariage. Ces déséquilibres, qui ne pourront être corrigés que sur le long terme, sont liés à des niveaux de criminalité et de violence anormalement élevés : violations des droits de l'homme, enlèvements et trafics de filles et de femmes pour le mariage ou l'exploitation sexuelle.

• Les déséquilibres entre les sexes et la domination des hommes sont fortement liés aux **systèmes patrilinéaires** qui se portent garants de la sécurité quand les capacités gouvernementales faillissent. Cette idéologie rencontre de plus en plus d'adeptes, et les groupes la soutenant sont susceptibles de fragiliser davantage encore le statut des femmes.

• Les difficultés économiques que connaît le monde arabe forcent nombre d'hommes à différer leur mariage par manque de richesse. En effet, le système de la dot obligatoire est encore en vigueur dans les sociétés patrilinéaires. Aussi, cette **hausse du coût du mariage** met les jeunes hommes dans des positions inconfortables et est source de griefs. L'obstruction du marché matrimonial – due à ces coûts élevés, au déséquilibre du ratio des sexes et à la polygamie – facilite le recrutement des jeunes hommes par les groupes rebelles et terroristes.

Comment les gens vivent...

La planète et ses écosystèmes risquent d'être fortement affectés dans les années à venir par diverses mutations humaines et naturelles. Ces perturbations exposeront les populations à de nouvelles vulnérabilités et à des besoins en eau, nourriture, services de santé, énergies et infrastructures. Les changements climatiques vont rendre la météo de moins en moins prévisible et stable. La biodiversité marine va s'affaiblir à cause du réchauffement des océans. Ceux-ci vont devenir plus acides, fragiles et pollués. La santé des hommes et des animaux sera affectée par d'importantes vagues de chaleur et de froid, générant de nouveaux processus de propagation des microbes. Ces risques seront distribués de façon inégale dans le temps et la géographie, mais toucheront la plupart des écosystèmes et des populations, dans certains cas de manière grave, voire catastrophique.

Les changements climatiques et environnementaux mettront les systèmes au défi de diverses façons : vagues de chaleur, infrastructures fragilisées, problèmes d'énergie, de santé humaine et animale, d'agriculture... Le changement climatique – observé ou anticipé – sera certainement une composante intégrale de la façon dont les hommes percevront le monde. Notons encore qu'une augmentation de la population est prévisible dans les régions les plus exposées aux conditions extrêmes et à la montée du niveau des mers, notamment les mégalopoles littorales et les territoires déjà sujets aux pénuries d'eau. La plupart des problèmes écologiques et environnementaux causés par le changement climatique – y compris les maladies contagieuses – franchiront les frontières, rendant essentiels la coopération entre gouvernements et des organisations internationales pour trouver des solutions efficaces. Les politiques et les programmes qui diminueront les risques et s'adapteront à ces défis créeront des opportunités pour ceux qui seront à la bonne place.

Tendances majeures

Changements des systèmes terrestres . Le changement climatique, la montée du niveau des mers et l'acidification de l'océan sont susceptibles d'amplifier les pressions déjà causées par la croissance démographique, l'urbanisation, une protection de l'environnement insuffisante et l'utilisation d'énergies et de ressources naturelles. Bien que de nouvelles politiques climatiques en vigueur tendent à réduire le taux d'émission de gaz à effet de serre dans la durée, celui-ci a déjà entraîné une importante augmentation de la température moyenne de la planète. Cela aura pour conséquences des épisodes météorologiques plus extrêmes et plus fréquents : vagues de chaleurs, sécheresses et inondations. La température qui atteint déjà fréquemment des records de chaleur ou de froid, et la multiplication des phénomènes exceptionnels poussent de nombreux scientifiques à penser que les conséquences du changement climatique seront plus fortes et plus rapides que prévu. L'intensité des perturbations pourrait varier considérablement, nous réservant de tristes surprises, notamment l'extinction de nombreuses espèces déjà très exposées.

- L'anticipation de ces changements, dans l'espace et dans le temps, devient de plus en plus incertaine. Mais il est certain que ces problèmes affecteront probablement les populations les plus vulnérables (ou malchanceuses), quel que soit le niveau de développement des pays.
- Les tempêtes, augmentées par la hausse du niveau des mers, menaceront les littoraux et les zones de basses terres. Cette instabilité écologique troublera certainement la production alimentaire et l'accès à l'eau, augmentant les pressions économiques, politiques et sociales. Le cercle polaire sera encore plus fortement touché par

ces mutations, et la fonte des glaces durant la saison estivale rendra l'Arctique plus accessible que jamais.

Santé humaine et animale sous pression. Le changement des conditions environnementales et la croissance des liens et échanges à travers le monde affecteront la fréquence des précipitations, la biodiversité et la reproduction des microbes. Tout cela affectera naturellement les récoltes et les systèmes d'agriculture, et décuplera l'émergence, la transmission et la propagation des maladies infectieuses humaines et animales. On peut toutefois espérer que ces difficultés engendrent aussi des découvertes médicales et pharmacologiques. En effet, tous les problèmes thermiques, les sécheresses, les inondations, les tempêtes, les séquelles sur la santé humaine, vont forcer les populations (particulièrement dans les pays aux faibles revenus de l'Afrique subsaharienne et d'Asie du Sud) à migrer et à changer leurs modes de vie.

- **Les menaces environnementales indirectes sur la santé humaine.** L'insécurité alimentaire, la sous-nutrition, le déclin de la qualité de l'air et de l'eau vont accroître les maladies contagieuses (en particulier les maladies zoonotiques émergentes, les micro-organismes résistants aux médicaments) et les maladies non contagieuses (telles que les maladies cardiaques, les AVC, le diabète, les maladies mentales).
- Ces maux seront **intensifiés par les tendances démographiques et culturelles** : le vieillissement des sociétés en Europe et en Asie, les conditions alimentaires et sanitaires déplorables en Afrique et en Inde, l'urbanisation et le développement de zones inhabitées, l'augmentation des mégalopoles et des inégalités. Paradoxalement, l'accroissement de la longévité – un objectif quasi universel – va encore davantage affaiblir la sécurité alimentaire et hydrique dans des régions déjà presque incapables de pourvoir aux besoins de leurs populations.

Les lacunes et les négligences des systèmes de santé nationaux et internationaux rendront la détection et la gestion des épidémies plus difficiles, ce qui risque de causer leur expansion sur de très vastes périmètres. La généralisation des contacts entre les populations va accroître la propagation des maladies infectieuses chroniques déjà répandues (telles que la tuberculose, le sida et l'hépatite), entraînant de sérieux problèmes économiques et humains dans les pays les plus touchés, malgré l'importance des ressources internationales octroyées pour leur prévention. De nombreux États aux revenus intermédiaires ont déjà des difficultés pour lutter contre le développement de maladies non contagieuses, en plus de la persistance des maladies contagieuses.

Systèmes humains en péril. L'accroissement des crises météorologiques va mettre en danger toutes les populations, et tout particulièrement celles qui sont concentrées dans les zones à forte densité. Si les États et les municipalités concernés ne prennent pas rapidement des mesures pour diminuer les risques (amélioration des infrastructures ou encore systèmes d'alertes), les populations de ces régions vulnérables vont être confrontées à de terribles besoins de nourriture, d'eau, de transport, de logements et de système de santé.

• **La dégradation des sols et des terres** dans les 20 prochaines années diminuera la surface des terres cultivables, contribuant aux pénuries et à l'augmentation des prix des matières premières. Même les nations les plus riches risquent d'être affectées, car elles dépendent du commerce agricole mondial, performant et développé en temps de paix uniquement.

• **Les pénuries d'eau et la pollution ébranleront probablement les performances économiques** et les conditions de santé des populations, même celles des pays les plus développés. Le rendement économique souffrira si les États n'ont pas assez d'eau potable pour générer de l'électricité ou soutenir l'industrie et l'extraction de ressources. Les problèmes d'eau s'ajoutant à la pauvreté, aux tensions sociales, à la dégradation de l'environnement, à l'inefficacité des dirigeants, aux inégalités entre les sexes et à la fragilité des institutions politiques ne peuvent que contribuer à produire des ruptures sociales, voire des faillites d'États.

Choix-clés

Comment les dirigeants politiques et les populations réagiront-ils à un monde moins capable de préserver la vie ? Les dégradations environnementales et écologiques, le changement climatique, vont forcer les gouvernements et les organisations humanitaires à s'interroger sur la répartition des ressources, sur la gestion des crises (particulièrement pour les populations les plus vulnérables) et sur les investissements à long terme pour construire des systèmes plus résistants et adaptés. Des événements météorologiques sans précédent et l'avancée du processus de désertification nuiront aux populations vulnérables d'Afrique, d'Asie et du Moyen Orient, où d'importantes sécheresses causeront probablement des carences en eau, en nourriture et décimeront les troupeaux. Des tempêtes tropicales de plus en plus intenses auront un impact cumulatif sur les infrastructures, la santé et la biodiversité des zones littorales et de basses terres, compromettant les efforts déployés pour affronter les crises et reconstruire. D'un point de vue positif cependant, ceux qui lutteront pour survivre à ces bouleversements pourraient développer des innovations radicales et améliorer leurs conditions de vie. Mais ils pourraient aussi devenir plus violents, migrer (sauf si les pays voisins traversent les mêmes difficultés ou ne font pas preuve d'hospitalité) ou mourir.

• Certaines voix connues demanderont des interventions concernant **la géo-ingénierie climatique** . Cependant, les recherches risquent d'être freinées par des gouvernements instables et des perturbations sociales.

• Des appels se multiplieront certainement pour offrir une forme de « droit d'asile », de statut de réfugié, aux **victimes des dégradations environnementales extrêmes** .

Dans quelle mesure les individus, gouvernements, organisations privées, civiles ou internationales emploieront-ils

les nouvelles technologies pour améliorer la sécurité alimentaire, hydrique et énergique ; la qualité de l'air, des océans et la biodiversité ; la santé humaine et animale ; la résistance des transports, des systèmes d'information et les autres infrastructures primordiales ?

Il est urgent de pouvoir prédire dans le temps et dans l'espace géographique les bouleversements environnementaux et climatiques à venir. D'où la nécessité de développer des systèmes d'information permettant aux dirigeants de faire avec efficacité des estimations presque en temps réel et de prendre des décisions politiques réduisant les dégâts et les victimes. Mieux vaut prévenir que guérir. Financer des constructions capables de résister aux catastrophes naturelles est généralement bien moins élevé que le coût de la reconstruction après un désastre. Mais mobiliser les politiques et les ressources pour prendre des mesures préventives se révèlera difficile sans une crise dramatique forçant à repenser les priorités.

Même après une crise, la volonté d'éviter sa répétition est souvent dépassée par l'ampleur des investissements pour la recherche climatique, pour la protection et la prévision des catastrophes. Financer des systèmes de santé qui permettent de s'adapter aux nouvelles conditions climatiques ; développer un budget carbone viable ; mettre en place davantage d'infrastructures et de systèmes de transports énergiquement autonomes ; appliquer les « meilleures pratiques » dans les procédés industriels pour réduire les risques sur les systèmes alimentaires, hydriques et sanitaires ; améliorer la gestion de l'eau avec des subventions et un marché d'« eau virtuelle » ; investir dans des secteurs comme l'agriculture, l'énergie et le traitement des eaux usées sont autant de programmes qui devront être mis en place.

Un défi de plus en plus important pour la viabilité des ressources sera la capacité des dirigeants à juger des besoins d'une population donnée en énergie, en carburant et en nourriture en temps quasi réel. L'enjeu à venir sera de mesurer précisément les ressources et les besoins des individus afin de mieux subvenir à ces derniers.

De nouveaux investissements énergétiques et technologiques devraient permettre de réduire les risques liés au changement climatique, même si la plupart nécessiteront des financements élevés et des années d'efforts. Il sera nécessaire de développer des sources d'énergie propre et des technologies adaptées, telles que les éoliennes en mer, les panneaux solaires, la production répartie d'électricité et le stockage énergétique ; de meilleurs combustibles tels que les biocarburants ou la transformation des déchets en énergie, le captage du carbone et son stockage.

• La réduction de l'empreinte carbone **menacera les intérêts économiques établis** et perturbera les communautés de longue date construites autour des industries d'hydrocarbures.

• L'énergie marine, les carburants synthétiques renouvelables, le nucléaire seconde génération, les hydrates de méthane, la transmission énergétique sans fil et le captage d'énergie sont des solutions prometteuses mais loin d'être au point. Les biotechnologies industrialisées contribueront aux secteurs de production et d'extraction, à la sécurité alimentaire, sanitaire et à la défense.

Parmi les nouvelles technologies, nombreuses sont celles qui recèlent un vaste potentiel pour régler les problèmes complexes que le monde doit affronter, mais leur impact sera limité si elles ne sont réservées qu'aux pays les plus riches. L'augmentation des liens et échanges dans le monde devrait rendre les populations plus perméables aux nouvelles technologies et plus avides d'y accéder. En revanche, les États et les organisations mondiales risquent d'être paralysés par les écarts de développement technologique entre les régions du monde.

• **Les avancées technologiques** dans le domaine de la santé, des biologies synthétiques, de la biotechnologie, de l'information, des matériaux et de la production, de la robotique, amélioreront probablement la prévention des maladies, la surveillance, le traitement et la gestion qui garantiront une meilleure qualité de vie et augmenteront l'espérance de vie.

• L'automatisation pourrait réduire les coûts de recherche et de développement pharmaceutiques en permettant la création de médicaments rationnels par ordinateur et des systèmes de modelage humain réduisant les tests sur les animaux et les produits défaillants.

La biotechnologie avancée en elle-même ne peut pas gérer certaines lourdes menaces de santé publique, comme l'augmentation de la résistance antimicrobienne (AMR). Un besoin pressant de technologies relativement simples et accessibles à la population mondiale se fait également ressentir. Pour répondre à ces besoins, **les pratiques commerciales liées à la création de nouvelles technologies sanitaires évolueront sans doute** . Les recherches AMR se sont déjà tournées vers des fonds publics plutôt que des investissements privés pour le développement de leurs produits. Les fonds de développement sont également susceptibles de provenir de sources non traditionnelles, dont d'autres pays aux revenus élevés, des économies émergentes et des dons philanthropiques. Pour résumer, les changements dans les modèles d'innovation se révèleront aussi importants que les changements des technologies en elles-mêmes.

À quel point les individus, les gouvernements et les organisations privées, civiles et internationales s'associeront-ils pour trouver de nouvelles façons de renforcer les systèmes essentiels à la survie de l'humanité ? Il est primordial que les prestataires de ces services essentiels soient plus efficaces pour réduire l'impact du changement climatique, particulièrement dans les zones urbaines densément peuplées. Il va falloir améliorer la rapidité et la qualité de la gestion de ces crises. De nombreux États et gouvernements locaux se montreront incapables de fournir le capital nécessaire pour les grands investissements sur les infrastructures et devront trouver des sources de soutien en provenance d'organisations civiles et internationales, d'entreprises et d'individus. Cependant, motiver les dons et les intérêts politiques – ces derniers ne percevront peut-être pas immédiatement les avantages d'améliorer des infrastructures existantes pour les rendre plus résistantes plutôt que d'en construire de nouvelles – se révélera difficile. Un défi supplémentaire consistera à travailler avec des individus, des organisations de chercheurs, des ONG, des entreprises, des États et la communauté internationale pour créer des technologies accessibles aux riches et aux pauvres.

Comment les gens créent et innovent...

La technologie, de la roue à la puce en silicium, a considérablement modifié le cours de l'Histoire. Pourtant, anticiper quand, où et comment la technologie transformera les dynamiques économiques, sociales, politiques et sécuritaires est difficile. Certaines innovations primordiales dont on parle depuis longtemps, comme la fusion froide, ne sont toujours pas réalisées. En revanche, d'autres mutations ont eu lieu plus rapidement et plus amplement que ce que les experts avaient prédit. Par exemple, les courtes répétitions palindromiques groupées et régulièrement espacées (CRISPR), le développement des manipulations génétiques, ont très vite bouleversé les sciences biologiques.

Le développement et le déploiement de la technologie s'accélèrent quand les outils et les techniques sont accessibles ou combinés pour permettre de nouvelles avancées. Les Technologies de l'Information et de la Communication avancées (TIC), par exemple, transforment tout, des automobiles à la production industrielle, et certains experts affirment que les percées en biotechnologies et en nanomatériaux auront un effet similairement catalytique dans les prochaines décennies. Combiner de nouvelles technologies assurera de grandes surprises et de nouvelles possibilités passionnantes, engendrant des développements dans des domaines parfois très éloignés. Ainsi, les biotechnologies et les nouveaux matériaux technologiques pourraient modifier les technologies énergétiques.

Tendances majeures

Les Technologies d'Information et de Communication avancées (TIC) incluent l'Intelligence Artificielle (IA), l'Automatisation et la Robotique. Ainsi, le développement et le déploiement des TIC améliorent la productivité du travail, les échanges commerciaux, la croissance économique et la réactivité politique. Éléments clés, les TIC influenceront presque toutes les industries nouvelles ou existantes. L'émergence de l'Internet des Objets (IdO) et de l'Intelligence artificielle (IA) permettra aux big data d'offrir de nouvelles connaissances aux entreprises, de transformer les industries et de développer les communications avancées entre machines. L'usage de certaines technologies par les individus, comme la réalité augmentée (AR) ou la réalité virtuelle (VR), modifiera la société, particulièrement les médias, le divertissement et la vie quotidienne.

- Les nouvelles TIC auront probablement un impact important dans **le secteur financier** . Des monnaies virtuelles ; des technologies « blockchain » pour les transactions ; et les analyses intuitives permises par l'IA et les big data remodèleront les services financiers, affectant peut-être la stabilité du système, la sécurité des infrastructures financières majeures et la vulnérabilité aux cyberattaques.
- Les nouvelles TIC transforment aussi **le transport et la consommation d'énergie** de manière profonde. Les applications combinant analyses de données, algorithmes et informations géophysiques en temps réel, comme Uber ou Waze, optimisent les schémas de circulation, améliorent la consommation d'énergie et diminuent la pollution urbaine. Cela favorise les véhicules semi-autonomes et autonomes, pouvant réduire la densité de circulation et le taux d'accidents tout en générant d'immenses gains économiques.

Problèmes éventuels : La dépendance accrue aux données – point commun de toutes ces technologies de l'information émergentes – nécessitera d'établir des limites et des standards clairs sur leur possession, la protection de l'intimité, les flux de données transfrontaliers et la cybersécurité, qui pourraient générer des conflits politiques importants sur le plan national et international. Les tentatives de certains États pour endiguer la propagation rapide des TIC et contrôler le flux d'informations minimiserait peut-être la dislocation du travail et sa volatilité mais limiterait les gains socio-économiques. Les pays moins tournés vers l'éthique pourraient utiliser des technologies auxquelles d'autres seraient opposés ou assouplir les règles pour attirer des entreprises de haute technologie et construire des centres de recherches et de développement.

Les États, les entreprises, les groupes activistes, les organisations religieuses et les citoyens essayent tous de tourner les informations à leur avantage. D'où une compétition intense et exponentielle de messages qui risquent de nuire en profondeur à nos systèmes cognitifs et émotionnels. Les premiers médias sociaux ont laissé croire que des communications plus libres et variées pourraient propulser la planète dans une nouvelle ère de démocratisation. Tandis que les États autoritaires se sont révélés adeptes de la restriction de l'accès à l'information pour maintenir un contrôle social, les pays plus ouverts ont encouragé les flux et la liberté des informations, d'où une division de la société et une polarisation politique. Les médias sociaux permettent aussi la diffusion rapide de dangereuses et fausses informations ; les individus prêts à y croire sont davantage susceptibles d'accepter cette désinformation sans la remettre en question et de la relayer à d'autres personnes naïves.

• Les TIC créeront peut-être de nouveaux métiers liés au contrôle informatique, au signalement des erreurs, à la protection de la vie privée et à la lutte contre le harcèlement. Les standards de vérité dans les médias sociaux sont de plus en plus ambigus et négociables – à la limite, chaque affirmation de vérité devient un outil de propagande sans statut épistémologique particulier.

• Il a fallu des décennies, voire des siècles, pour que les individus développent des standards communs capables de juger de la véracité des informations. Mais la technologie a reformulé de nombreux problèmes dans les relations interpersonnelles et créé de nouveaux défis pour les gouvernements souhaitant ou devant établir une « crédibilité » en politique étrangère ou pour des négociations.

L'intelligence artificielle (ou systèmes autonomes améliorés) et **la robotique** peuvent engendrer des changements technologiques à un rythme inédit. Certains experts s'inquiètent que ce rythme soutenu de remplacements technologiques ne dépasse la capacité des économies, des sociétés et des individus à s'adapter. Historiquement, les changements technologiques ont d'abord détruit puis créé des emplois. L'émergence de nouvelles industries et de nouveaux secteurs crée finalement davantage d'emplois qu'elle n'en détruit. Cependant, le rythme de plus en plus rapide des changements épuise les capacités des systèmes de régulation et de formation qui peinent donc à s'adapter. Aussi, les sociétés rencontrent des difficultés pour embaucher des travailleurs dotés des compétences et des qualifications nécessaires.

• Les véhicules autonomes, qui élimineront le recours aux camions, aux taxis et autres chauffeurs, seront certainement l'exemple à court terme le plus dramatique de ces remplacements technologiques.

• Les nouvelles technologies et les opportunités qu'elles créent nécessiteront une expertise spécialisée et une gestion complexe que n'auront pas forcément les travailleurs. En conséquence, les avancées des TIC aggraveront peut-être le fossé économique entre les individus aux compétences recherchées et ceux dont les compétences sont obsolètes.

• Les nouvelles technologies augmenteront également la conscience publique de la hausse des inégalités en termes d'opportunités et de richesses. Pour réduire les effets néfastes de cette prise de conscience, les programmeurs cherchent à développer des mondes virtuels sympathiques, souvent qualifiés de « moteurs d'empathie ». Mais les critiques s'inquiètent du mauvais usage des TIC menant déjà au désengagement civil et social et craignent que de nouvelles avancées comme la réalité augmentée ou la réalité virtuelle n'aient les mêmes effets.

Les biotechnologies et la santé humaine avancée. La biotechnologie, récemment accélérée par les développements CRISPR avance encore plus rapidement que les TIC et promet des améliorations dans les réserves alimentaires mondiales et la santé humaine. L'application de la biotechnologie – incluant les modifications génétiques – à la production de nourriture, particulièrement des cultures les moins utilisées, stimulerait la productivité agricole, étendrait l'éventail de croissance et améliorerait la résistance des cultures aux conditions météorologiques et aux maladies végétales. Les avancées de la modification génétique mèneraient également à d'éventuelles percées dans la santé humaine en éliminant les moustiques porteurs de la malaria ou en altérant les codes génétiques pour guérir des maladies comme la mucoviscidose. Réduire les insécurités alimentaires et améliorer la santé des populations dans le monde en développement sont les enjeux vitaux qui nous attendent pour compenser l'altération de la production agricole due aux changements climatiques.

L'ingénierie génétique et les autres biotechnologies aideront la prévention des maladies en permettant de meilleurs diagnostics et traitements, en luttant contre la résistance antimicrobienne et en empêchant la propagation des maladies grâce à une détection précoce des nouveaux facteurs pathogènes au potentiel pandémique. L'éradication de certaines maladies génétiques et les avancées dans la manipulation du système immunitaire amélioreraient la qualité de vie et la santé sur le plan international et réduirait les coûts des services sanitaires.

• Les nanomatériaux sont de plus en plus utilisés dans la composition des dispositifs médicaux, dans les agents de contraste, dans la radiométrie des nanosciences et les médicaments avancés. La médecine numérique et les nouvelles procédures médicales contribueront probablement à l'amélioration mondiale de la santé. Des outils améliorés pour décrire, contrôler et manipuler les structures et les fonctions du vivant à une nano-échelle inspireraient des approches biologiques d'autres développements technologiques et de nouvelles techniques de fabrication.

• Les avancées dans le calcul, le séquençage à très haut débit et les technologies de culture permettront la compréhension et la manipulation du microbiome humain pouvant conduire à des remèdes pour les maladies auto-immunes comme le diabète, la polyarthrite rhumatoïde, la dystrophie musculaire, la sclérose en plaques, la fibromyalgie, et peut-être certains cancers. Certains micro-organismes pourraient compléter les traitements pour la dépression, les troubles bipolaires et autres maladies mentales liées au stress.

- Le contrôle optique des neurones et les modulations optogénétiques des activités neuronales promettent d'aider les neurologues à observer des cerveaux en action, dans le but de prévenir et guérir des maladies comme la démence, la maladie de Parkinson et la schizophrénie. Ces procédures permettraient également d'engranger des connaissances sur la construction de systèmes similaires aux cerveaux pour l'Intelligence artificielle.

Problèmes éventuels : De nombreux pays considèrent encore la modification génétique alimentaire comme risquée ou insuffisamment testée et n'accepteront pas son développement ou son déploiement, ce qui limitera sa capacité à proposer des denrées alimentaires à bas prix ou à augmenter les propriétés nutritionnelles des aliments. Certaines technologies génétiques, comme le « gene drive » pouvant altérer le génome d'espèces entières, risquent d'être difficiles à maîtriser. Les manipulations génétiques au niveau des espèces – par exemple pour rendre les moustiques incapables de porter le virus de la malaria ou d'autres facteurs pathogènes virulents – auront peut-être des effets imprévus. Quels que soient leurs avantages, de telles technologies devront inévitablement faire face à une vive opposition politique nationale et internationale.

- D'ici 2035, de rapides changements « marquants » dans l'espérance de vie humaine sont plausibles. Mais améliorer la durée et la qualité de vie augmenterait les coûts financiers pour les sociétés, surtout celles où les populations vieillissantes pèsent déjà sur les budgets des gouvernements. Cependant, ces coûts seront peut-être contrebalancés par les économies sanitaires induites par les avancées dans le traitement des maladies génétiques et les thérapies génomiques.
- Les débats sur le caractère moral et l'efficacité des droits de propriété intellectuelle sur ces questions de vie, de mort et sur de

plus vastes problèmes technologiques feront certainement l'objet de conflits éthiques internationaux.

• Les avancées technologiques pour traiter les maladies et améliorer les capacités humaines diviseront probablement les politiques puisque leur accès sera inégal – si l'on part du principe que les techniques les plus avancées ne seront accessibles qu'aux riches. La modification des gènes humains et l'amélioration des aptitudes mentales ou physiques engendreront évidemment des débats éthiques violents tant à l'échelle nationale qu'internationale.

• Les avancées biotechnologiques, dont l'automatisation et le développement d'outils standardisés et de « langages de programmation » – pour la biologie synthétique –, offriront la possibilité aux individus de fabriquer des micro-organismes agressifs pour commettre des attaques bioterroristes.

Énergie : Les avancées des technologies énergétiques et les inquiétudes concernant le changement climatique prépareront le terrain pour de nouvelles utilisations des énergies, dont le vent, le soleil, les vagues, les déchets, ou la fusion nucléaire pour générer de l'électricité et le stockage d'énergies fixes ou mobiles. Les énergies « vertes » – en compétition avec les énergies fossiles – sont déjà employées et, à l'avenir, on verra de plus en plus de technologies développées à partir des énergies carbones ou non carbones. Les innovations – comme des systèmes de distribution d'énergie à petite échelle ne nécessitant pas de connexion à un réseau électrique, incluant parfois des sources d'énergie renouvelables et intégrant l'électricité dans les équipements de la maison, du transport et de la ferme – transformeront probablement les modèles actuels de production et de distribution d'énergie en libérant les citoyens de la dépendance à l'énergie fournie par l'État. Des systèmes distribués et des réseaux permettant la génération et le stockage d'énergie amélioreront la résistance des systèmes électriques et des systèmes d'infrastructure d'énergie. Ces derniers sont essentiels pour affronter les catastrophes naturelles, notamment dans les zones vulnérables au changement climatique et en proie à des conditions météorologiques extrêmes.

Problèmes éventuels : Durant les vingt prochaines années, la combinaison de carburants fossiles, nucléaires et des sources d'énergie renouvelable répondra aux besoins énergétiques mondiaux. Cependant, le déploiement à grande échelle, commercialement intéressant, de **technologies énergétiques** non fossiles est plausible. Cela réduirait la valeur des réserves de ressources fossiles des États qui dépendent de ces revenus pour financer leur budget et faire vivre leurs citoyens. Beaucoup auront des difficultés pour restructurer leur économie. L'impact commercial sera également important pour les compagnies pétrolières, qui figurent parmi les plus grandes entreprises mondiales. Sans amélioration majeure des batteries bon marché et autres formes de stockage d'énergie, les nouvelles sources d'énergie continueront à nécessiter des infrastructures conséquentes. D'où la mise à l'écart des pays les plus pauvres qui n'y auront pas accès.

Intervention climatique : Les technologies permettant la géo-ingénierie – la manipulation à grande échelle du climat terrestre – en sont encore à leurs balbutiements, n'existant pour l'instant que dans les ordinateurs. Une géo-ingénierie véritable nécessitera un large éventail de technologies. Actuellement, la gestion des radiations solaires vise à rafraîchir la planète en limitant les radiations solaires atteignant la Terre, en injectant possiblement des aérosols dans la stratosphère, en éclaircissant chimiquement les nuages ou en mettant des miroirs spatiaux en orbite. Un groupe de technologies plus coûteux – et probablement plus long à mettre en place – concentre ses efforts pour débarrasser l'atmosphère du surplus de dioxyde de carbone grâce à une capture directe de l'air, à une fertilisation au fer des océans et au boisement de zones auparavant vierges. La capture du carbone et son stockage est une technologie désormais reconnue. Elle permet de récolter le dioxyde de carbone dès son émission et de l'enterrer. Le boisement est également une technologie reconnue, et les scientifiques ont procédé à des tests de fertilisation des océans dans une zone limitée.

Problèmes éventuels : Les perturbations climatiques accrues stimuleront l'intérêt pour la géo-ingénierie bien avant que la communauté scientifique ne comprenne l'impact et les conséquences imprévues de tels efforts. Avec la recherche, les pays aux industries avancées seront peut-être en mesure de développer des technologies pour gérer rapidement les radiations solaires, et à un coût moins élevé que les dommages suscités par les changements climatiques. Cependant, étant donné le temps imparti, la recherche ne pourra probablement pas évaluer tous les effets découlant de la distribution des radiations solaires, des variations inhabituelles de températures et de précipitations, et de l'amplification des tempêtes – ni déterminer la régulation internationale appropriée pour les températures mondiales.

- Un défaut majeur des stratégies de la géo-ingénierie est qu'elles ne contrent pas les effets de l'augmentation du dioxyde de carbone dans l'atmosphère, tels que la galopante acidification des océans. Les technologies de capture du carbone ont également des limites économiques et physiques qui suggèrent que leurs mises en place seraient coûteuses, lentes et même inutiles si le carbone s'échappe à nouveau dans l'atmosphère.
- Les technologies de retrait du carbone dans l'atmosphère nécessiteront de grandes recherches et une avancée majeure dans les sources d'énergies non fossiles.
- Le déploiement unilatéral des technologies de la géo-ingénierie – même pour des tests à petite échelle – aggraveraient sans aucun doute les tensions géopolitiques. Une manipulation unilatérale intentionnelle de l'écosystème mondial altérera probablement la façon dont les personnes perçoivent leur relation au milieu naturel et entre elles.

Matériaux et productions avancés. Les développements des matériaux et de la production susciteront, directement ou indirectement, de nouvelles avancées technologiques. L'usage des nanomatériaux et des métamatériaux se répandra sûrement étant donné leurs propriétés nouvelles. Ces matériaux sont d'ailleurs déjà présents dans nombre d'outils électroniques, sanitaires, énergétiques, de transport, de construction et de consommation. Les caractéristiques mécaniques et électriques améliorées des nanomatériaux, ainsi que leurs propriétés optiques uniques, suggèrent qu'ils dépasseront, sous de nombreux aspects, les matériaux traditionnels et révolutionneront la plupart des secteurs industriels.

D'autres matériaux synthétiques avancés bouleverseront le marché s'ils prouvent leur utilité productive et si leur coût d'achat diminue. Des composés et des plastiques très résistants pourront remplacer les métaux conventionnels et créer de nouveaux marchés. Les pays développés auront d'abord un avantage économique pour la production et l'usage de ces matériaux, mais avec le temps ils deviendront de plus en plus accessibles. La fabrication additive, ou l'impression en 3D, deviendra largement accessible et sera utilisée pour des choses encore inconcevables aujourd'hui. L'impression 4D (la construction d'objets pouvant changer de formes et de fonctions avec le temps ou en réaction à leur environnement) sera également un avantage économique pour les développeurs d'applications commercialement viables.

Problèmes éventuels : Les matériaux avancés pourraient perturber les économies des pays exportateurs dépendants du marché de commodités, tout en offrant un avantage compétitif aux pays développés ou en voie de développement ayant la capacité de produire et d'utiliser ces nouveaux matériaux. Notons également le risque lié au fait que le développement des nanomatériaux est souvent plus rapide que la recherche sur leurs effets secondaires indésirables. En effet, les effets néfastes de ces nanomatériaux sur la santé et l'environnement génèrent souvent une baisse de leur commercialisation à moyen terme. Les régulations pour se protéger de tels effets inhiberont l'usage ou la diffusion de ces matériaux, particulièrement dans les domaines de la médecine et des produits de soin.

La production avancée , et particulièrement le développement de l'impression en 3D, devenant un élément routinier de la production de précision, influencera les relations commerciales internationales, augmentera le rôle de la production locale au détriment des chaînes d'approvisionnement plus diffuses. Aussi, l'arbitrage mondial du travail sera moins nécessaire puisque la proximité de la production et les faibles coûts de transport favoriseront les usines les plus proches. Les technologies de production avancée s'ajouteront à la pression financière qui pèse sur les fabricants bon marché et leurs employés. Ces technologies pourraient créer une nouvelle scission mondiale opposant les détenteurs des ressources et des nouvelles techniques à ceux qui ne les détiennent pas. Cette bifurcation remettrait en cause les traditionnelles divisions Nord-Sud. Les nouvelles divisions seront liées aux ressources et aux technologies. Cependant, les producteurs d'impression en 3D auront toujours besoin d'un accès aux matériaux bruts, à l'électricité, aux infrastructures et aux droits de propriété intellectuelle de leur création.

Technologies spatiales : L'intérêt commercial pour conquérir l'espace va augmenter, stimulant l'efficacité et la production de nouvelles applications industrielles aux objectifs civils et militaires. La Chine planifie une présence humaine permanente dans l'espace similaire à la station spatiale internationale, et des entrepreneurs projettent d'envoyer des hommes sur Mars. Les systèmes satellites, plus petits, plus intelligents et moins chers que dans le passé, ouvriront de nouveaux horizons dans la télédétection, les communications, la surveillance de l'environnement et la géolocalisation. Des satellites à basse altitude offriront un accès à Internet aux deux tiers de la population mondiale n'ayant pas encore de connexion. L'Internet à très haut débit permettra d'augmenter la disponibilité des services reposant sur des clouds, la télémédecine et l'éducation en ligne.

Problèmes éventuels : L'augmentation de ces capteurs éloignés et de ces communications satellitaires va poser des défis au respect de la vie privée et à la possibilité de dissimuler ses actions. Certains États chercheront à bloquer ou à contrôler les données depuis l'espace pour protéger leur intérêt national. Des tensions géopolitiques naîtront avec l'usage de capteurs ultrasensibles – auparavant réservés à seulement quelques pays – et la transmission ouverte des données.

Choix-clés

Les experts restent divisés sur l'impact des nouvelles technologies, la productivité et la croissance du rendement économique mesurable. Certains avancent que le monde se trouve à l'aube d'une révolution, tandis que d'autres pensent que ces nouvelles technologies n'auront qu'un impact similaire à la seconde révolution industrielle. Ces derniers affirment que les nouvelles technologies numériques ont eu pour l'instant un impact minime sur les transports et l'énergie, qu'elles ont échoué à transformer véritablement le rendement économique.

La technologie libérera un éventail d'effets négatifs et positifs. Un expert observe ainsi avec ironie : « La technologie est ma plus grande source d'optimisme pour l'avenir... mais c'est aussi ma plus grande source de pessimisme. » L'Histoire montre que l'impact des technologies varie amplement selon l'usager, l'objectif, et le contexte local : la géographie, les infrastructures, la culture, la sécurité et les politiques. Chaque avancée technologique a un coût, parfois en ressources naturelles, tantôt au niveau de la cohésion sociale, tantôt dans des domaines difficiles à prévoir.

La capacité à instaurer des standards et des protocoles internationaux, à définir des limites éthiques pour la recherche et à protéger la propriété intellectuelle sera l'enjeu des États détenant le monopole technique. Les actions à court terme pour conserver ce monopole seront particulièrement cruciales concernant la santé humaine, les systèmes biologiques et les systèmes d'information et d'automatisation. Un engagement multilatéral adopté rapidement réduira les risques de tensions internationales mais sera peut-être insuffisant pour éviter les conflits tandis que les États rechercheront des technologies et des cadres juridiques fonctionnant à leur avantage.

Comment les gens prospèrent...

Les économies mondiales sous pression

Des tensions inédites et inattendues durant les prochaines décennies renforceront la pression de l'économie et des finances mondiales, suscitant davantage d'instabilité et d'incertitudes. La croissance mondiale sera conduite par les économies en développement les plus puissantes, en particulier l'Inde et la Chine, dont les économies connaîtront une croissance plus rapide que les économies avancées, même si leur rythme ralentira par rapport aux tendances actuelles. Une plus large mondialisation est cependant incertaine et vulnérable aux tensions géopolitiques. Même si la croissance mondiale est forte, la montée du scepticisme vis-à-vis de la mondialisation et du protectionnisme s'accentueront probablement dans les économies actuellement riches mais en perte de croissance et où les inégalités de revenus se creusent.

• **Sources clés de la baisse de la croissance économique.** Deux des plus grandes économies mondiales, la Chine et l'Union européenne, traversent une période de transition majeure, la Chine étant la plus grande inconnue. Les tendances démographiques ayant conduit à la hausse de la main-d'œuvre – et contribué à la stimulation de l'offre et de la demande – après la Seconde Guerre mondiale se sont inversées pour la plupart des grandes économies mondiales. Beaucoup de pays en voie de développement semblent réticents à entreprendre des réformes économiques difficiles pour relancer leur croissance à long terme.

• **L'intégration économique mondiale en jeu.** On constate aujourd'hui que la libéralisation du marché international faiblit alors qu'elle n'avait cessé de progresser depuis 70 ans. Aussi, un consensus populaire grandissant contre le libre-échange pourrait déclencher des vagues de sentiments protectionnistes et rendre encore plus inaccessibles les perspectives d'intégration.

• **Le défi de la productivité.** Les gains de productivité des 150 dernières années doivent beaucoup aux avancées technologiques. Les effets des nouvelles technologies sur l'économie sont encore difficiles à percevoir et se révéleront peut-être bénéfiques. Mais ils pourraient ne pas être à la hauteur de l'impact considérable de l'électrification ou des moteurs à combustion interne sur le rendement économique. Les nouvelles technologies causeront aussi de grands bouleversements sociaux, politiques et économiques car elles exigeront des travailleurs qu'ils s'adaptent rapidement aux nouveaux procédés commerciaux et éducatifs.

Tendances majeures

Les origines de la baisse de la croissance économique. L'économie mondiale fait face à de sérieuses tensions alors que deux des trois plus grandes économies internationales, la Chine et l'Union européenne, traversent une période de transition majeure. La Chine constitue la plus grande inconnue car elle passe d'une économie fondée sur l'investissement à une économie reposant sur la consommation et le service. Cette transformation historique, qui ne suit pas toujours une trajectoire claire huit ans après la crise financière mondiale, reflète la fin d'une ère dominée par l'exode rural des Chinois et par l'industrialisation ayant conduit au boom des constructions urbaines, à la hausse des conditions de vie, et à la production d'un surplus de capital ayant contribué à financer les emprunts à l'étranger. La population chinoise vieillira rapidement à cause des décennies de politique de l'enfant unique. La croissance du pays sera restreinte par la surcapacité domestique, la dette importante, et la fragilité du système bancaire. Le reste du monde, particulièrement les pays en voie de développement, devront s'adapter à une Chine qui ne sera plus un pays en perpétuelle demande de matières premières mais deviendra un partenaire commercial plus équilibré. Les efforts de Pékin pour désamorcer les inévitables difficultés, les coûts de la transition prolongeront cette période intermédiaire, renforceront les déséquilibres et les pertes des investissements non productifs financés par la dette.

Réussir cette transition et minimiser la dislocation se révèlera primordial. Un ralentissement dramatique conduisant les citoyens ordinaires à douter de la capacité de Pékin à améliorer les conditions de vie mettrait en danger la stabilité sociale et l'emprise du parti communiste chinois, et verrait Pékin incapable de s'appuyer sur sa seule autorité, même avec un pouvoir de plus en plus centralisé, et sur son contrôle social agressif pour maintenir la stabilité.

• **Pékin peut probablement adoucir la transition** en stimulant les dépenses et en encourageant les banques détenues par l'État à financer des projets pour réduire l'impact économique de la baisse des investissements. Améliorer les retraites et l'accès aux soins relancera la consommation privée et aidera à accélérer le processus.

• Durant sa transition, **la Chine sera plus vulnérable aux crises économiques courtes mais intenses** , ayant des causes nationales ou extérieures, comme une crise financière affectant les plus grands partenaires commerciaux du pays ou un faux pas national érodant la confiance de la population.

Une perturbation importante en Chine, deuxième plus grande économie mondiale, causerait un affaissement international et nuirait aux perspectives de croissance de nombre de ses partenaires économiques.

• **La fin du boom industriel et urbain de la Chine** et sa décroissance économique ont déjà ébranlé les évaluations du marché sur la perspective de demande mondiale de matières premières, contribuant à saper les prix et à réduire les revenus des États dépendant des exportations pétrolières et minières. Un ralentissement supplémentaire renforcerait la crise en Russie, en Arabie Saoudite, en Iran et dans d'autres pays clés.

• **Une transition réussie serait une aubaine pour le reste du monde** . Une forte demande de consommation chinoise promettrait l'arrivée de nouveaux clients offrant un large panel de biens à faible valeur ajoutée en provenance d'autres économies en développement mais également des produits de luxe et gadgets personnels à la pointe de la technologie.

Les économies européennes traversent aussi une phase de transition – la plupart essayent encore de retrouver un élan positif depuis la grande récession de 2008 – tandis qu'elles luttent pour gérer de fortes dettes, accordant moins de place à la relance fiscale pour apaiser les populations vieillissantes et les classes moyennes nerveuses et diminuer les divisions aiguës concernant les politiques économiques. Leur évolution, ou plutôt leur manque d'évolution, risque d'affecter l'élan vers la libéralisation économique et les perceptions que le reste du monde a du monopole de l'Occident.

• **L'avenir économique de l'Europe est lié aux pressions politiques** et à l'incertitude des relations politiques et financières de la Grande-Bretagne avec l'Union européenne. Ces dernières risquent d'éroder les investissements et la croissance à moyen terme. De surcroît, la capacité de l'UE à utiliser les accords de libre-échange pour encourager la croissance a été restreinte récemment lorsque la Commission Européenne a décidé que les parlements nationaux devaient approuver l'Accord Économique et Commercial Global (CETA) signé avec le Canada – en réponse aux pressions allemandes et à l'impression que l'UE ignorait le ressentiment exprimé par le Brexit. Enfin, l'accord de Schengen, qui abolit le contrôle des passeports et autres vérifications à la frontière au sein des 26 États de l'UE, est ébranlé par la réinstauration de contrôles dans des États membres essayant d'endiguer la vague de réfugiés.

• **Les taux de croissance inégaux** , **les défis que posent les dettes grecque, espagnole et italienne divisent l'Union européenne** , et soulignent son incapacité à élaborer des politiques monétaires et fiscales communes pour encourager la croissance sur l'ensemble du territoire. La montée de la xénophobie et des revendications antimondialistes dans l'UE nuit au développement du libre-échange et du libéralisme économique.

Le monde examinera attentivement les États-Unis, guettant la remontée ou la chute de leur croissance économique. Cela suscitera des réactions d'imitation ou de rejet de la politique économique américaine. Tandis que de nombreux pays semblent plus enclins que dans la décennie précédente à suivre les États-Unis dans le domaine économique et sécuritaire, la plupart sont en revanche dubitatifs quant à la capacité – ou à la volonté – de Washington de s'intéresser à la politique extérieure.

• L'accord transpacifique, le commerce transatlantique et l'investissement partenarial ne bénéficieront finalement pas des effets d'un fort bipartisme.

Les pays en voie de développement n'ont pas la capacité de « combler les trous » de la croissance mondiale creusés par la faiblesse des grandes économies. La plupart ont pris des mesures d'intégration au marché mondial, mais beaucoup hésitent, en cette période d'incertitude économique et politique, à prendre d'autres décisions plus radicales. Ces dernières seraient pourtant nécessaires pour stimuler la croissance : il faudrait réduire le rôle des entreprises d'État, les subventions à la consommation qui déforment les marchés, entreprendre des réformes pour encourager l'investissement étranger et libéraliser le marché du travail afin d'atténuer les inégalités sexuelles.

• **L'Inde est probablement le pays le plus prometteur** pour stimuler la croissance mondiale en raison de sa taille et de son secteur technologique performant. Mais il devra progresser dans les domaines de l'énergie, des transports et des infrastructures pour conserver un fort taux de croissance. Les infrastructures se sont certes améliorées dans certaines localités, mais de larges pans du pays sont encore délaissés. Contrairement à la Chine, l'Inde bénéficiera durant les prochaines décennies de 10 millions de nouveaux citoyens en âge de travailler par an. Mais gérer une main-d'œuvre aussi importante et la pousser à accroître la productivité et le rendement est un défi majeur. Le succès mondial du secteur technologique indien, comparé à ses maigres succès productifs, souligne le déséquilibre entre l'éducation supérieure relativement élevée du pays et l'éducation primaire et secondaire encore pauvre. Ce fossé devra être comblé pour générer des emplois plus qualifiés.

• **L'optimisme concernant la croissance africaine** a largement suivi les variations de prix des matières premières ces dernières années. Mais ce phénomène a été atténué par l'incertitude liée aux transitions politiques générationnelles dans plusieurs pays et par l'incapacité des villes à absorber la forte hausse de la population. Les démographes prédisent que l'Afrique fournira la plus forte croissance dans la population en âge de travailler (15-64 ans) durant les deux prochaines décennies, ce qui pourrait être ou bien une aubaine économique ou bien une source de vive instabilité si les gouvernements ne parviennent pas à créer des économies utilisant le potentiel de productivité de ces demandeurs d'emplois majoritairement urbains.

Les dirigeants et les populations des pays en voie de développement s'inquiètent de la fiabilité des modèles de développement stables, même si la confiance du public dans ces pays est plus élevée que dans les pays riches. Le meilleur chemin à suivre vers la prospérité est incertain pour beaucoup. Bien que les nations semblent déterminées à s'engager dans l'économie mondiale afin d'en récupérer des bénéfices, beaucoup craignent des perturbations et des crises qui rendraient difficiles leur accès à la stabilité et à la prospérité.

• Les crises financières, le sentiment accru de vulnérabilité des classes moyennes, les inégalités croissantes et la polarisation politique ont profondément nui au modèle occidental.

• Le capitalisme d'État de Pékin montre également de sérieux signes d'usure : la croissance chinoise ralentit, ses marchés financiers et immobiliers se fragilisent, les entreprises d'État inefficaces croulent sous la dette, la pollution atteint des pics dangereux pour la population et l'idéologie du parti communiste chinois a perdu de son attractivité.

LES DÉFIS DE L'ADAPTATION FINANCIÈRE

Le secteur financier est celui qui s'est le plus adapté au fil des années en créant de nouveaux mécanismes pour gérer les marchés en évolution. Mais même ces mécanismes rencontrent des limites. Ainsi, le patchwork de « non-système » de pratiques acceptées, de marchés et de régulations des monnaies mondiales a donné aux gouvernements le pouvoir d'utiliser les politiques monétaires et de change comme des outils de compétition économique mondiale – même si l'Organisation Mondiale du Commerce interdit d'influencer la compétitivité commerciale. Cette tension est en ce moment à peine contenue au sein du G20 et pourrait exploser ou relancer le concept d'une gouvernance des relations monétaires.

Les succès notables de coopération financière montrent l'efficacité de la mise en place du Comité de Bâle il y a 40 ans sur le contrôle bancaire, pour aider les banquiers centraux de plus de 20 pays à coordonner leurs normes et leur communication. Le Groupe d'Action Financière lutte contre le blanchiment d'argent et le Forum mondial sur la transparence et l'échange des renseignements s'attaque à l'évasion fiscale, même si les succès se heurtent constamment à de nouvelles pratiques illicites dans une « course aux armements » de plus en plus intense.

Cependant, les écarts entre les grandes puissances et la capacité de plus en plus réduite des États-Unis à créer un consensus pourraient miner les tentatives des institutions de régulation pour parvenir à un accord – et assurer sa mise en place – concernant les défis émergents du secteur financier. Cela risque de fragmenter encore davantage le paysage financier.

L'intégration économique mondiale en péril. L'augmentation stable et historique de l'intégration économique au cours des dernières décennies rencontre une plus forte résistance aujourd'hui. On observe un nombre croissant de dirigeants politiques et de mouvements luttant contre le libre-échange et l'ouverture des marchés. Après 70 ans de grandes coopérations commerciales à l'échelle mondiale et régionale, la plupart des pays impliqués ont déjà érigé des barrières limitant le commerce des biens non agricoles.

Désormais, la libéralisation génère **des gains moins importants** . Cet affaiblissement des intérêts pour les échanges internationaux de denrées agricoles et de services s'ajoute à une résistance politique nationale de plus en plus vive dans la plupart des pays. Aussi, les États cherchent des accords hybrides – des « coalitions de volontaires » plus sélectives et régionales, par exemple l'accord transpacifique ou le partenariat transatlantique de commerce et d'investissement.

• La volatilité des marchés financiers, l'érosion de la classe moyenne et la plus grande conscience des inégalités **nourrissent l'idée que la libéralisation du commerce est allée trop loin** . Paradoxalement, les voix criant le plus fort contre le libre-échange viennent des États-Unis qui ont pourtant milité très tôt pour l'ouverture des marchés. Aussi, les autres pays observeront avec attention les dirigeants américains et les signes de repli économique. Le scepticisme commercial des États-Unis va menacer l'accord agricole tandis que les grands écarts transatlantiques seront difficiles à réconcilier concernant la régulation des services.

• L'OMC prévient du **risque d'un « protectionnisme rampant »** . En effet, certains pays vont prendre des mesures pour limiter les échanges et vont s'opposer à de nouveaux accords de libre-échange comme l'accord transpacifique. Des normes plus restrictives et des efforts encore plus manifestes vont être déployés pour utiliser les politiques monétaires et stimuler la compétitivité à l'exportation. Ces tendances risquent d'engendrer un dangereux cycle de compétition des pays ne souhaitant pas arriver bons derniers et rendant ainsi leurs économies encore plus vulnérables.

Le défi de la productivité. L'un des défis majeurs des prochaines années pour les économies les plus performantes sera de stimuler la productivité alors que les gains de productivité et la main-d'œuvre stagnent. Il faudra notamment faire face à une érosion du rendement économique due à la diminution de la population en âge de travailler aux États-Unis, en Europe, en Chine, au Japon et en Russie. La même classe d'âge augmentera de manière significative dans les régions en développement de l'Afrique et de l'Asie du Sud. Mais les dirigeants de ces pays réussiront-ils à développer rapidement leur économie ?

• **La technologie a été un moteur crucial pour les gains de productivité** et une source d'inquiétude pour les travailleurs qui craignaient de se voir remplacer. La pérennisation des progrès technologiques sera donc vitale pour maintenir la croissance économique des pays confrontés à une stagnation, voire une baisse, de la main-d'œuvre disponible. Ajoutons que les futurs gains de productivité engendrés par la technologie dans les pays avancés seront modestes ou lents à se mettre en place. La productivité de ces économies a chuté ou stagné au cours des dernières décennies, en dépit des progrès majeurs réalisés dans les nouvelles technologies d'information. Il est probable que ces progrès n'aient touché que les activités dépourvues de coût (ou dont le coût est indirect) pour les utilisateurs. Cependant, les pays les plus pauvres, où les TIC modernes sont moins répandus, jouiront probablement de gains de productivité importants car leurs habitants, jusqu'à présent mal desservis, auront accès à la communication.

• **La productivité de tous les pays pourrait également augmenter** grâce à une série de mesures essentielles : l'amélioration de l'éducation et de la formation, des infrastructures, de la recherche et du développement, mai aussi des pratiques de régulation et de gestion. Cependant, tout cela nécessitera des financements, des expertises et des délais que de nombreux pays en développement, et même certains pays développés, ne pourront pas assurer à court terme.

L'IMPACT DE LA TECHNOLOGIE SUR L'EMPLOI : LES CRAINTES MALGRÉ UN PASSÉ POSITIF

De récentes analyses pessimistes au sujet des nouvelles technologies robotiques et de la suppression de nombreux emplois font écho à des écrits d'économistes et à l'inquiétude des travailleurs en danger depuis le début de l'industrialisation au XIX e siècle. Une étude projette que l'automatisation et l'Intelligence artificielle accompliraient 45 % des activités actuellement payées et dont les revenus sont relativement élevés, telles que des gestionnaires financiers, des médecins ou des cadres supérieurs. L'étude ajoute que ces progrès conduiraient à des bouleversements à court terme dans certains secteurs. Bien que ces craintes se soient révélées infondées, elles pousseront certains dirigeants et certaines populations à réclamer une restriction de l'usage des nouvelles technologies, croyant ainsi protéger des emplois, et limitant en réalité le rendement.

Choix-clés

Intégration économique. Les gouvernements seront probablement tentés d'avoir recours à des mesures protectionnistes pour lutter contre ces problèmes réels, perçus ou anticipés. À la façon d'un cercle vicieux, ces mesures ne vont qu'attiser les craintes et les incertitudes de leurs populations. Poursuivre dans la voie de l'intégration économique constituera certainement un immense défi politique. Prendre de nouvelles mesures d'ouverture et de réformes des marchés exigera beaucoup de courage. De difficiles choix et réformes politiques devront être effectués pour permettre aux travailleurs déplacés par les bouleversements du marché de retrouver un emploi. Ces décisions seront d'autant plus complexes à prendre du fait de la restriction des budgets et de la hausse de la dette, laquelle limitera les options fiscales.

Technologie. La façon dont les pays gèrent la commercialisation des nouvelles technologies agira directement sur leurs succès économiques et sur leur stabilité sociale. Les grandes avancées technologiques permettront aux entreprises qui en sont porteuses de choisir les pays jouissant des meilleures conditions de travail. Quant aux gouvernements et aux consommateurs, ils devront décider à quelle vitesse ils souhaiteront adopter ces nouvelles technologies et comment ils géreront leurs répercussions.

Participation des travailleurs. Dans la plupart des pays, la meilleure solution pour stimuler le rendement économique sera d'augmenter la main-d'œuvre, notamment dans les sociétés où le travail des femmes est peu développé et où une partie importante des citoyens ruraux ne sont pas impliqués dans l'économie officielle. Certains pays de cultures traditionnelles patriarcales risquent très probablement de ralentir ce processus et donc d'attiser les tensions sociales. Mais l'accroissement de la compétitivité économique mondiale augmentera le coût de l'inaction. Actuellement, les travailleurs actifs sont confrontés au paradoxe intenable d'une hausse de l'espérance de vie et d'un âge fixe de départ à la retraite. Aussi, il sera nécessaire que les pays développés vieillissants s'enrichissent à l'avenir en stimulant le taux de participation des travailleurs âgés encore en état de travailler. Naturellement, ce type de politique limitant les pensions de retraite des personnes âgées pour les pousser à travailler plus longtemps devra faire face à une opposition vigoureuse. Pourtant, cela soulagera considérablement la pression fiscale.

Comment les gens pensent

Les idées et les identités nous définissent. Elles reflètent les croyances des individus sur eux-mêmes et leur rôle dans le monde. Ces croyances procurent une ligne de conduite morale et un angle pour appréhender et comprendre l'avenir. Elles déterminent qui appartient à une communauté, un groupe, une société, un État, une culture ou une civilisation – et qui, au contraire, n'en fait pas partie. Bien que parfois tenaces, les idées et les identités ne sont pas statiques. Elles entrent en réaction les unes avec les autres, remettent en cause ou renforcent les croyances dans leurs valeurs les plus essentielles et dictent l'attitude envers autrui. Idées comme identités sont aussi influencées par le contexte économique, politique, social, technologique et par d'autres avancées. La démocratisation de l'accès à Internet devrait favoriser la mise en avant de certaines identités et idéologies mondiales et transnationales, notamment la religion et l'identité ethnique dans certaines régions, la laïcité et le libéralisme dans d'autres.

Les individus réagissent plus fortement aux idées négatives que positives. Au cours des dernières décennies, bien que l'espérance de vie, le niveau de vie, la sécurité et la santé ou le bien-être de chacun aient augmenté à travers le monde, la plupart des individus demeurent très pessimistes quant à l'avenir. D'un bout à l'autre du globe, on nourrit un sentiment d'aliénation et d'injustice fondé sur les inégalités réelles ou ressenties, le manque d'opportunités et la discrimination. Des générations d'économistes ont recensé les effets positifs et négatifs des progrès technologiques et économiques ayant récemment modifié la manière de travailler des individus. Différentes théories sociales ont pointé l'importance du sentiment de valeur et d'identité que de nombreuses personnes tirent de leur travail, et inversement – depuis la théorie de l'aliénation de Karl Marx, si ce n'est plus tôt – l'insatisfaction pouvant découler d'un travail peu investi.

• Que certaines personnes aient besoin de se sentir rassurées sur le produit de leur travail peut en partie expliquer les nombreux signes d'un rejet de l'économie « mondialisée » facilité par une connectivité améliorée encourageant les communautés et les électorats virtuels.

• Même s'ils disposent d'un accès étendu à de nouveaux avantages matériels et à des moyens technologiques de divertissement et de distraction, les individus ressentent parfois une perte de sens et aspirent à des idées qui leur donnent le sentiment d'avoir de la valeur. On peut s'attendre, avec les progrès de l'automatisation, à ce que ces problèmes passent au premier plan dans certaines sociétés industrielles avancées.

• Partout, les technologies d'information et de communication permettent aux individus d'entrer en contact et de développer des communautés avec qui partager leurs craintes et leurs frustrations. Toutefois, ces mêmes technologies peuvent encourager la polarisation et rendre moins coûteuse l'organisation du recrutement ou des actions collectives.

Il n'est pas dit que les idéologies économiques telles que le socialisme et le néolibéralisme, qui ont dominé la majeure partie du XXe siècle avant d'être remises en cause par la chute du communisme et la crise financière de 2008, seront toujours pertinentes dans un monde où la faible croissance et le haut niveau d'inégalité dominent les programmes politiques. D'autres formes de pensée politique représentent des alternatives viables, en particulier le nationalisme, le libéralisme politique, et les idéologies fondées sur la religion.

À l'avenir, la connectivité toujours plus étendue et l'accélération de la communication pousseront les idées et les identités à évoluer plus rapidement. Les diasporas joueront un rôle accru dans l'élaboration des idées. Les points de vue extrêmes trouveront plus facilement des adeptes acquis à leur vision. Avec la démocratisation d'Internet dans les pays en développement, la mise en commun des expériences et des identités conduira probablement à une mise en avant plus importante de certains liens mondiaux et transnationaux, notamment la religion et l'identité ethnique dans certaines régions, et la laïcité et le libéralisme dans d'autres.

Des idées et identités anciennes continueront de résister. Le nationalisme sera prépondérant dans les parties du monde où les États ou les communautés nationales cherchent à renforcer leur pouvoir sur certaines zones géographiques, surtout quand des idées et identités différentes deviennent accessibles grâce à Internet et représentent une menace pour les intérêts nationaux. Ces dynamiques entreront directement en jeu dans la compétition géopolitique entre le libéralisme occidental et le nationalisme autoritaire pratiqué en Chine et en Russie. D'autre part, le nativisme et le populisme connaîtront également une poussée en Occident, en réponse à l'immigration massive, aux inégalités de revenu grandissantes et à la dégradation du niveau de vie des classes moyennes.

• La technologie, la plus grande participation des femmes à la vie politique et économique, les changements environnementaux, l'urbanisation, les migrations et les désaccords sur l'interprétation des normes religieuses et culturelles modèleront chacune de ces tendances dans les vingt prochaines années. Savoir si ces moteurs encourageront des attitudes et des actions plutôt d'exclusion ou d'inclusion demeure une grande incertitude.

Tendances majeures

Les identités transnationales monteront en puissance. Au cours des vingt prochaines années, l'information et les idées franchiront facilement les frontières. En général, les progrès des technologies de communication – à l'image de l'imprimerie et de la Bible de Gutenberg au XV e siècle ou de l'invention du World Wide Web en 1989 – ont tendance à faciliter la circulation des idées religieuses, notamment parce que les religions transcendent les frontières et l'autorité des États. La migration et les déplacements de population ont eu un effet similaire. Depuis longtemps, la religion représente une source de tensions particulièrement puissante, et nous nous attendons, dans de nombreuses régions, à une augmentation des frictions à l'intérieur de ou entre certains groupes religieux d'une part, et entre les communautés religieuse et laïque d'autre part. La diffusion de l'information, la propagation des idées et la conscience de l'existence de croyances ou interprétations religieuses différentes ont largement contribué aux guerres de religion des XVI e et XVII e siècles ainsi qu'aux terrorismes d'inspiration religieuse, notamment islamistes, d'aujourd'hui. L'accès étendu aux technologies de l'information offre également aux voix extrêmes une tribune leur permettant de trouver dans le cyberespace des fidèles, des sympathisants ou des soutiens. Il est probable que ces dynamiques s'intensifient alors que l'accès à Internet se généralise dans les pays en développement et que de nouvelles technologies de l'information, telles que la réalité virtuelle, permettent des expériences et des interactions toujours plus intenses et personnalisées à travers le temps et l'espace.

Le rôle des religions. D'après le Pew Research Center, plus de 80 % de la population mondiale s'identifie à une religion, et cette proportion augmente avec les forts taux de fécondité dans les pays en développement. Tandis que certains groupes religieux militent de plus en plus activement pour que les gouvernements intègrent la religion et ses valeurs dans leur droit et leurs normes, des tensions sociales et politiques sont à prévoir, que la population religieuse représente une majorité ou une minorité active. Ces développements entraîneront aussi des craintes parmi les minorités croyantes ou non de ces pays, susceptibles de provoquer des exils ou des rébellions. De nombreuses communautés où l'affiliation religieuse est en hausse, notamment au Moyen-Orient et en Afrique, attendront de leurs dirigeants qu'ils intègrent la religion et ses principes aux législations et aux politiques gouvernementales. Ils voient souvent la laïcité et la désaffiliation comme des idées occidentales qui rejettent Dieu et la valeur de la foi et ébranlent ainsi la cohésion sociale.

• De nouvelles pistes d'influence des religions gagneront en importance géopolitique dans des zones où les organismes laïcs intermédiaires, tels que les syndicats, sont en recul, et où d'autres options idéologiques, telles que le libéralisme, s'avèrent des substituts insatisfaisants. De nombreuses organisations religieuses comme Catholic Relief Services (CRS), Compassion International ou World Vision (Vision Mondiale) jouent déjà un rôle décisif dans les services publics de base, d'aide humanitaire et de développement.

• Avec 1,25 milliard de fidèles, l'Église catholique fait autorité à l'échelle mondiale sur les questions de paix et de conflits en passant par la gestion raisonnée de l'environnement. Elle s'est récemment exprimée sur des sujets aussi divers que la recherche sur les cellules-souches adultes, la nutrition ou la sécurité alimentaire. Cependant, les organisations religieuses, à l'instar des institutions, seront de plus en plus étroitement surveillées grâce aux moyens de communication modernes.

• La compétition entre et au sein des différents groupes religieux s'intensifiera probablement autour de la définition et du contrôle de la foi, de la même manière que les luttes pour contrôler les partis politiques ont été plus tranchées et personnelles. Dans ce contexte de conflit, les activistes des minorités religieuses radicales supplanteront souvent les voix plus modérées car l'action dramatique et la colère tendent à attirer l'attention et à mobiliser l'insatisfaction plus efficacement que les appels aux compromis. Des leaders extrémistes charismatiques pourraient en profiter pour gagner en influence et causer davantage de troubles, même si les groupes extrémistes violents, manquant de compétences technocratiques, auront des difficultés à gouverner. La plupart des croyants ne soutiendront pas activement l'extrémisme, mais le soutien passif ou l'acceptation implicite des extrémistes aggraveront les tensions entre les groupes et de violents leaders seront reconnus comme des acteurs incontournables à l'échelle internationale. Les divisions religieuses s'amplifieront quand les rivaux régionaux ou d'autres acteurs extérieurs exprimeront leurs soutiens à des opposants. On peut citer par exemple, en Syrie, le soutien de l'Iran aux Alaouites, tandis que les régimes sunnites tels que le Qatar, l'Arabie Saoudite et la Turquie soutiennent leurs coreligionnaires.

Le rôle de la laïcité. Une des réponses possibles à l'intensification des violences religieuses sera de se tourner vers la laïcité, ou de s'écarter des affiliations religieuses en général. À l'échelle mondiale, les personnes ne s'identifiant à aucune religion représentent le troisième groupe le plus important après les chrétiens et les musulmans, et les sondages suggèrent que le nombre de personnes non croyantes (mais pas leur pourcentage) augmentera probablement partout dans le monde, y compris en Asie-Pacifique, en Europe et en Amérique du Nord.

• Même les États où la religion est hautement intégrée aux structures gouvernementales pourraient connaître une légère augmentation de la désaffiliation et des idées laïques. Des sondages d'opinion mettent en évidence une augmentation des citoyens saoudiens affirmant être athées. Ennahdha, le parti au pouvoir en Tunisie, a récemment déclaré se définir comme un parti « démocrate musulman » et non « islamiste », imputant cette décision notamment aux connotations sensibles associées à ce dernier terme.

La compétition géopolitique connaîtra un virage idéologique plus marqué. Le libéralisme restera probablement le modèle économique et politique de référence pour les décennies à venir, néanmoins, il sera confronté à une compétition renforcée et les opinions publiques exigeront qu'il corrige ses insuffisances. Les idéaux occidentaux de liberté individuelle et d'action démocratique exerceront une influence considérable à l'échelle mondiale, à en juger par les aspirations des migrants et des dissidents de différentes parties du monde que ces principes attirent. De nombreux pays en développement feront tout leur possible pour se moderniser plus ou moins à l'image de l'Occident, même si l'attrait du libéralisme a été quelque peu terni dernièrement après que la polarisation politique, la volatilité financière et les inégalités économiques dans les pays occidentaux ont alimenté le populisme et inspiré des doutes concernant le coût de l'ouverture économique et politique. Les gouvernements ayant des difficultés à répondre aux besoins de leurs citoyens seront fortement tentés de se tourner vers le nationalisme ou le nativisme afin de faire porter la responsabilité à des ennemis extérieurs et de détourner l'attention des problèmes à domicile, tandis que les populations, craignant de perdre leurs emplois au profit d'immigrants ou en raison de difficultés économiques, deviendront probablement plus réceptives à des idéologies et des identités plus fermées.

• Les conséquences de l'échec du Printemps arabe se font encore sentir aujourd'hui, notamment la délégitimation des institutions et des normes de la démocratie, et la dégradation des institutions organisées visant à contrôler l'opposition politique. Certains participants à ces contestations, désenchantés, traumatisés et persuadés, pour la plupart, que l'Occident contrôle les événements du monde et est responsable de leur détresse, chercheront une alternative aux idéaux libéraux qu'ils soutenaient jusqu'alors.

• Dans le même temps, le récent succès économique de la Chine et l'émergence de nouvelles puissances non occidentales encourageront certains pays à envisager des alternatives au modèle libéral occidental pour atteindre leur objectif d'une société forte, stable et moderne, bien qu'en Chine, des problèmes comme la forte répression, le taux de pollution alarmant et la frustration grandissante de la population sont connus depuis longtemps. Si le gouvernement réussit à garder sous contrôle l'économie du pays et à maintenir la croissance, alors même que Pékin entreprend un rééquilibrage économique délicat, la Chine apparaîtra d'autant plus comme un modèle à suivre.

• En Russie, on observe une légère hausse du nationalisme. Il est plus focalisé sur les liens ethniques, religieux et linguistiques que sur la citoyenneté, comme en témoignent l'invasion d'une partie de l'Ukraine, l'interdiction législative de la « propagande homosexuelle » ou encore la désignation des opposants comme des « agents étrangers ». Pour certains spécialistes de la région, ces actions montrent que le président Poutine est en quête d'une raison d'être commune, solution à la perte de pouvoir sur la scène mondiale et aux problèmes intérieurs. Poutine fait l'éloge de la culture russe, la présentant comme le dernier rempart protégeant les valeurs chrétiennes traditionnelles de l'Europe de la décadence, affirmant que la Russie, forte de son histoire, de sa littérature et de sa culture, saura résister à la montée du multiculturalisme. Sous Poutine, les agressions nationalistes de la Russie se multiplieront probablement, ce qui provoquera parfois de violentes réponses nationalistes chez ses voisins (Ukraine ou Géorgie, par exemple) et suscitera un sentiment d'abandon chez les minorités ethniques.

Dans les démocraties, les idées et identités d'exclusion menacent le libéralisme. Sans un retour à un niveau de vie stable et plus équitablement distribué, les pressions sociales et économiques alimenteront probablement la montée du populisme et de la xénophobie en Occident, risquant un repli des communautés politiques et des politiques d'exclusion. Un affaiblissement de l'État de droit, de la tolérance et de la liberté politique aux États-Unis et en Europe de l'Ouest, bastions traditionnels de la démocratie, pourrait compromettre la légitimité des idées démocratiques à travers le monde. Alors que le monde voit les États-Unis et l'Europe aux prises avec les politiques clivantes et les rhétoriques souvent grossières sur l'immigration, la justice raciale, les réfugiés et les mérites de la mondialisation, il observera la manière dont l'Inde tempère les aspirations nationalistes de sa communauté hindoue et dont Israël modère ses extrêmes ultra-orthodoxes. De telles dynamiques pourraient causer un recul de la démocratie, comme en Hongrie ou en Pologne, ou un mouvement vers l'autoritarisme, comme en Turquie. Sans réaction ferme d'autres démocraties stables, cette tendance pourrait s'accélérer.

• Dans les démocraties occidentales, les politiques xénophobes et anti-immigration remettront en cause les partis établis et compromettront leur pouvoir d'attraction ainsi que leur capacité à mettre en œuvre des politiques inclusives répondant aux besoins de populations de plus en plus diverses. La visibilité nationale et internationale des partis populistes et des mouvements sociaux clivants, et la tendance des gouvernements en place à chercher à les devancer par des politiques d'exclusion, pourraient progressivement saper le prestige international des démocraties occidentales et leur crédibilité dans la défense des valeurs libérales.

• Les tensions raciales sont également susceptibles de jouer un rôle important dans la politique des pays développés ou en développement. Avec l'émergence des technologies d'information et de communication, les disparités structurelles de protection de différents groupes se font plus apparentes, et la violence perçue comme perpétuée par l'État et les forces de l'ordre à l'encontre des minorités est particulièrement susceptible de causer des protestations et des tensions.

Choix-clés

Les avancées dans la technologie, l'égalité hommes-femmes et l'urbanisation – autant de signes de modernité – façonneront l'avenir de la famille, de la religion, de la laïcité, du nationalisme, et plus particulièrement du libéralisme. Chacun soulève des questions d'ordre moral, légal, social et politique qui seront probablement traitées en accord avec les normes culturelles existantes propres à chaque pays. L'un des choix les plus importants portera sur la façon dont des communautés religieuses, des sociétés et des États différents décideront de gérer la possibilité, offerte par la technologie, de manipuler la biologie humaine et l'environnement. Cela générera probablement d'intenses désaccords concernant ce qui est moralement acceptable, et remettra en question les définitions traditionnelles de ce qui définit les êtres humains, les groupes, et les notions de « soi » et « autre ». Les avancées technologiques permettant à davantage d'individus d'exprimer leur opinion serviront également à mettre au jour les divergences entre les notions sociales de parité, d'urbanisation et d'engagement politique.

Technologie et vie. La perception par les individus de la nature même de la vie, ainsi que leurs façons d'aimer ou de détester, seront probablement modifiées par des avancées technologiques majeures visant à comprendre et manipuler l'anatomie humaine. Cela entraînera de fortes divisions entre les peuples, les pays et les régions. Ces développements éveilleront des débats entre et à l'intérieur des communautés religieuses, menant potentiellement à une séparation encore plus extrême entre le monde religieux et le monde laïc. Les pressions contradictoires pour préserver la vie privée d'un côté et la sécurité de l'autre auront des conséquences considérables sur la gouvernance, la compétitivité économique et la cohésion sociale. Les décisions clés en matière de technologies se feront toujours plus politiques et idéologiques.

• **Améliorations humaines.** Les technologies avancées dans la communication, la biologie, les sciences cognitives et la pharmacologie contribueront à brouiller davantage la frontière entre ce qui est naturel et ce qui relève des performances humaines avancées, y compris concernant des fonctions aussi fondamentales que la mémoire, la vision, l'audition, l'attention et la force physique. De nombreux individus recourront probablement à ce type d'améliorations techniques perçues comme indissociables de la réussite dans un monde toujours plus compétitif. D'autres résisteront pour des raisons morales ou éthiques, car ces améliorations sont « contre-nature » et inaccessibles aux plus pauvres. L'inégalité d'accès à ces technologies renforcera les divisions entre les populations favorisées et défavorisées.

• **Génie génétique.** Les experts de la santé prévoient que la recherche en biotechnologie débouchera sur des découvertes capitales pour la lutte contre le cancer ou d'autres maladies, mais les premières applications coûteuses et limitées de ces nouvelles méthodes provoqueront sans doute des débats houleux concernant l'accès aux soins si le recours à ces techniques brouille la frontière entre la vie et la mort. La biotechnologie va aussi dans le sens d'une médecine plus personnalisée, avec des approches adaptées à la biologie et à l'identité génétique de chaque individu, laissant espérer une transformation des diagnostics, des interventions et de la prévention. Encore une fois, l'accès des plus favorisés à ces technologies appliquées à des interventions non urgentes contrastera fortement avec la difficulté des pays en développement à contrôler des maladies pour lesquelles il existe des traitements connus. Enfin, les avancées en matière de manipulation génétique pourraient ouvrir la voie à des « bébés sur mesure », soit des embryons humains présentant un ensemble de caractéristiques présélectionnées selon des préférences sociales. Possibilité de nature à favoriser une vision ethniciste ainsi qu'une réflexion aux implications vertigineuses sur le caractère « idéal » de la personne.

• **Décisions de fin de vie.** Tandis que l'espérance de vie s'allonge, des millions de personnes à travers le monde atteindront l'âge de 80, 90 ou 100 ans et même plus. Aux États-Unis, une portion significative des dépenses de soin intervient dans les six derniers mois de vie. Dans les économies en développement ou émergentes, traiter un si grand nombre de citoyens seniors pourrait représenter une charge excessive pour les budgets personnels et publics ainsi que pour les systèmes de santé avec l'âge de départ en retraite et les pensions actuels.

• Les biotechnologies allongeant la durée de vie pourraient aussi être utilisées pour améliorer le confort de vie, réduire la douleur et prolonger les fonctions humaines fondamentales de façon à renforcer l'autonomie des individus et réduire la charge des soignants. Les logements et les équipements publics destinés aux personnes âgées seront modifiés pour intégrer des technologies réduisant les risques de chute et facilitant les tâches de la vie quotidienne. La tendance encourageant le soin à domicile offre davantage d'options aux personnes âgées qui choisissent de mourir chez elles plutôt qu'à l'hôpital.

• Partout dans le monde, on exigera des solutions plus humaines pour gérer la fin de vie et mourir, notamment des progrès dans les soins palliatifs qui atténuent la douleur et la souffrance des malades en phase terminale et leur offrent un soutien psychologique permettant de réduire l'angoisse et de mourir avec dignité.

• **Vie privée et sécurité.** Les appareils de surveillance et de détection devenant plus accessibles, répandus et intégrés, la ligne entre ce qui est possible techniquement et ce qui est légal ou socialement acceptable sera mise à l'épreuve. Les outils permettant de déterminer l'identité d'un individu ou de le localiser pourraient radicalement changer la façon de surveiller le travail ou les comportements criminels. Les algorithmes susceptibles de modéliser certains types de comportements pourraient être utilisés pour « prédire » les problèmes de santé, les activités criminelles, le potentiel éducatif ou les compétences professionnelles des individus.

• L'utilisation répandue des drones dans la vie civile modifie les limites de la vie privée et sera susceptible d'être exploitée par des groupes criminels, mettant en péril le sentiment de sécurité. Les États autoritaires pourront également se servir de ces technologies pour museler les libertés.

• La gouvernance mondiale des biens collectifs tels que la santé publique, l'eau, l'alimentation et autres ressources-clés remettra inévitablement en question les notions actuelles de vie privée, de contrôle et de pouvoir.

• **Engagement politique.** Les médias sociaux ont considérablement réduit les coûts de transaction de la mobilisation des populations, mais certains sociologues craignent que l'activisme virtuel ne remplace un engagement politique plus concret, à commencer par le vote, et dilue la qualité du processus politique. Pire encore, certains craignent que les nouvelles technologies ne fracturent et ne polarisent les populations : les médias sociaux, en particulier, font circuler l'information et les idées à travers des réseaux existants limités à des membres qui s'auto-sélectionnent, plutôt qu'à travers des médias plus traditionnels diffusant les idées à un large public. Cette dissémination et cette réception sélectives de l'information contribuent à confirmer et renforcer les préjugés, la ségrégation et la polarisation.

Éducation. L'éducation constituera l'un des facteurs les plus déterminants de succès pour les pays et les individus, car elle détermine les options offertes en termes de postes, de salaires, d'innovation et de développement. Les avancées rapides en science, technologie, ingénierie et mathématiques – disciplines qui représenteront une large portion des emplois d'avenir – requièrent une mise à jour continuelle des compétences. Tandis que des millions de jeunes entreprennent des études correspondant aux opportunités d'emploi, et que des millions d'adultes cherchent des formations continues ou des formations professionnelles dans des domaines évoluant rapidement, des modèles alternatifs émergeront probablement de diverses sources. L'augmentation à grande échelle de l'accès à l'éducation pour les femmes et les jeunes filles sera cruciale dans l'amélioration de la condition des femmes et le changement des attentes liées au genre.

- De nombreux États fournissent une éducation de base à leurs citoyens, mais avec un programme orienté politiquement ou frappé par la censure. Certains régimes utilisent l'école publique comme un moyen de diffuser une propagande pro-gouvernementale et instiller un sens du patriotisme. La Russie a récemment consacré ses efforts à la diffusion du sentiment pro-russe en installant des centres de langue et de culture russes sur le campus de certaines universités d'élite du Royaume-Uni.
- Les entreprises ont intérêt à entretenir une main-d'œuvre hautement qualifiée et au fait de l'actualité pour s'adapter aux changements technologiques, et les employeurs souhaitant rester compétitifs incluront la formation dans leurs avantages sociaux ou imposeront la formation continue comme condition au recrutement. Le rôle des technologies dans le processus éducatif lui-même augmentera également. Les MOOC, ou FLOT (formations en lignes ouvertes à tous) sont de plus en plus utilisées par les universités et les entreprises influentes pour former les étudiants et les employés

sur divers sujets, et, grâce aux technologies d'intelligence artificielle, les programmes d'apprentissage individualisés et personnalisés se banaliseront.

• **Genre.** La démographie et les forces économiques feront probablement du rôle des femmes et des opportunités qui leur sont offertes une question plus saillante et plus sujette à controverse dans la plupart des pays. Les femmes seront de plus en plus impliquées dans le secteur formel, les postes à responsabilité des secteurs public et privé et la sécurité. La question des rôles féminins et masculins, et les attentes qui y sont associées, sera de plus en plus reconnue comme essentielle à la planification économique et à la sécurité. La tendance vers une plus grande égalité hommes-femmes se maintiendra – au moins pour la productivité économique – mais le progrès sera lent et accompagné de violence domestique et d'un recul dans certaines régions où l'émancipation féminine n'existe pas. Face à l'insécurité, certaines communautés reviendront probablement à des structures patriarcales.

• En Occident, il est probable que les entreprises réduisent les inégalités de salaires et d'opportunités entre hommes et femmes pour combattre le ralentissement de la productivité par l'intégration sociale. La visibilité grandissante des femmes dans les institutions sociales, gouvernementales et économiques à travers le monde offrira des modèles à suivre pour les communautés où les femmes ne sont pas représentées en dehors des rôles traditionnels de genre.

• La volonté accrue de réconcilier le travail productif et le travail reproductif ouvrira de nouvelles opportunités aux femmes, tout comme le mouvement vers une meilleure reconnaissance sociale et économique du travail de la mère au foyer. Ces développements influenceront et seront influencés par les institutions et les politiques publiques.

• L'amélioration des technologies et des infrastructures allégera le fardeau quotidien associé aux rôles traditionnels des femmes et leur donnera la liberté d'accéder au marché du travail et à l'éducation. Toutefois, les changements climatiques et les problèmes associés, tels que les épidémies, affecteront profondément les femmes, puisqu'elles sont traditionnellement considérées comme responsables du bien-être de la famille. Ce sera aussi l'effet des coupes budgétaires en matière de protection sociale qui forcent les personnes âgées ou d'autres groupes vulnérables à se reposer sur leur famille. La mise en œuvre par les États de programmes d'aide sociale et d'accès aux soins aura de fortes conséquences sur la participation ou non des femmes au marché du travail.

• Les normes religieuses ou culturelles limitant le rôle des femmes dans l'économie seront soumises à une double pression, celle des femmes cherchant de meilleures opportunités d'avancement social et celle du besoin économique d'élargir la main-d'œuvre pour augmenter la productivité. Les problèmes liés à la famille et au statut de ses membres – qui affectent directement les relations hommes-femmes – seront probablement sources de conflits sociaux.

Urbanisation. Les citadins de première génération ont tendance à être plus croyants que le reste de la population, car ils se tournent vers la foi pour trouver du soutien en l'absence de leur famille. C'est une dynamique qui, pour l'Afrique et l'Asie – les régions du monde connaissant l'urbanisation la plus rapide – représentera à la fois une opportunité de renforcer les religions organisées et une source potentielle de tensions. Les villes ont aussi tendance à avoir une population plus diverse et mettent en contact des personnes au-delà des barrières culturelles. Les inégalités grandissantes et la conscience de ces inégalités augmenteront probablement les tensions sociales.

• À l'intérieur et autour des villes en expansion, les groupes religieux offriront probablement leur soutien pour « prendre soin des leurs » en des temps de volatilité économique et de gouvernance faible. Cela réduirait certaines demandes sociales, mais devrait augmenter les tensions avec les gouvernements et les autres citoyens sur des questions d'autorité et de normes. Si les groupes religieux démontrent qu'ils sont plus efficaces que l'État pour répondre aux besoins de base et procurent sentiment d'identité, justice et ligne de conduite morale, leurs adhérents et leur influence augmenteront probablement, ce qui engendrera gêne et résistance à l'extérieur du groupe. Dans les sociétés caractérisées par le pluralisme religieux, comme le Liban, cela pourrait s'avérer source de nouveaux conflits.

• L'urbanisation mélangera davantage les populations, accentuant la compétition en matière d'emploi ou de ressources et augmentant potentiellement à court terme la xénophobie contre de nouveaux groupes, mais cela encouragera l'intégration et l'acceptation à long terme. Les villes sont susceptibles de générer diverses combinaisons de tolérance et d'intolérance à l'égard de la diversité. La coexistence des groupes peut améliorer la familiarisation et la tolérance, mais le franchissement des lignes risque aussi d'altérer la vision du libéralisme, y compris l'acceptation des normes concernant les droits de l'homme. Les publications académiques suggèrent que la migration occasionne une transmission des normes des droits de l'homme, conduisant les migrants à considérer comme inacceptables les standards de leur pays d'origine et à diffuser cette opinion dans la région en question, même s'ils n'y retournent pas physiquement.

• L'urbanisation rapide ravivera l'hostilité au *statu quo* , entraînant des mobilisations politiques qui donneront naissance à de nouveaux mouvements sociaux et politiques.

• Dans le même temps, les gouvernements considéreront les revendications des minorités pour davantage de droits et d'influence en fonction de leur coût politique et de l'intérêt d'un soutien populaire au-delà des frontières culturelles. Dans les pays à faibles minorités, les gouvernements en place ont peu de raisons de satisfaire les groupes extérieurs à leur électorat d'origine. Les gouvernements pourraient aussi être tentés de diriger le ressentiment vers les minorités pour stimuler leur électorat. Toutefois, tandis que les minorités gagnent en importance ou en influence, par des moyens politiques, sociaux, économiques, ou par la violence, les dirigeants rencontreront des difficultés à fixer des limites à leurs demandes.

La représentation de la diversité au sein des dirigeants et des médias mais aussi les politiques destinées à incorporer les bouleversements démographiques détermineront l'intégration ou le rejet des identités au cours des vingt prochaines années. Les groupes influents, tels que les jeunes et les organisations religieuses, auront la possibilité d'orienter le reste de la population. D'après différents sondages et études, les populations les plus jeunes sont plus exposées à des groupes divers et conçoivent la diversité comme quelque chose de naturel, qu'ils l'éprouvent concrètement ou virtuellement. Les générations qui atteindront la majorité politique dans les vingt prochaines années redéfiniront probablement les idées de communauté.

- Des études ont montré que la peur ressentie par la population est davantage liée aux perceptions et représentations de violences dans les médias qu'aux menaces réelles. En raison de la forte médiatisation d'attaques terroristes dans des endroits jusqu'alors épargnés par les conflits violents, les pays à majorité non musulmane continueront à exercer une forte discrimination envers les musulmans et les populations originaires du Moyen-Orient et de l'Afrique du Nord dont les membres sont considérés comme tels.
- L'un des aspects fondamentaux d'une culture est ce qu'elle considère comme convenable dans les relations hommes-femmes. Cette question catalysera des conflits sociaux quand des groupes aux opinions divergentes sur le statut de la femme seront mélangés.

Les sources d'informations divergentes des groupes et individus influents tentant d'imposer leur vérité affaibliront la capacité des gouvernements à trouver des compromis. Une combinaison de facteurs, à commencer par une méfiance grandissante à l'égard des institutions ainsi que la prolifération et la polarisation des médias, amène certains observateurs à décrire l'époque actuelle comme une ère de post-vérité ou post-factuelle. Cela tient en partie au nombre croissant d'individus et d'organismes qui fournissent des informations au public. La persistance de cette tendance ou sa disparition, sera un enjeu crucial des années à venir.

• Dans cette ère de post-vérité, les individus semblent plus enclins à fonder leur opinion politique sur des ressentis plutôt que sur des faits, et à chercher des informations qui vont dans le sens de leur opinion. Paradoxalement, les informations contradictoires renforcent l'idée que la nouvelle information provient d'une source biaisée ou hostile, et entretiennent donc la polarisation des groupes.

• Pour interpréter le déluge d'informations qui leur parvient, les individus se tournent vers des leaders qui pensent comme eux et à qui ils font confiance pour interpréter la « vérité ». D'après le dernier « Baromètre de la confiance » de l'agence Edelman, l'écart se creuse entre ceux qui ont reçu une éducation supérieure et le reste de la population. L'étude montre aussi que les personnes sondées se fient de plus en plus à une personne qui leur « ressemble » et partage leurs idées qu'aux dirigeants d'entreprises ou aux membres des gouvernements.

• Une étude Pew de 2014 a démontré que le plus haut pourcentage de confiance accordée par les Américains à un organisme de presse ne dépassait pas 54 %. Pour obtenir des informations et réagir aux événements, les individus se tournent plutôt vers les médias sociaux.

Comment les gens gouvernent...

Les gouvernements auront de plus en plus de difficultés à garantir la sécurité et la prospérité des populations, ce qui amène à se demander si les accords historiques négociés entre la société et le gouvernement tiendront toujours. Cette incertitude et la perte de confiance accordée au gouvernement pourraient empêcher les systèmes établis de répondre aux exigences de la population et de gérer les problèmes transcendant les frontières nationales.

• La confiance accordée au gouvernement ces dix dernières années varie d'un pays à l'autre, mais s'avère généralement en baisse. Dans une étude de l'OCDE de 2015 fondée sur des sondages Gallup, la confiance accordée aux gouvernements nationaux dans les pays membres de l'OCDE a chuté de 3,3 points en moyenne, passant de 45,2 % à 41,8 % entre 2007 et 2014, avec une perte de plus de 25 points en Slovénie, en Finlande et en Espagne, mais une hausse de plus de 20 points en Allemagne, en Israël et en Islande. D'après un sondage Gallup publié en septembre 2016, seulement 42 % des Américains déclarent avoir « très » ou « plutôt » confiance en leurs dirigeants politiques, soit une chute de près de 20 points depuis 2004, et un record pour les sondages Gallup.

• Ces dynamiques influencent les structures qui perdurent depuis la Seconde Guerre mondiale. La démocratie est mise à l'épreuve dans plusieurs régions du monde, et certains spécialistes attirent l'attention sur une possible diminution de ses soutiens. Tandis que le nombre de démocraties est resté stable ces dix dernières années, la migration mondiale et la stagnation économique – ainsi que l'arrivée de technologies donnant plus de moyens aux populations comme aux groupes extrémistes – ont affaibli certaines démocraties pourtant stables jusqu'alors comme la Hongrie ou la Pologne. De nombreux États trouvent que les institutions libérales et démocratiques sont incompatibles avec leur besoin de contrôle, et les spécialistes avancent que plusieurs grandes démocraties autoritaires seront instables et confrontées à d'importantes dissensions internes. On observe des signes de polarisation et de déclin même dans des démocraties libérales historiques telles que le Royaume-Uni et les États-Unis.

• De leur côté, la Chine et la Russie ont prouvé qu'elles peuvent utiliser les technologies modernes pour museler davantage l'expression de l'opposition, et ont également utilisé ces technologies pour exercer des formes de répression plus sophistiquées. La Russie a redoublé d'efforts pour ébranler la démocratie, le libéralisme et les droits de l'homme par le biais d'une propagande intense et d'associations avec d'autres régimes autoritaires. En 2015, le Kremlin a promulgué une loi interdisant le travail des ONG étrangères « indésirables » sur son territoire, une décision largement perçue comme un outil pour réprimer l'opposition.

Tendances majeures

Les changements économiques et les sentiments d'injustice conduiront à questionner les capacités des gouvernements. Le ralentissement et le changement des sources de la croissance économique, les inégalités de revenus grandissantes et le sentiment d'être « perdantes » face à la compétition mondiale pousseront les populations à exiger une amélioration et une protection du niveau de vie. Cette frustration quant à la « mondialisation » augmentera probablement, dans la mesure où plusieurs des facteurs ralentissant la hausse des salaires empêchent également les gouvernements de garantir la prospérité générale, comme par exemple la compétition croissante entre les producteurs à bas coûts de produits à faible valeur ajoutée, l'émergence de technologies qui perturbent et transforment les industries et les secteurs vitaux à l'économie de nombreux pays, ou les fluctuations des marchés financiers mondiaux.

• En l'absence de choix politiques différents, cette volatilité creusera probablement les inégalités entre gagnants et perdants – qu'il s'agisse des travailleurs individuels ou des États – en encourageant une dynamique où « le vainqueur rafle tout » dans de nombreux secteurs et accentuera les conflits autour du rôle de l'État dans le maintien du niveau de vie et la prospérité. Certains gouvernements investissant dans le capital humain et les infrastructures pour promouvoir la croissance pourraient se trouver forcés d'imposer des mesures d'austérité, accablés par les créances supplémentaires en attendant de récolter les fruits de leurs initiatives.

• L'instabilité économique érodera la capacité des gouvernements à tenir leurs promesses en matière d'aides sociales. Dans les pays développés, où l'on s'attend à une hausse de l'âge et de l'espérance de vie des populations, on peut prévoir une hausse des coûts de santé tandis que les profits des entreprises et les recettes fiscales baisseront et que les niveaux d'endettement des gouvernements resteront élevés. La colère du public face à l'incapacité du gouvernement à protéger ses électeurs sera probablement aggravée quand la richesse, la technologie et les réseaux sociaux permettront aux citoyens les plus aisés de se passer de nombreux services publics, notamment l'éducation ou la sécurité sociale, détruisant toute idée de partage des richesses.

• La baisse des taux de croissance et la chute des prix des matières premières touchent les classes moyennes qui viennent seulement de sortir de la pauvreté en Asie et en Amérique latine. Les forces internationales qui ont permis leur prospérité au cours des dernières décennies alimentent maintenant leurs peurs en les menaçant de défaire les récents profits tandis que les entreprises continuent de favoriser une main-d'œuvre meilleur marché et une plus grande automatisation, perturbant les industries et le marché du travail dans les pays concernés. En conséquence, le public estime que le gouvernement ne répond pas à ses besoins, ce qui a conduit à des manifestations de masse fortement médiatisées dans les pays où les classes moyennes sont en pleine expansion, comme le Brésil ou la Turquie.

De la même façon, le sentiment d'injustice découlant de la mauvaise gestion et de la sclérose des bureaucraties encouragera les sociétés à chercher des alternatives au *statu quo* . La corruption et l'impunité demeurent des préoccupations prédominantes partout dans le monde. D'après Transparency International, 68 % des pays du monde, y compris certains États du G20, présentent de sérieux problèmes de corruption. La corruption est particulièrement répandue dans les États démographiquement jeunes qui s'apprêtent à connaître les plus grandes difficultés en matière d'emploi. L'étude sur la corruption au Moyen-Orient et en Afrique du Nord publiée par Transparency International rapporte que 50 millions d'adultes dans cette région doivent verser des pots-de-vin pour avoir accès à des services de base. Dans ces études, les fonctionnaires et les hommes politiques sont perçus comme plus corrompus que les leaders religieux, ce qui contribuera potentiellement à des tensions entre les gouvernements et les groupes religieux qui proposent des services et assistances en concurrence.

• Que les acteurs politiques en fonction échouent à se coordonner pour résoudre les problèmes d'ordre politique et social accentue le sentiment que les formes de gouvernance existantes sont inadaptées. Des publications universitaires avancent que cet échec de coordination pourrait aggraver la fragilité de la gouvernance. Un examen des institutions locales en Afghanistan a montré que la multiplication des institutions sans hiérarchie claire encourageait la compétition entre les élites et compromettait la qualité de la gouvernance.

Cette faible capacité à assurer les fonctions de gouvernance les plus fondamentales et l'incapacité à développer des relations mutuellement constructives avec la société menacent de faire grossir le nombre d'États fragiles. Dans un rapport de 2013, l'OCDE signale qu'en plus de favoriser les activités commerciales licites, la mondialisation a aussi pour effet de faciliter le développement des activités illicites telles que le crime organisé ou la criminalité transnationale, ce qui pourrait affaiblir les États qui sont les moins capables de gérer ces problèmes. En 2015, l'OCDE a identifié cinquante pays et territoires abritant au total un cinquième de la population mondiale comme en situation fragile ou de conflit. L'OCDE souligne que la fragilité ne se manifeste pas seulement aux frontières mais aussi à l'intérieur des États, laissant augurer un grand nombre de zones gouvernées alternativement et une grande difficulté à rétablir l'autorité centrale dans de nombreux États affaiblis.

Écart entre l'insatisfaction et les attentes. Les performances insuffisantes du gouvernement dans la sécurité, l'éducation et l'emploi laisseront probablement les populations mécontentes et fourniront le terreau pour une plus grande instabilité politique. Dans certains cas, ce mécontentement découle de la détérioration des niveaux de vie – ou du sentiment que ceux-ci ne sont pas à la hauteur de ceux d'autres pays – tandis que les populations sont touchées par les effets de la mondialisation. Dans d'autres cas, les publics de plus en plus riches, éduqués et informés attendent davantage de leurs gouvernements à une période où les problèmes auxquels ceux-ci sont confrontés – notamment le changement climatique, le terrorisme et la migration accrue – s'avèrent extrêmement complexes et coûteux. La diffusion du pouvoir liée aux changements technologiques, économiques et sociaux, en multipliant les détenteurs d'un droit de veto sur certains problèmes, empêche également les gouvernements d'implémenter des politiques efficaces et renforce ainsi l'écart avec les attentes du public. Les changements économiques et sociaux affaiblissent les corps intermédiaires traditionnels tels que les partis politiques qui rassemblaient auparavant les intérêts et les présentaient à l'État. Les exigences de la population à participer directement entrent alors en conflit avec l'organisation à plusieurs niveaux de l'État moderne.

• Les gouvernements seront confrontés à une multiplication des acteurs – ONG, associations ou autres entités – capables de solliciter directement les citoyens et de construire leurs propres coalitions, en particulier sur Internet. Un affaiblissement généralisé des partis politiques, et la capacité des individus comme des groupes d'utiliser l'argent et les médias pour communiquer directement avec le public et obtenir son soutien – même de manière temporaire – rendra la vie politique plus personnelle, et les résultats électoraux comme les prises de décisions politiques moins prévisibles.

• Les gouvernements doivent également s'adapter aux changements technologiques et au poids de plus en plus déterminant des acteurs individuels sur les marchés financiers, ce qui causera des perturbations rapides et considérables à travers les frontières, à l'image de la crise économique mondiale des années 2008 et suivantes. Les experts financiers mettent en garde contre ces vulnérabilités grandissantes tandis que les spéculateurs cherchent de nouveaux instruments offrant des profits à court terme, profitant de failles dans la régulation ou développant de nouveaux potentiels – en utilisant notamment le big data ou le trading automatique fondé sur l'intelligence artificielle – pour capitaliser sur des marchés ou des instruments préexistants. En revanche, la technologie permettra aux États et aux entités infranationales bénéficiant du *leadership* , de la confiance du public et des infrastructures nécessaires de fournir des services plus efficaces et plus transparents, de combattre la corruption et d'augmenter leur capacité à réguler les activités.

• La baisse de la tolérance du public pour le crime et la corruption résultera en une pression sur les gouvernements pour qu'ils se réforment ou abandonnent le pouvoir. La façon dont les gouvernements choisiront de répondre à cette pression restera très variée, certains tendant vers plus de transparence et de réactivité, d'autres rétrogradant vers plus d'autoritarisme et moins de responsabilité. La possibilité récente d'accéder à des informations détaillées sur les opérations du gouvernement et les exemples de gouvernements étrangers démis de leurs fonctions devraient renforcer les attentes des populations concernant les agissements de leurs propres gouvernements.

Les entrepreneurs politiques peuvent tirer profit de ce réservoir de mécontentement pour créer de nouvelles formes d'engagement politique. Le sentiment populiste qui caractérise le langage de la lutte contre la corruption est devenu un incontournable de la politique en Asie du Sud. En Inde ou au Pakistan, les partis politiques ont été témoins d'une poussée du réformisme à travers des mouvements de masse motivés par le dédain des élites politiques établies et des partis dominants.

• Des sondages montrent qu'une majorité écrasante des populations d'Eurasie récusent la légitimité de leurs institutions gouvernantes et n'accordent qu'une confiance limitée à leurs parlements, présidents, forces de police, juges et autres élites. De manière similaire, selon Pew, les soucis de corruption et d'inégalités figurent aux premiers rangs des inquiétudes des citoyens chinois.

L'entrée des acteurs non gouvernementaux. La division du travail entre différents fournisseurs de services évolue tandis que les gouvernements entrent en compétition accrue avec des entreprises et des acteurs non gouvernementaux prêts à assumer les fonctions du gouvernement. Nombre de ces entités ne sont pas nouvelles, mais pourraient bénéficier de plus d'opportunités au moment où la confiance dans les administrations nationales décline :

• **Entreprises.** La mondialisation a élargi le rayonnement des multinationales, offrant à certaines la possibilité de s'engager dans des partenariats public-privé pour offrir des services. Les entreprises, parfois en coopération avec les gouvernements, ont choisi de s'engager pour différentes causes sociales ou environnementales en supposant que répondre à un besoin du public améliorera à la fois leur image et leurs performances financières. Coca-Cola s'est ainsi associé à USAID, l'Agence des États-Unis pour le développement international, afin d'œuvrer au traitement des eaux en Tanzanie et dans d'autres pays.

• **Organisations religieuses.** Historiquement, les organisations religieuses se sont souvent engagées pour le développement et l'assistance. Certaines ONG notent que leurs donateurs sont plus enclins à contribuer quand ils perçoivent que les gouvernements sont en situation d'échec.

• **Villes et municipalités.** Tandis que l'urbanisation progresse et que les mégapoles se développent, l'influence des villes et de leurs dirigeants ira en augmentant. Au cours des dernières années, les maires des plus grandes villes du monde ont développé le C40, un réseau collaboratif visant à lutter contre le dérèglement climatique. En 2014, le groupe a organisé en Afrique du Sud un sommet très médiatisé. Leur dernier rendez-vous à Mexico, en décembre 2016, a rassemblé des maires membres du C40 venus des quatre coins du monde et des centaines de leaders en matière d'urbanisme et d'environnement pour trouver des solutions urbaines au changement climatique.

• **Organisations criminelles et terroristes.** La prolifération des acteurs néfastes et des réseaux criminels virtuels qui profitent des failles de sécurité et exploitent les disparités entre les législations nationales représenteront un problème grandissant même pour les États les plus stables, comme on a pu le constater lorsque des groupes criminels ont investi Facebook pour entrer en contact avec des réfugiés et contrôler le flux des migrants en Europe. D'autre part, les organisations terroristes, notamment Daech, ont cherché à prendre en main la gouvernance pour faire avancer leur cause et attirer de nouveaux adeptes.

Une variation accrue des formes de gouvernance. Au cours des vingt prochaines années, la gouvernance variera de plus en plus d'un État à l'autre et au sein des États, que ce soit dans la forme que prennent ces États et leur niveau de succès ou dans leurs réactions face aux différents degrés d'urbanisation, de croissance, de normes sociales de base, telles que l'égalité hommes-femmes, et de migration. La répartition de l'autorité entre les gouvernements nationaux, régionaux et locaux sera probablement modifiée tandis que certaines villes ou régions gagnent en importance, dépassant les divisions administratives existantes.

• Le nombre d'États combinant des éléments démocratiques et autocratiques est en hausse, sans tendance apparente vers une stabilisation de la démocratie. Certaines études suggèrent que ces États mixtes sont particulièrement sujets à l'instabilité. De nombreuses sociétés souffriront des faiblesses et des instabilités récurrentes de leurs institutions. Les disparités de degré d'institutionnalisation et de confiance envers les politiques entre les pays entraîneront des différences significatives dans la capacité des États à absorber les chocs politiques ou environnementaux.

• Même au sein des régions, on observera une plus grande variation de la qualité de gouvernance. En Europe, le haut niveau de confiance politique dans les pays nordiques permet à ces gouvernements d'employer les technologies de l'information pour mieux délivrer des services, alors que les gouvernements ayant perdu la confiance du public, comme en Italie, seront freinés dans leurs actions. Tandis que les États fragiles d'Amérique centrale sont en train de s'effondrer, les institutions plus installées de pays comme le Chili ou l'Uruguay sont en mesure d'amortir efficacement l'impact des difficultés économiques. L'Afrique connaîtra également une différenciation accrue entre les nombreux États faillis ou défaillants et des nations comme le Ghana ou le Kenya, plus susceptibles d'engager des réformes.

• Les États et les entités infranationales prospères auront recours à des partenariats public-privé qui pourraient changer la donne bien qu'ils ne garantissent pas plus de démocratie ou de responsabilité. Les pays en développement se montrent de plus en plus ouverts à ce type de partenariats pour relancer la construction d'infrastructures et répandre l'information dans des zones rurales que l'État a des difficultés à atteindre. Le recours à des organismes semi-publics comme à Singapour redeviendra probablement un modèle attrayant dans le contexte du scepticisme post-2008 qui considère que la croissance économique serait mieux gérée par des organismes privés et un marché peu réglementé.

• Dans les pays en développement, en particulier, le centre de gravité du gouvernement se déplacera probablement du centre vers les villes et les régions où elles se situent – alors que les gouvernements locaux cherchent à contrôler leurs ressources fiscales et exercent leur pouvoir de décision de manière consensuelle avec des bureaucraties compétentes, souvent en profitant d'expertises privées selon un récent rapport de la Brookings Institution. Les villes deviennent des acteurs clés dans la promulgation de politiques visant à réduire le dérèglement climatique, coopérant dans ce but au-delà des frontières nationales.

Choix-clés

La capacité des États en développement à progresser économiquement et à établir un système politique stable dépendra du nombre de gouvernements et autres acteurs investissant dans le capital humain et la délivrance de services publics améliorés. L'investissement dans le capital humain, la formation et l'architecture organisationnelle détermineront la rapidité avec laquelle les États développeront cette capacité, s'ils la développent.

- Il n'est pas certain que la décentralisation dans les pays développés et en développement déplacera le pouvoir vers les villes à la pointe de l'innovation et des partenariats public-privé – comme Lagos – ou bien si les corporations interviendront pour prendre en charge les fonctions normalement assurées par le gouvernement. Certaines évaluations récentes suggèrent que les sociétés qui investissent dans des domaines traditionnellement pensés comme relevant de la responsabilité de l'État, tels que la santé ou les énergies renouvelables, offrent un meilleur retour à leurs actionnaires. Le rôle des corporations pourrait donc gagner de l'ampleur dans ces secteurs, entre autres.
- Le degré d'intérêt des autres États pour les modèles de développement non occidentaux reste incertain. En fin de compte, les performances des gouvernements, particulièrement en économie, détermineront la reconnaissance ou non de leur succès par la population. Si les citoyens ne constatent pas d'amélioration de leur bien-être, ils perdront confiance dans les élites gouvernantes et ne manqueront pas de moyens de communication modernes et de liens

communautaires pour le faire savoir. Dans ce sens, si Pékin peut surmonter les difficultés économiques de la Chine, échapper au piège du revenu intermédiaire et utiliser la technologie pour influencer ou neutraliser l'opinion publique, d'autres nations pourraient lui emboîter le pas.

Les démocraties industrielles avancées et les puissances émergentes se trouvent également face à des choix clés concernant le traitement des inégalités, l'accroissement de la dette et les perceptions d'une gouvernance moins efficace. La capacité des dirigeants à gérer ces tensions sera sévèrement mise à l'épreuve, car les gouvernements auront des difficultés à réhabiliter leur crédibilité auprès du public et à consolider le soutien des élites, dans une époque caractérisée par des choix cruciaux pouvant bousculer la répartition des gagnants et des perdants. Les populations semblant de plus en plus enclines à descendre dans la rue, les dirigeants politiques pourraient avoir moins de marge de manœuvre pour implémenter des politiques difficiles et moins de temps pour présenter des résultats. Dans ce contexte, le leadership pourrait prendre des formes particulières, que ce soit dans les démocraties industrielles ou dans des autocraties avancées comme la Russie et la Chine, où le pouvoir est aux mains d'un dirigeant unique, ce qui représente un risque d'instabilité accrue dans le cas où le pouvoir serait brusquement renversé.

• Les gouvernements et les dirigeants adopteront probablement différentes stratégies pour palier la faible croissance et les inégalités économiques. Les temps difficiles peuvent produire des dirigeants porteurs de changement, capables de construire de nouvelles coalitions réformant les relations entre le gouvernement et le public, mais ils pourraient n'avoir à leur disposition que des options limitées face aux facteurs technologiques durables qui ralentissent la croissance et génèrent des inégalités.

• Les gouvernements se trouveront également face à des choix difficiles concernant le vieillissement de la population et les inégalités de genre. Les dirigeants devront trouver le juste équilibre entre un besoin d'ajustement des systèmes d'aide sociale – longtemps perçus comme politiquement intouchables – et l'exigence d'investir dans le capital humain et dans d'autres initiatives pour garantir de meilleures opportunités et plus de protection pour les femmes ou d'autres groupes. Ces décisions auront des répercussions à long terme sur la sécurité alimentaire, la santé, la protection de l'enfance et la sécurité environnementale.

Institutions internationales : tendances majeures

Les institutions internationales – telles que le système des agences des Nations unies – peineront à s'adapter au nombre grandissant d'acteurs et à la complexité de certains enjeux allant au-delà des souverainetés nationales et ayant un impact plus grand sur la vie domestique que par le passé, quand les accords internationaux pouvaient être négociés par les élites. Tandis que les organisations traditionnelles comme les Nations unies peineront à évoluer, on observera une plus grande demande de médiateurs, d'aide humanitaire et de forums pour combattre le dérèglement climatique, ainsi que d'autres soucis partagés. Un mélange de forums accueillant plus d'acteurs non étatiques, d'institutions régionales et de consultation informelle émergera pour aborder les enjeux transnationaux non résolus par des approches traditionnelles. On peut citer comme exemple de cette approche régionale l'AIIB, la Banque asiatique d'investissement dans les infrastructures, créée pour palier les manquements de la Banque mondiale.

Une montée du droit de veto. L'absence d'une vision commune entre les grandes puissances et la compétition entre les puissances en pleine expansion sera un obstacle à des réformes majeures du système international. Si les États membres sont tous favorables à une réforme du Conseil de sécurité des Nations unies, il est peu probable que tous tombent sur un consensus quant à la forme que celle-ci doit prendre. On peut imaginer que dans les vingt prochaines années, les changements de ce type, malgré leur nécessité et bien qu'ils n'aient rien d'impossible, seront longs à être mis en place, s'ils le sont jamais.

Certains aspects du système international deviendront plus pertinents tandis que les États seront confrontés à des tensions et à des difficultés de gouvernance dans la gestion des changements économiques et sociaux ou à des conflits internes.

Une demande croissante d'assistance multilatérale. Un faisceau de facteurs environnementaux et démographiques – réchauffement climatique, pénurie énergétique, migration clandestine, raréfaction des ressources, épidémies, acidification des océans et gonflement des populations jeunes et seniors – augmenteront les pressions contraignant les efforts de gouvernance des nations, en particulier là où les compétences des gouvernements restent fragiles. Tandis que les États voient leur légitimité remise en question, le besoin de ressources multilatérales pour pallier les inaptitudes des gouvernements se fera ressentir davantage. Les gouvernements nationaux fragiles pourraient nécessiter différents types d'assistance multilatérale : prêts du FMI, missions de maintien de la paix de l'ONU, assistance électorale, enquêtes judiciaires internationales, assistance technique et politique, aide humanitaire et conseils pour contenir ou éradiquer les maladies.

Un éventail plus large d'instruments de développement pour l'assistance. Alors que dans les États fragiles, la demande pour des formes d'assistance multilatérales augmente, un plus large éventail d'instruments sera mis à leur disposition, tels que des prêts et financements pour les pays à revenu intermédiaire qui seront de plus en plus touchés par des problèmes d'ordre humanitaire. Les communautés de développement présentent maintenant une vraie diversité, les sociétés de capital-risque travaillant avec les organisations humanitaires, les chefs d'entreprise s'entretenant avec les conseillers en politique étrangère, et les technocrates se concertant avec les dirigeants d'ONG. Cette combinaison de diversité et d'expérience ouvrira la porte à des expérimentations – se concluant par autant de succès que d'échecs – dans le but de mieux comprendre les besoins futurs. Cependant, les plus gros États donateurs comme la Chine et les États-Unis fourniront la plus grande partie de leur aide au travers de canaux bilatéraux.

PAS D'ALTERNATIVE AU MULTILATÉRALISME À L'HORIZON

Même si beaucoup d'institutions formelles intergouvernementales telles que l'ONU s'ouvriront de plus en plus à de nouveaux types de partenariats, il est peu probable que ces changements remettent en cause le modèle « un pays, un vote » du multilatéralisme au cours des vingt prochaines années. L'État souverain a prouvé sa résilience en tant que pierre angulaire de la prise de décision internationale. Malgré les changements des cinq derniers siècles, l'État reste généralement un élément clé de l'ordre politique, et continuera probablement à prédominer.

• Le monde sera confronté à des crises internationales sur différents fronts et de natures diverses – certaines techniques, d'autres sociales – mais il est peu probable que les vingt prochaines années mènent à un point d'inflexion vers une approche radicalement différente de la gouvernance internationale, pas plus qu'aucun État défendant actuellement une alternative radicalement différente, malgré les efforts en ce sens de certaines entités non étatiques comme Daech ou le bahaïsme – le premier tentant d'imposer un califat au monde par la violence, le second employant un activisme pacifique pour promouvoir l'égalité et un gouvernement mondial élu démocratiquement. Bien que des modèles alternatifs comme ces derniers reçoivent du soutien dans certaines régions du monde, la grande diversité des intérêts propres à chaque État continuera d'empêcher tout système alternatif de s'imposer réellement au niveau international, de la même manière qu'elle limite actuellement l'expansion du Conseil de sécurité de l'ONU.

• Soyons clairs : nous ne nous attendons pas à ce que les termes de « gouvernement mondial » soient souvent prononcés à voix haute, même si deux sur quatre des « branches » d'une telle gouvernance ont récemment gagné en importance : les cours de justice internationales et les bureaucraties d'agences telles que l'Organisation mondiale du commerce. Ces deux entités peuvent engager des procédures concernant plus les nations et, dans une certaine mesure, les corporations et les ONG, que les personnes privées. À l'heure actuelle, aucun mouvement majeur ou substantiel ne s'est exprimé pour demander la création des deux branches manquantes (à savoir l'exécutif et le législatif), notamment parce que cela supposerait la tenue d'élections à l'échelle internationale. Pour le moment, du moins, l'idée reste un « concept trop lointain », les nations étant satisfaites de l'état actuel des choses.

• Concernant les institutions de maintien de la paix et de sécurité, l'ONU de 2035 ressemblera probablement beaucoup à celle de 2016, bien que ses outils et son programme soient voués à évoluer. Les obstacles constitutionnels empêchant l'amendement de la Charte restent considérables, et malgré les nombreuses plaintes liées aux inégalités avérées de l'architecture du Conseil de sécurité, les petits États et les puissances en expansion ont tout intérêt à maintenir le système en l'état et à conserver l'implication des grandes puissances militaires.

- La majorité des États continuera d'accorder de la valeur à l'ONU et aux autres institutions multilatérales en raison de leur capacité à conférer une légitimité mondiale. Les États plus petits ont aussi conscience que les institutions multilatérales sont en mesure de protéger leurs intérêts, et que sans règles établies, les grandes puissances ou les puissances régionales gagneraient en pouvoir de coercition.
- Le rôle des institutions internationales sera également renforcé par l'acceptation mutuelle de ces institutions par les entités régionales et infranationales, les ONG internationales, les corporations multinationales et les individus, garantissant une certaine continuité de la centralité. Des réformes stratégiques et des accommodations seront entreprises, si nécessaire – à l'image de la récente réforme des droits de vote au FMI – et les États gagnant en influence sauront renégocier leur rôle.
- Dans la continuation de telles actions, les institutions multilatérales renforceront leur engagement auprès des entreprises, les organisations de la société civile, les gouvernements locaux et autres autorités.

Des problèmes plus difficiles à venir

À l'avenir, l'ONU et ses agences seront moins aptes à aider au développement de nouveaux standards de comportement sur les problèmes émergents comme l'intelligence artificielle, l'édition génomique ou l'amélioration humaine. Cela sera dû aux divergences de valeurs et d'intérêts entre les États, les acteurs privés et les communautés scientifiques et technologiques, au profond fossé de connaissances entre les communautés technologiques et politiques, et au fait que les avancées technologiques rapides dépassent largement la capacité des États, des agences et des organisations internationales à créer des standards, des politiques, des régulations et des normes adaptées. Tous ces facteurs agiront comme un frein à l'élaboration collective des programmes. Le défi qui se présentera à la gouvernance internationale sera de savoir gérer l'impact interdisciplinaire de ces technologies et d'autres problèmes. Ainsi, une coordination et une compréhension stratégique des synergies dans une variété de domaines – et non pas une connaissance profonde d'un seul d'entre eux – seront nécessaires pour garantir l'efficacité de la gouvernance internationale.

• **Intelligence artificielle, édition génomique et amélioration humaine.** Les avancées dans l'intelligence artificielle, l'édition génomique et l'amélioration humaine sont des exemples de sujets susceptibles de susciter les débats les plus animés dans les prochaines décennies, en automatisant des décisions légales et sécuritaires essentielles ayant un effet direct sur la vie des populations, et remettant en question ce qui définit l'humain. Les avancées dans ces technologies affecteront les relations entre les États et entre l'État et sa population. Compte tenu des avantages et risques potentiels de ces technologies, les débats s'intensifieront entre les pays, les compagnies privées, les populations et les acteurs religieux aux niveaux international, régional, national et local. Leurs défenseurs affirment que ces progrès permettront de soigner des maladies, de combattre les famines et d'allonger l'espérance de vie, mais certains critiques craignent que ces technologies n'altèrent de manière permanente la race humaine, de façon accidentelle ou intentionnelle, et ne mènent un jour à l'extinction de certains groupes ou individus. Les politiques, les lois et les traités visant à réguler ces technologies seront en retard, en raison de la vitesse du progrès et de son éparpillement. Les avancées technologiques concernant Internet et l'espace poseront également des problèmes de normes à définir. Nous n'avons qu'une compréhension limitée de ce que les États, les publics et les acteurs privés considéreront comme la norme dans ces domaines dans une vingtaine d'années, mais il est clair que les acteurs commerciaux privés joueront un rôle capital dans la définition de ces normes.

• **Internet.** Les cyberattaques – qu'il s'agisse d'exfiltrer, d'exploiter ou de détruire des données – pourraient être utilisées pour renforcer l'intérêt des États et punir leurs adversaires politiques, créant de nouveaux défis liés au droit des conflits armés et au principe de non-interférence dans les affaires internes d'un État.

• **Espace.** Alors que de nouveaux pays ou entreprises augmentent leurs capacités concernant l'espace, les approches internationales traditionnellement employées pour gouverner ces activités seront remises en question, et les pays développés pourraient voir leur avance en matière d'armée et de renseignements se réduire. En raison de la généralisation de l'utilisation de l'espace, y compris par des pays en développement et des compagnies privées, il sera capital que la communauté internationale reste en mesure d'assurer la sécurité des opérations dans un environnement plus encombré. Mais les nouvelles capacités technologiques ne seront pas les seuls problèmes interdisciplinaires : de nombreux problèmes de longue date continueront de se poser ensemble et de nourrir des problèmes plus généraux et complexes.

• **Réchauffement des océans.** Le réchauffement des océans poussera les poissons à se déplacer vers des eaux plus froides, ce qui entraînera une baisse des ressources et des perturbations économiques locales.

• **Climat.** Le dérèglement climatique menacera le rendement de l'agriculture et aggravera la fragilité de certains États pauvres en développement.

• **Accords commerciaux.** Les accords commerciaux et économiques nécessiteront un consensus sur des questions complexes et litigieuses telles que les organismes génétiquement modifiés, la propriété intellectuelle, les standards de santé ou d'environnement, la biodiversité et le droit du travail, ce qui suggère que l'élaboration des politiques internationales aura des implications de plus en plus significatives au niveau national.

L'ONU aura des difficultés à garantir la coordination et la synergie quand différentes facettes d'un problème seront gérées par différentes parties du système.

• **Prévention des atrocités.** Au sein de l'ONU, les actions visant à la prévention des atrocités sont réparties dans plusieurs services liés aux droits de l'homme et à la sécurité. L'ONU est limitée dans sa capacité à réagir aux atrocités de masse commises par des acteurs non étatiques, essentiellement parce que celles-ci sont généralement liées à l'absence d'une autorité d'État établie et donc d'un interlocuteur « valide ». La résolution des problèmes associés à la souveraineté et à la gouvernance des États est donc essentielle à la prévention des atrocités.

• **Antiterrorisme.** Sur le front de la justice, la Cour pénale internationale rencontre des difficultés à exercer sa juridiction sur des groupes terroristes actifs. La plupart des poursuites visent des acteurs étatiques ou des milices plutôt que des « organisations terroristes », en partie parce que les officiels ont des avis divergents concernant la définition de ces groupes. Malgré ces obstacles, la Cour pénale internationale devrait représenter une tribune pour la discussion et la résolution du problème terroriste.

• **Mobilité humaine.** La mobilité internationale des populations – notamment migrants, réfugiés et déplacés internes – représentera probablement une charge pour la gouvernance, à mesure que les mouvements de population se feront plus importants, plus complexes et à plus grande échelle, et que les disparités démographiques grandissantes, les inégalités économiques et les changements environnementaux feront gonfler le nombre des populations migrantes ou déplacées. Les estimations des spécialistes de l'environnement concernant les mouvements liés aux changements environnementaux varient considérablement, de 25 millions à un milliard de personnes en 2050, 200 millions étant le chiffre le plus souvent avancé. Ces estimations sont le sujet de débats animés, car certains spécialistes des migrations avancent qu'elles sous-estiment la résilience humaine, la capacité des individus à surmonter les épreuves et la proportion des populations qui ne pourront pas se déplacer. Une chose est certaine : les mouvements humains devraient augmenter de manière considérable, provoquant des appels à l'examen des obligations des États envers ces populations similaires à ceux observés aujourd'hui.

Un monde « à la carte »

La complexité grandissante des problèmes anciens comme nouveaux appelle à une résolution collective. La manière dont les États approchent les problèmes se transforme en raison de leur plus grande complexité et de l'accroissement du nombre des États dont la contribution est nécessaire pour sécuriser une action collective, à une époque où il n'existe pas encore de consensus – notamment à travers les grandes puissances – sur les objectifs internationaux.

Néanmoins, quelques accords récents laissent penser que le progrès sera possible au cours des prochaines années :

• En juin 2015, l'Assemblée générale des Nations unies a adopté le texte du Cadre de Sendai pour la réduction des risques de catastrophe.

• En juillet 2015, les États membres de l'ONU ont adopté le Programme d'action d'Addis-Abeba pour le financement du développement.

• En septembre 2015, l'Assemblée générale a adopté le Programme de développement durable à l'horizon 2030.

• En décembre 2015, la 21e conférence des parties à la Convention-cadre des Nations unies sur les changements climatiques (COP21) s'est conclue par un accord des cent quatre-vingt-quinze pays visant à limiter le réchauffement mondial sous les 2 °C.

• Enfin, en 2016, l'Organisation internationale pour les migrations a rejoint les Nations unies.

Toutefois, l'absence d'alignement stratégique général persiste, conduisant à un mode de coopération internationale ponctuel, axé sur les problèmes et motivé par des besoins spécifiques, plutôt que préventifs, interdisciplinaires ou à portée universelle. Les États, les corporations et les activistes s'alignent chacun derrière leurs causes particulières, et cette approche ponctuelle pourrait, à long terme, engendrer un manque de cohérence et de direction au sein des organes internationaux – Nations unies ou autres – qui constituent le système international. Le point positif, cependant, est que les approches volontaires informelles pourraient aider à générer de la confiance, un langage véhiculaire et des buts communs, avantages qui mèneraient à terme à un support ou une réévaluation des accords à l'échelle internationale. L'efficacité future des institutions actuelles ou la création de nouvelles institutions ou de mécanismes parallèles dépendra largement de la manière dont les gouvernements interagissent avec différents acteurs, et de la capacité des institutions actuelles et des grandes puissances à accompagner les États à négocier des accords viables sur les intérêts nationaux qui prennent également en compte les intérêts extérieurs.

• **Un plus grand nombre d'États est nécessaire pour sécuriser une action internationale collective.** On compte de plus en plus d'États importants – c'est-à-dire sans la coopération desquels un problème international ne saurait être résolu. Les répercussions de la crise financière de 2008-2009 et l'émergence du G20 en tant que groupe clé montrent qu'un groupe composé de davantage de pays peut mener à une résolution effective des problèmes. Avec la crise internationale de 2008, le groupe, créé près de dix ans plus tôt, est devenu la principale tribune pour la gestion de la crise économique, non pas parce que les grandes puissances souhaitaient se montrer plus inclusives, mais bien parce qu'aucun État ou regroupement d'États n'était en mesure de résoudre seul les problèmes liés à la crise. La Convention-cadre des Nations unies sur le changement climatique est un autre exemple où, en conséquence du progrès, de nombreux États représentant une grande diversité d'intérêts doivent agir collectivement pour atteindre leurs objectifs.

• **Un nombre grandissant d'acteurs créent ou résolvent des problèmes.** On peut prévoir une augmentation du nombre d'acteurs privés, régionaux et infranationaux impliqués dans l'aide humanitaire, le développement et les problèmes économiques ou les droits de l'homme. Cette augmentation pourrait diminuer le rôle des ressources nationales dans ces domaines, mais également renforcer les objectifs généraux mis en avant par les institutions internationales. Toutefois, de tels réseaux auraient des conséquences à double tranchant : un monde « non civilisé » plus interconnecté, y compris pour des groupes aussi divers que Daech ou Anonymous, forcerait une remise en cause des bases fondamentales du système. Le populisme et la xénophobie pourraient monter en puissance, mais les nouvelles technologies pourraient aussi protéger voire donner des moyens à ceux qui cherchent à développer les droits de l'homme.

- **Les États s'organisent pour créer une compréhension « commune » des enjeux les plus controversés.** Les États créent et participent à des institutions régionales, forums plurilatéraux et consultations informelles pour offrir à leurs intérêts une plus grande visibilité et solliciter du soutien.
- Dans le cadre officiel, la Chine et la Russie ont créé de nouveaux arrangements pour établir ce qu'elles perçoivent comme leur dominance légitime dans leurs régions respectives. La Chine, par exemple, mettra en avant la Banque asiatique d'investissement dans les infrastructures, et la Russie, l'Union économique eurasiatique, comme plateformes d'influence économique locales.
- Ensemble, la Chine et la Russie ainsi que les pouvoirs émergents tels que le Brésil, l'Inde et l'Afrique du Sud ont créé le BRICS, un groupe se réunissant en sommets non contraignants leur offrant une plateforme transnationale pour promouvoir leurs visions. Le Mexique, la Corée du Sud, la Turquie et l'Australie ont créé un groupe similaire, le MIKTA, motivé par des valeurs et des intérêts communs.
- Ces structures n'émergent pas parce que ces pays auraient des idées novatrices sur la gestion des enjeux internationaux ou parce qu'ils chercheraient à modifier les règles et normes internationales, mais plutôt dans le but de démontrer leur puissance, sachant qu'il est souvent plus aisé d'obtenir des résultats en travaillant en groupe

restreint. Toutefois, ces puissances émergentes, même après avoir créé de nouvelles institutions, continueront à s'investir dans les institutions traditionnelles, ne serait-ce que pour reconnaître la force du système actuel.

• Les tentatives de modifier la hiérarchie des États dans les institutions existantes se poursuivront dans l'espoir d'obtenir des avantages. Les structures qui pourraient chercher à réorienter la hiérarchisation du pouvoir incluent : la Nouvelle banque de développement, créée par le BRICS et la Banque asiatique d'investissement dans les infrastructures pilotée par la Chine (en complément de la Banque mondiale et du FMI), l'Universal Credit Rating Group (en complément des agences de notation privées, Moody's et S&P), de China Union Pay (en complément de Mastercard et Visa) et du CIPS, système international chinois de paiement (en complément du réseau de paiement SWIFT).

• Le multilatéralisme multipartite complétera les actions des États. À l'avenir, les représentants des gouvernements domineront – sans monopoliser – la coopération multilatérale. Les organes de réglementation nationaux et les experts techniques façonneront la gouvernance en impliquant leurs homologues à l'étranger. On observe déjà ce phénomène dans les efforts accomplis pour garantir la sécurité et la fiabilité des médicaments à une époque où la gestion logistique est toujours plus complexe. Aux États-Unis, la FDA (Agence américaine des produits alimentaires et médicamenteux), consciente de ses propres limitations, a initié la création d'une « coalition internationale de régulation des médicaments » visant à réduire les inégalités en matière de sécurité des médicaments, notamment chez les gros producteurs comme la Chine et l'Inde. Un autre bon exemple possible d'investissement des autorités privées dans la gouvernance internationale serait l'IASB, le Bureau international des normes comptables, qui établit les normes comptables pour les vingt-sept États membres de l'Union européenne ainsi que pour quatre-vingt-dix autres pays en faisant appel à des experts internationaux issus de grands cabinets comptables réunis au sein d'une entité indépendante enregistrée dans l'État du Delaware, aux États-Unis.

Choix-clés

Pour les dirigeants politiques, l'une des façons de répondre à la constellation d'enjeux à venir serait d'encourager une orientation stratégique fondée sur les relations interdisciplinaires entre différentes institutions. Dans le monde de la finance, certains experts expérimentent déjà un modèle de ce type. En comprenant mieux les synergies inhérentes aux projets multisectoriels, tels que les Objectifs de développement durable des Nations unies, les États et les institutions pourront mieux conseiller et soutenir les initiatives couronnées de succès. Les dirigeants politiques joueront un rôle primordial dans la mesure où seuls les chefs d'État détiennent l'autorité nécessaire pour imposer des projets interministériels au niveau national. Cette approche représentera une compensation nécessaire à la répartition en silos de l'information du système international actuel.

• Une conception nouvelle de l'intérêt national, mieux définie et plus généralement acceptée, fondée sur la réciprocité, pourrait encourager les États à aspirer à plus d'unanimité dans les délibérations internationales. Face au nombre grandissant d'enjeux existentiels de l'humanité, « l'intérêt collectif » pourrait devenir « l'intérêt national ».

Toutefois, les questions suivantes restent en suspens :

• **Des ressources adéquates disponibles permettant aux coalitions d'États et organisations internationales de réagir et de mettre en place des solutions programmatiques aux problèmes communs ?** Cela dépendra en partie de la capacité des gouvernements à accorder la même importance aux engagements internationaux qu'aux exigences nationales plutôt que de les considérer comme des priorités en compétition, à encourager les coalitions à respecter ces priorités, et à conserver la confiance de leur population. Cela dépendra aussi du rôle que les fondations et partenariats privés à grande échelle – tels que la fondation Bill-et-Melinda-Gates, l'Alliance globale pour les vaccins et l'immunisation

(GAVI), le Fonds mondial de lutte contre le sida, la tuberculose et le paludisme, ou le Global Education Fund (Fonds mondial pour l'éducation) – joueront dans le développement d'un concept de financement et la délivrance de projets essentiels sur le terrain.

- **Les outils d'observation et de contrôle des organisations internationales employés comme mesures de restauration de la confiance pour réduire les tensions géopolitiques ?** Cela dépendra de la mesure dans laquelle les États concernés acceptent l'observation de leurs élections, l'inspection de leur armement, ou d'autres accords d'observation définis par les accords internationaux. Par exemple, la mission de l'ONU chargée de démanteler l'arsenal chimique de la Syrie s'est caractérisée par une coopération internationale extraordinaire et a marqué la première fois dans l'histoire où un arsenal entier d'une catégorie d'armes de destruction massive a été complètement éradiqué dans un pays en état de conflit armé intérieur.

- **Dans quelle mesure les élites sauront guider efficacement les institutions et les États à travers les transitions internationales et promouvoir une vision stratégique sur des enjeux majeurs tels que les actions contre le réchauffement climatique ou la gestion du patrimoine commun ?** Les dirigeants des institutions internationales devront promouvoir une vision à long terme et une mentalité globale et se montrer résolus à court terme pour surmonter la tentation de l'insularité et de la navigation à vue.

- **Dans quelle mesure les acteurs privés s'impliqueront dans la législation internationale, l'application des lois ou la médiation – des domaines relevant traditionnellement de la responsabilité d'une autorité publique ou d'État ?** Les lois nationales et internationales sont établies et appliquées de manière différente dans les différents systèmes judiciaires, mais la plupart des pays – si ce n'est tous – incluent l'autorité de l'État. Toutefois, la législation, l'application et la médiation impliquent de plus en plus souvent des acteurs privés. Par exemple, le Centre de résolution d'Ebay et Paypal travaille dans seize langues et résout chaque année près de 60 millions de litiges entre les acheteurs et les vendeurs. La hausse du taux de pénétration d'Internet permet aux communautés virtuelles de s'autoréguler, ce qui pourrait culpabiliser ceux dont les comportements ne se conforment pas aux normes du groupe. Ces mécanismes sont inégalement accessibles et utilisés dans les sociétés à l'échelle internationale, mais elles représentent tout de même un comportement contribuant à la gouvernance, et fourniront à l'avenir un plus large éventail de réseaux à travers lesquels agir.

Comment les gens combattent...

Le risque de conflits, y compris les conflits entre États, augmentera considérablement au cours des vingt prochaines années en raison des divergences d'intérêts entre les grandes puissances, de la menace terroriste, de l'instabilité dans les États fragiles et de la propagation des technologies létales et de rupture. Ces vingt dernières années, la tendance à la baisse en quantité et en intensité des conflits a semblé toucher à sa fin : les niveaux actuels de conflits sont en hausse et le nombre de décès liés aux combats augmente considérablement d'après des rapports institutionnels. De plus, le caractère des conflits se métamorphose, en raison des progrès technologiques, des nouvelles stratégies et de l'évolution du contexte géopolitique mondial, remettant en cause la conception que l'on se faisait jusqu'alors de la guerre. **L'ensemble de ces développements laisse escompter des conflits futurs plus diffus, plus divers, et plus déstabilisants.**

- **« Diffus », car l'accès à des instruments de guerre se généralisera, permettant à un large éventail d'acteurs nationaux, infranationaux ou non étatiques (tels que des groupes terroristes, des réseaux criminels, des gouvernements insurrectionnels, des mercenaires ou des corporations privées) mais aussi d'individus de prendre part aux conflits.** On peut citer comme exemple de la diffusion des conflits la multiplication des sociétés militaires privées ou d'organisations offrant un personnel entraîné pour compléter ou se substituer aux forces armées de l'État en zone de conflit, et parfois pour mener des opérations de maintien de la paix. Les conflits se feront plus complexes, et les distinctions traditionnelles entre les combattants et les non-combattants seront moins significatives en raison de la diversité des participants.

• **« Divers », car on observera un large spectre de méthodes employées au cours des conflits – allant des moyens « non militaires » tels que la coercition économique, les cyberattaques ou les opérations d'information, aux armes conventionnelles, y compris de destruction massive. Les conflits auront lieu dans des domaines multiples, notamment l'espace et le cyberespace.** La diversité des formes de conflits susceptibles de naître remettra en question la capacité des gouvernements à se préparer efficacement au plus grand nombre d'éventualités.

• **« Déstabilisants », car les États comme les groupes terroristes favoriseront toujours plus la perturbation des infrastructures critiques, de la cohésion sociale et du fonctionnement du gouvernement plutôt que la victoire contre les forces ennemies sur le champ de bataille par des moyens militaires traditionnels.** Les acteurs de conflits chercheront probablement à mettre à profit la connectivité croissante entre les sociétés et la nature omniprésente du cyber-espace pour déstabiliser leurs adversaires. Les terroristes, par exemple, continueront d'exploiter différentes formes de médias, en particulier les médias sociaux, pour propager la peur et augmenter l'impact déstabilisant de leurs attaques sur la psyché des sociétés visées.

Tendances majeures

Au cours des vingt prochaines années, quatre grandes tendances devraient exemplifier le caractère changeant du conflit et de la façon dont les gens combattent :

Le brouillage de la frontière entre temps de paix et temps de guerre. Les futurs conflits remettront fortement en cause la vision de la guerre et de la paix comme deux conditions séparées et distinctes.

L'existence des armes nucléaires et d'autres progrès en matière d'armement dissuaderont les grandes puissances de s'engager dans des guerres totales, mais une compétition sécuritaire à plus petite échelle se maintiendra, voire augmentera. Ces conflits emploieront des moyens tels que la diplomatie autoritaire, les intrusions informatiques, la manipulation des médias, les opérations secrètes ou de sabotage, la subversion politique, la coercition économique ou psychologique, l'envoi d'intermédiaires ou de remplaçants, entre autres applications indirectes du pouvoir militaire.

- Le but de ces approches est de rester en deçà d'un niveau de menace justifiant le déclenchement d'une guerre totale en ayant recours essentiellement à des outils non combattants, souvent soutenus par une puissance militaire réelle ou inventée, pour poursuivre les objectifs politiques sur le long terme. Cette tendance s'observe déjà à l'heure actuelle : les actions de la Chine et de la Russie en mer de Chine du sud et en Ukraine sont des exemples contemporains.
- Si ces approches ne sont pas nouvelles, des États comme la Chine et la Russie les intégreront toujours davantage aux futurs conflits auxquels elles prendront part, les préférant aux actions militaires traditionnelles. Les avancées technologiques, notamment les outils informatiques et les médias sociaux, donnent également de nouveaux moyens de mener les combats et de semer la discorde tout en restant en deçà du niveau d'une guerre totale. Ces actions brouilleront aussi les pistes quant à la source exacte des attaques, empêchant toute réponse efficace.

En raison de ces stratégies et du risque constant d'attaques terroristes périodiques, une compétition persistante d'ordre économique, politique et sécuritaire – située dans la « zone grise » entre temps de paix et guerre totale – apparaîtra probablement comme la nouvelle norme des prochaines décennies.

- L'utilisation de méthodes relevant de cette « zone grise » par les États aura pour but d'éviter une guerre générale mais augmentera probablement le risque d'escalade, que ce soit par accident, erreur de calcul, ou à cause d'une mauvaise estimation de ce qui constitue la « ligne rouge » de l'adversaire.

• Les États comme les entités non étatiques emploieront des outils non militaires tels que les réseaux d'information et les moyens multimédias pour exploiter les idéologies religieuses, le nationalisme ou d'autres formes de politiques identitaires pour légitimer leurs combats, inspirer des fidèles et motiver les individus partageant leurs idées à passer à l'action. Par exemple, d'après des écrits militaires chinois, la Chine considère qu'il est important de mener une guerre via des moyens médiatiques, juridiques et psychologiques – les « trois guerres » – pour assurer le soutien national comme international des futures opérations militaires du pays et affaiblir la résolution de l'ennemi.

Des groupes non étatiques capables de sérieuses perturbations. La multiplication des technologies et des armes létales ou de rupture accroîtra la capacité des groupes infranationaux ou non étatiques – terroristes, rebelles, activistes ou gangs criminels – à remettre en cause l'autorité de l'État. Ces groupes, qu'ils soient motivés par la ferveur religieuse, une idéologie politique ou la cupidité, pourraient apprendre à mieux imposer leurs prix et à déstabiliser la gouvernance de l'État. Par exemple, des groupes d'activistes comme Anonymous auront sûrement recours à des cyberattaques toujours plus destructrices contre les infrastructures gouvernementales pour attirer l'attention sur leurs causes. Des groupes non étatiques obtiendront également une plus grande puissance de feu. Les groupes terroristes comme le Hezbollah, Daech ou les rebelles en Ukraine représentent plusieurs exemples de groupes non étatiques ou infra-étatiques ayant obtenu l'accès à des armes sophistiquées au cours de la dernière décennie.

• Cette tendance devrait perdurer en raison de la prolifération des technologies et des armes commerciales et du soutien d'États cherchant à exploiter de tels groupes comme intermédiaires pour défendre leurs propres intérêts. La prolifération d'armes toujours plus létales, efficaces, avancées et facilement transportables, à l'image des missiles antichar, des missiles surface-air, des drones et des systèmes de communication cryptés multipliera les menaces liées aux groupes terroristes ou aux rebelles. L'accès à un certain arsenal, par exemple des missiles à guidage laser ou des drones, offrira à ces groupes une nouvelle force de frappe pour s'attaquer à des infrastructures critiques, des bases d'opérations avancées ou des bâtiments diplomatiques.

Ces groupes exploiteront probablement les technologies commerciales telles que la fabrication additive, les systèmes de contrôle autonome, les processeurs ou les détecteurs pour créer des armes sur mesure et des engins explosifs « intelligents » improvisés, compliquant le développement de contre-mesures. Ces groupes chercheront souvent à renforcer leur efficacité et leurs chances de survie en opérant dans des environnements urbains.

- La prolifération des technologies létales ou de déstabilisation offrira de nouvelles opportunités aux rebelles, aux terroristes et aux armées peu puissantes de combattre plus efficacement. L'emploi de systèmes de navigation satellite et de communications mobiles permettra de mener des attaques isolées ou des opérations plus larges efficaces mieux coordonnées pour imposer des victimes et épuiser les ressources de l'adversaire et sa résolution politique tout en évitant un affrontement direct et total avec des forces militaires plus puissantes.
- La privatisation accrue de la violence et la plus grande diversité des acteurs pourraient signifier l'émergence de conflits de plus petite envergure mais connectés les uns aux autres et susceptibles de déborder la capacité des gouvernements et des institutions internationales à les contrôler.

La possibilité de davantage de confrontations et d'attaques à distance. La prolifération des moyens informatiques, des armes intelligentes, des systèmes robotisés, des armes à longue portée et des véhicules sans pilote aériens, terrestres ou sous-marins modifiera la façon de faire la guerre, remplaçant les affrontements directs entre des armées ennemies par des confrontations et des opérations à distance, en particulier dans les phases initiales du conflit. Les armes de précision et les systèmes automatiques sont depuis longtemps un pilier de l'arsenal américain, mais leur prolifération augmente le risque de conflits futurs dans lesquels les deux adversaires disposeront de ces moyens. Les armes à longue portée, les armes guidées de précision, les missiles balistiques ou de croisière, les véhicules sans pilote et les systèmes de lutte anti-aérienne permettront aux forces militaires les plus avancées de menacer les forces rivales en tentant d'accéder aux zones aériennes ou maritimes communes entourant leur territoire. Par exemple, d'après des experts militaires américains, la Chine a tout intérêt à développer des armes de précision à longue distance – qu'il s'agisse de missiles, de véhicules hypersoniques ou de frappes aériennes – afin de multiplier les menaces pour les forces navales et les corps expéditionnaires américains évoluant dans l'océan Pacifique ouest.

En plus de dissuader les interventions militaires étrangères, les moyens de confrontation à longue distance pourraient permettre à certains États de prendre le contrôle sur des points de passage obligés maritimes et d'établir localement des sphères d'influence. Les cyberattaques à l'encontre d'infrastructures critiques et de réseaux d'information permettront aussi à certains acteurs d'imposer directement des dégâts à leurs rivaux à distance, sans se confronter à une force militaire ennemie supérieure. Les officiels russes, par exemple, ont noté publiquement que les premières attaques des guerres du futur se feraient au travers de réseaux d'information dans le but de détruire d'importantes infrastructures et de perturber le commandement politique et militaire de l'ennemi.

• Avec l'automatisation des armements, notamment les drones, et la multiplication des systèmes armés réellement autonomes, le seuil auquel un conflit se déclencherait pourrait être abaissé, puisque celui-ci mettrait moins de vies humaines en péril. Les adversaires pourraient également employer des « essaims » de drones pour saturer la défense ennemie.

• La prolifération d'armes de précision à longue distance encouragera probablement des stratégies recourant à des frappes sur les infrastructures critiques, comme les installations liées à la production d'énergie, aux communications, à la diplomatie, à l'économie et à la sécurité.

• Une future crise impliquant des forces militaires disposant des mêmes armes conventionnelles guidées à longue distance serait particulièrement instable, car chaque partie aurait alors des raisons de frapper la première avant de voir ses propres installations attaquées. De plus, les infrastructures liées au commandement, au contrôle et au ciblage – y compris les satellites fournissant des informations de navigation – deviendraient probablement la cible d'attaques de l'ennemi dans le but de déstabiliser sa puissance de feu. La Russie et la Chine cherchent à développer des systèmes capables de détruire des satellites en orbite, ce qui représente un risque pour les satellites étrangers, et notamment américains, à l'avenir.

• Il est quasiment certain que les groupes terroristes se lanceront dans une « version du pauvre » des frappes à longue distance, en recrutant et en motivant des individus partageant leurs idées à mener des attaques terroristes sur le territoire d'autres pays.

• Les cyberattaques contre les réseaux du secteur privé et les infrastructures pourraient provoquer une réaction impliquant les corporations dans de futurs conflits. Cette tendance, ainsi que des cyberattaques opportunistes menées par des individus et des groupes non étatiques, brouillera la distinction entre les actions privées ou sanctionnées par l'État. La protection des infrastructures critiques, notamment celles liées à l'énergie, aux communications et au système de santé, sera un défi de sécurité nationale de plus en plus important.

De nouvelles inquiétudes concernant le nucléaire et les autres armes de destruction massive. Au cours des vingt prochaines années, la menace du nucléaire et d'autres armes de destruction massive devrait persister et même se renforcer en raison des avancées technologiques et de l'asymétrie croissante entre des forces militaires rivales. Les États dotés de l'arme nucléaire entretiendront voire moderniseront leurs armes nucléaires jusqu'à 2035. La Russie, par exemple, conservera probablement l'arme nucléaire comme moyen de dissuasion ou de réponse à une force militaire plus puissante, et comme ticket pour obtenir le statut de superpuissance. La doctrine militaire russe préconise prétendument l'emploi limité de l'arme nucléaire dans l'hypothèse où les intérêts vitaux de la Russie seraient en danger, afin de « désamorcer » un conflit en démontrant qu'un conflit conventionnel prolongé risque d'entraîner une escalade de la crise jusqu'à un échange de frappe nucléaire à grande échelle.

• De la même manière, le Pakistan a présenté des armes nucléaires à courte distance « réservées à un usage sur le champ de bataille » qu'il a menacé d'utiliser pour se défendre des invasions conventionnelles de l'Inde – des menaces qui représentent un abaissement du seuil d'utilisation du nucléaire. Les tentatives d'intimidation nucléaires de la Corée du Nord – y compris le développement d'un missile balistique à longue portée – et la possibilité que l'Iran revienne sur ses engagements pris dans le cadre du Plan global d'action conjoint et du Traité sur la non-prolifération des armes nucléaires et choisisse de développer l'arme nucléaire resteront probablement des sources d'inquiétude pour les vingt prochaines années.

• De plus, la prolifération de technologies de pointe, notamment en matière de biotechnologies, pourrait réduire les obstacles empêchant certains acteurs d'accéder aux armes de destruction massive. L'effondrement de certains États fragiles pourrait ouvrir la voie à l'utilisation terroriste d'armes de destruction massive grâce à la saisie clandestine d'armes.

• Le développement de sous-marins nucléaires par l'Inde, le Pakistan et peut-être la Chine pourrait résulter à la nucléarisation de l'océan Indien au cours des prochaines décennies. Ces pays pourraient considérer ces développements comme un moyen de renforcer leur force de dissuasion stratégique, mais la présence de multiples puissances nucléaires, dont la doctrine concernant la gestion d'incidents en mer entre deux vaisseaux nucléaires reste incertaine, pourrait augmenter le risque de mauvais calculs et d'escalade.

• Les obstacles techniques empêchant de transformer des agents biologiques en armes de perturbation sociale ou de terreur devraient être réduits, dans la mesure où le coût de leur fabrication baisse, que les technologies permettant le séquençage et la synthèse de l'ADN s'améliorent et que les technologies d'édition génomique deviennent plus accessibles partout dans le monde.

• Certains États continueront à choisir les agents chimiques comme moyen de dissuasion et arme tactique sur le terrain. La facilité de fabrication de certaines armes chimiques fera de leur utilisation par les groupes insurgés ou les terroristes une sérieuse source d'inquiétude.

Choix-clés

La manière dont se dérouleront les affrontements à l'avenir dépendra fortement du contexte géopolitique et des décisions prises par les acteurs majeurs, qui pourront augmenter ou réduire les risques de conflit et d'escalade. Bien que les avantages différentiels des États-Unis soient en baisse dans certaines régions, les États-Unis conserveront probablement un avantage important dans la sécurité et la force militaire par rapport à d'autres pays, en raison de la force économique du pays, de son profil démographique favorable, de sa position géographique, de son état d'avancement technologique, de son ouverture à l'information et de ses systèmes d'alliance. Tout ceci offrira à Washington des opportunités pour façonner le nouvel environnement de sécurité. Toutefois, les autres États et les groupes non étatiques continueront à percevoir l'armée américaine comme un objet de compétition mais également d'émulation, les incitant à développer leurs propres concepts et leurs propres moyens pour de futurs conflits. D'autre part, des incertitudes clés subsistent quant à la probabilité d'une guerre majeure, de son coût, et d'une possible escalade. Ces incertitudes laissent également envisager des opportunités pour les États-Unis et leurs partenaires d'éviter les problèmes les plus sévères en prenant des mesures visant à bâtir une confiance, accroître la résilience et promouvoir des accords internationaux pour restreindre le développement et l'utilisation des moyens présentant le plus de risques d'escalade.

La réaction des acteurs internationaux et régionaux face aux développements géopolitiques à venir et aux enjeux de sécurité, tels que le terrorisme transnational, la violence sectaire, les conflits interétatiques et les États fragiles, façonneront la nature de la compétition internationale et la possibilité de conflits plus étendus au cours des vingt prochaines années. La Chine, l'Iran et la Russie chercheront probablement à exercer une plus grande influence sur leurs voisins et exigeront des États-Unis et d'autres pays qu'ils s'abstiennent d'interférer contre leur intérêt, une situation qui entretiendrait la compétition géopolitique et sécuritaire existante en périphérie de l'Asie et au Moyen-Orient autour des principales voies de communication. La tension entre les puissances majeures et régionales pourrait également s'intensifier en réponse à la redistribution mondiale de la puissance économique et militaire et la montée du nationalisme dans les politiques nationales. La diversité des menaces à la sécurité et la possibilité d'un risque de dangers multiples et simultanés pourraient dépasser les capacités de l'armée américaine, mettant en évidence le besoin d'alliés militaires compétents et d'approches multilatérales.

- Les décisions prises par les principales puissances en réponse à cette compétition grandissante détermineront la probabilité des conflits futurs. Les obstacles inhibant jusque-là le déclenchement d'une guerre totale entre les grandes puissances, tels que la force de dissuasion nucléaire ou l'interdépendance économique, devraient subsister. En revanche, le changement de la nature du conflit signifiera probablement un plus grand risque de mauvais calcul augmentant la probabilité d'un conflit entre grandes puissances, sauf si les États mettent en place des mesures de renforcement de la confiance.

• La menace persistante du terrorisme transnational et l'utilisation par les États de stratégies relevant de la « zone grise » devraient conduire à une multiplication des incidents dans lesquels des forces extérieures interviennent dans des conflits interétatiques et participent à des guerres par factions interposées. La coopération entre les grandes puissances et les institutions internationales dans l'optique d'une résolution des conflits intra-étatiques pourrait apporter une stabilité salutaire. Toutefois, l'implication d'acteurs divers aux objectifs différents risque de prolonger ou d'étendre les conflits locaux et donc de propager l'instabilité.

La prolifération des armes à longue distance et des moyens de cyberattaques ainsi que d'autres opérations sophistiquées de terrorisme ou d'insurrection suggère une tendance aux conflits toujours plus destructeurs, mais moins décisifs. Les stratégies adoptées par les grandes puissances et les groupes non étatiques mettant l'accent sur la perturbation des infrastructures critiques, des sociétés, des fonctions gouvernementales et de la prise de décision iront dans le sens de cette tendance et augmenteront les risques de conflits futurs menant à des attaques sur le territoire. La nature des conflits pourrait changer radicalement si un avantage inattendu en matière de cyberattaques permet de paralyser les systèmes militaires de pointe dépendant de l'information, comme c'est le cas dans la plupart des armées modernes.

• Les conflits futurs devraient se mener sur différents plans, dépassant les fronts traditionnels (air, terre, mer et sous-marins) et impliquant notamment les réseaux informatiques, le spectre électromagnétique, les médias sociaux, l'espace et l'environnement – tandis que les adversaires chercheront des avantages compétitifs et de nouveaux moyens d'infliger des dégâts. Les conflits futurs dans le domaine de l'environnement, par exemple, pourraient porter sur le contrôle de l'accès à l'eau potable ou la création intentionnelle de dégâts environnementaux afin d'affaiblir l'ennemi.

• Des efforts pour encourager la résilience en renforçant la sécurité et la redondance des infrastructures et des réseaux critiques, en déployant des systèmes de défense et en améliorant le niveau de préparation aux situations d'urgence, par exemple, pourraient réduire l'aptitude des ennemis à infliger des dégâts trop importants.

Les avancées concernant les outils militaires telles que les systèmes automatisés et les systèmes à long rayon d'action qui permettent de réduire le temps de réponse devraient créer une nouvelle mais incertaine dynamique d'escalade en temps de crise. De plus, la rapidité avec laquelle les technologies se développent – dans des domaines tels que les cybertechnologies, la génétique, les systèmes d'information, le traitement informatique, les nanotechnologies, les énergies dirigées et la robotique – pourrait augmenter la possibilité d'effet de surprise dans les conflits futurs.

• Les conflits présentant une asymétrie des intérêts et des moyens des combattants sont probablement ceux qui sont le plus mûrs pour une escalade délibérée ou involontaire, au moment où certains États pourraient choisir de menacer de représailles – y compris l'emploi d'armes de destruction massive – une puissance dont la force militaire traditionnelle est supérieure pour la décourager d'intervenir militairement ou pour obtenir un cessez-le-feu.

Le caractère changeant de la guerre

Formes de guerres traditionnelles	Formes de guerre émergentes
Emploi de la force militaire	Emploi de moyens non militaires ou secrets
Ciblage des forces ennemies	Ciblage des perceptions et de la société de l'ennemi
Affrontement direct des armées	Frappes à distance à l'aide d'armes de précision, de systèmes automatisés et d'informations
Destruction du personnel militaire et	Destruction des infrastructures

des armes	critiques militaires et civiles
Dissuasion par peur des représailles	Dissuasion par peur de l'escalade
Victoire par défaite de l'ennemi sur le champ de bataille	Victoire par perturbation des systèmes de soutien (politique, économie, information, etc.) dont dépend l'armée ennemie

Terrorisme

Les moyens dont disposent les États et les acteurs non étatiques ou infra-étatiques pour nuire se diversifient tout autant que les motivations pouvant les y conduire. Ces tendances contribueront à brouiller davantage la distinction entre différentes formes de violence, et les gouvernements continueront de débattre des actions qui relèvent du « terrorisme » ou de la « guerre », de ce qui constitue une « rébellion » ou un « acte criminel ». Ces développements laissent penser que la manière dont nous combattons le terrorisme est vouée à évoluer encore.

Les tendances façonnant l'avenir du terrorisme dans les cinq prochaines années et au-delà dépendront en grande partie de l'issue des événements actuels. Premièrement, la résolution ou la continuation des nombreux conflits intra et inter-États – essentiellement la guerre civile en Syrie, mais aussi les conflits en Afghanistan, en Irak, en Libye et au Sahel, en Somalie et au Yémen, entre autres – déterminera l'intensité et la géographie des violences à venir. La prolifération d'espaces sans gouvernement, notamment au cours des cinq dernières années, a créé un environnement favorisant l'extrémisme et encourageant l'engagement de milliers de volontaires prêts à combattre. Tant qu'un semblant de sécurité ne sera pas rétabli, le militantisme continuera de trouver des adeptes.

Deuxièmement, à moins d'être identifiés, déradicalisés et réintégrés dans la société, les combattants étrangers d'aujourd'hui sont susceptibles de constituer un vivier de recrutement pour les acteurs non étatiques violents de demain. De la même manière, les migrants mécontents, en l'absence d'une meilleure intégration, d'éducation ou d'opportunités économiques, pourraient devenir un autre vivier idéal pour les groupes extrémistes violents.

• Les États ou les régions dans lesquels les gouvernements, par manque de moyens ou de volonté, échouent à maintenir la sécurité et à garantir une certaine stabilité politique ou économique, correspondent aux régions connaissant de hauts niveaux de violence et où l'extrémisme rencontre un franc succès. Ce manque de stabilité et de réactivité de la gouvernance – en particulier en Afrique, au Moyen-Orient et en Asie du Sud – continuera de créer les conditions propices au terrorisme.

Les interprétations de la religion défendues par les minorités extrémistes resteront probablement la justification du terrorisme la plus souvent citée comme justification – très certainement dans cinq ans, et assez probablement dans vingt ans également. Trois facteurs se détachent : 1) la dégradation continue des structures d'État au Moyen-Orient et la guerre par procuration entre l'Iran et l'Arabie Saoudite encourageant la haine sectaire entre chiites et sunnites ;
2) les tensions à l'intérieur et entre les différents types de militants invoquant la religion et le sentiment persistant d'une hégémonie occidentale ; 3) le maintien d'une idéologie de l'« ennemi lointain » dans les mouvements extrémistes.

Bien que la localisation du terrorisme motivé religieusement soit vouée à fluctuer, l'opposition entre chiites et sunnites et entre les extrémistes sunnites et ceux qu'ils voient comme des « mécréants » devrait s'aggraver à court terme et ne sera probablement pas résolue d'ici à 2035. La violence devient plus probable quand une idéologie forte comme le salafisme djihadiste – qu'il s'agisse de Daech ou d'Al-Qaïda – rencontre, dans une région en proie à des changements politiques radicaux, à des générations de gouvernements autocratiques, d'inégalités hommes-femmes et de disparités économiques.

Une combinaison de facteurs psychologiques et situationnels décuplera la participation au terrorisme et aidera les groupes terroristes à réunir des ressources et à maintenir la cohésion. Le poids relatif des facteurs de motivation pour les recrues et les soutiens est hautement individuel et contextuel, rendant impossible toute généralisation. Néanmoins, certains des facteurs les plus importants seront :

- **La privation des droits, la répression et l'humiliation** pouvant pousser les individus à chercher à reprendre le pouvoir et le contrôle par la violence. Un certain niveau d'aliénation résultant de la déconnexion du reste du groupe socioculturel, de l'exclusion du processus politique, d'une baisse des opportunités de mariage ou d'une incapacité à atteindre le statut et les avantages économiques perçus comme « mérités » resteront des facteurs importants de violence motivée par un sentiment d'injustice. De telles frustrations pouvant toucher des individus de tous milieux, le vivier de recrutement pour de nouveaux terroristes n'est pas limité par la classe sociale, le statut économique ou le niveau d'éducation. De plus, le sentiment d'injustice perçu par un groupe ou par des individus unis par des liens ethniques ou de parenté – y compris du même groupe d'âge, social ou familial – motivera les représailles ou la violence contre les responsables supposés. Le désir d'aventure, de gloire et de sentiment d'appartenance contribuera également à l'engagement individuel dans le terrorisme.
- La « dénationalisation » des jeunes gens vivant dans les villes européennes, c'est-à-dire la perte de lien avec leur communauté d'origine conjuguée au manque de motivation à endosser une identité européenne, continuera de générer de nouvelles recrues possibles pour les groupes extrémistes.
- Les tensions ethniques et religieuses en dehors des zones sensibles existant déjà aujourd'hui causeront des explosions de violence et de terrorisme au niveau national ou communautaire, comme entre les Tchétchènes et les Russes, les Malais et les Thaïs en Thaïlande, les musulmans et les bouddhistes en Birmanie, et les chrétiens et les musulmans en Afrique centrale. De tels développements créent des zones de conflits exploitables par les mouvements terroristes transnationaux.

• Les changements environnementaux liés à la dégradation des sols, aux ressources en eau, à la biodiversité et à l'augmentation des phénomènes météorologiques extrêmes ou inhabituels, notamment en raison du dérèglement climatique, devraient entamer la capacité des États fragiles et défaillants à fournir les ressources en eau et en alimentation nécessaires aux populations en détresse. En raison des interactions entre des tensions chroniques ou aiguës dans les réseaux d'alimentation en eau, en nourriture et en énergie, certains gouvernements – notamment au Moyen-Orient et en Asie centrale et du Sud – ont échoué à satisfaire les demandes des populations ou à répondre au sentiment d'une distribution inégale de ressources raréfiées, ce qui pourrait motiver à l'avenir des comportements violents de la part de populations en quête de réparation.

La technologie créera de nouveaux échanges qui faciliteront les communications, le recrutement, la logistique et le pouvoir meurtrier des terroristes, mais donneront également aux autorités des moyens plus sophistiqués d'identifier et de caractériser les menaces. La technologie permettra aux acteurs non étatiques d'agir dans l'ombre et de dissimuler leur identité, et deviendra un élément central leur permettant de communiquer entre eux, de recruter de nouveaux membres et de diffuser des messages. Les avancées technologiques pourraient également, d'une part, élever l'enjeu d'un scénario peu plausible, mais à fort impact, dans lequel des terroristes emploieraient des armes de destruction massive, et d'autre part leur donner accès à des armes conventionnelles plus meurtrières.

• La technologie mènera à une décentralisation des menaces, qui seront moins liées au groupe relativement organisé et dirigé qu'est Al-Qaïda, et davantage à un activisme jihadiste éclaté. Cette tendance représentera un défi pour les forces antiterroristes et changera la nature des complots et stratégies terroristes à l'avenir.

Les précédentes vagues de terrorisme ont connu des séries d'apogées et de déclins sur plusieurs générations. Cependant, la vague actuelle de terrorisme motivé religieusement – dont on peut dire qu'elle domine le terrorisme mondial depuis le milieu des années

1990 – est différente des vagues précédentes en termes de portée, de mobilisation et de justification, et elle pourrait bien durer considérablement plus longtemps. Les conflits religieux actuels s'intensifient plutôt qu'ils ne s'essoufflent, notamment en raison du schisme entre sunnites et chiites et de la montée de Daech, qui nourrissent l'extrémisme et la polarisation partout dans le monde. De la même manière que les contemporains d'Oussama ben Laden déplacés en Afghanistan sont devenus le noyau d'Al-Qaïda une dizaine d'années plus tard, la génération actuelle de jeunes gens radicalisés par Daech (ou d'autres groupes extrémistes variés) dominera probablement la scène extrémiste sunnite des prochaines décennies.

• Malgré l'intensification actuelle de l'activité terroriste, il est possible qu'une réduction significative soit observée au Moyen-Orient et en Afrique du Nord pour peu que les États se révèlent capables de répondre aux facteurs sous-jacents du terrorisme. Leur capacité, notamment, à entreprendre des réformes politiques et économiques répondant aux doléances et aux perceptions d'injustice ou d'exclusion des populations pourrait discréditer les idéologies extrémistes se présentant comme la seule voie possible pour obtenir des réformes.

• À l'avenir, le genre devrait jouer un rôle grandissant dans l'antiterrorisme, notamment quand il s'agira de contrer les discours présentant la violence comme un prérequis à la réforme politique. De nombreuses organisations non gouvernementales internationales travaillent déjà sur cet enjeu. Par exemple, l'étude de l'institut McKinsey sur les mères et les épouses est arrivée à la conclusion que les femmes, et en particulier les mères, possèdent une capacité unique à reconnaître les signes annonciateurs de radicalisation chez leurs enfants, ce qui leur confère un rôle primordial dans la prévention des extrémismes violents. Émanciper les femmes, leur donner les moyens d'exprimer leurs points de vue au sein du foyer et de la société représente un investissement clé pour la lutte anti-terroriste. Toutefois, présenter les femmes uniquement comme des pacificatrices pourrait conduire les politiques à manquer d'importantes opportunités de collecte d'information et d'outils de prévention. Les femmes jouent également un rôle actif dans la promotion, le recrutement et la perpétration de la violence. Le 4 septembre 2016, les forces de l'ordre françaises ont découvert une voiture abandonnée garée près de la cathédrale Notre-Dame de Paris. Cette découverte a mené à la levée d'une cellule de femmes terroristes liées à Daech.

• Les visions des rôles de genre et de la masculinité devraient également influencer la lutte anti-terroriste, au moment où les technologies de l'information et le partage des idées conduisent à un élargissement de ce qui est perçu comme un comportement « masculin » acceptable. Des études montrent que la violence est parfois liée à un sentiment d'atteinte à la masculinité. Ainsi, quand les hommes ne sont pas en mesure d'assumer leurs rôles traditionnels de maris ou de pères ou de subvenir aux besoins de la famille, ils peuvent se tourner vers la violence afin de démontrer leur masculinité ou leur capacité à défendre leurs proches et leurs valeurs. Encourager une révision des concepts de normes de genres, ainsi que s'y sont déjà engagées un certain nombre d'ONG, pourrait améliorer la corrélation entre masculinité et violence à tous les niveaux.

{1} National Intelligence Council (NIC).

{2} Le CRISPR est un acronyme pour « Courtes répétitions palindromiques groupées et régulièrement espacées » qui se réfère à de courts segments d'ADN, la molécule qui porte les instructions génétiques de tout organisme vivant. Il y a quelques années, on a découvert qu'il est possible d'appliquer le CRISPR à des enzymes qui accélèrent ou catalysent les réactions chimiques de façon à modifier des séquences particulières d'ADN. Cette possibilité révolutionne la recherche biologique et accélère la vitesse à laquelle les innovations de la biotechnologie peuvent être appliquées aux secteurs du médical, de la santé, de l'industrie, de l'environnement et aux défis agricoles, tout en posant des questions capitales sur l'éthique et la sécurité.

Printed by Amazon Italia Logistica S.r.l.
Torrazza Piemonte (TO), Italy

23040653R00206